高等院校旅游管理专业系列教材

旅游电子商务

第二版

董林峰 等编著

南开大学出版社

天　津

图书在版编目(CIP)数据

旅游电子商务 / 董林峰等编著.—2版.—天津：南开大学出版社,2012.8(2023.8重印)
高等院校旅游管理专业系列教材
ISBN 978-7-310-03999-9

Ⅰ.①旅… Ⅱ.①董… Ⅲ.①旅游业－电子商务－高等学校－教材 Ⅳ.①F590.6－39

中国版本图书馆 CIP 数据核字(2012)第 189346 号

版权所有　侵权必究

旅游电子商务（第二版）
LÜYOU DIANZI SHANGWU(DI-ER BAN)

南开大学出版社出版发行
出版人：陈　敬
地址：天津市南开区卫津路 94 号　　邮政编码：300071
营销部电话：(022)23508339　营销部传真：(022)23508542
https://nkup.nankai.edu.cn

天津泰宇印务有限公司印刷　全国各地新华书店经销
2012 年 8 月第 2 版　　2023 年 8 月第 13 次印刷
230×170 毫米　16 开本　20.375 印张　385 千字
定价：52.00 元

如遇图书印装质量问题，请与本社营销部联系调换，电话:(022)23508339

前　言

根据联合国世界旅游组织的最新统计，2011年全球国际旅游人数达到9.8亿人次，同比增长4.4%。根据美国Internet World Stats公司的统计，截至2011年12月31日，全球网民为：2 267 233 742人，其中中国网民规模达到5.13亿人。随着旅游业的发展，现代网络技术的广泛应用，网民的迅速增加，旅游电子商务步入了快速发展的轨道，旅游电子商务已经改变了旅游消费者的行为，并正在持续地改变着旅游业的经营、管理和服务模式。

目前，旅游电子商务的理论体系还不成熟，还处于探索和形成过程中。本书将根据旅游电子商务的特点，从旅游产业构成环节的角度，探讨旅游电子商务的理论体系。在内容安排上，本书分为十五章，第一章介绍旅游电子商务的概念、功能、体系结构、基本组成要素和旅游电子商务的基本框架；第二章介绍旅游电子商务技术基础，包括：网络技术基础、网站建设与网页制作技术、数据库技术基础和多媒体技术；第三章介绍旅游电子商务模式概念及分类、介绍旅游网上商厦、旅游网上商店、旅游网上交易市场和旅游网上商务等旅游电子商务模式；第四章介绍旅游电子商务交易与管理，包括：旅游电子商务交易流程、电子合同、电子单证及旅游电子商务管理（后台管理）；第五章介绍移动旅游电子商务，包括移动旅游电子商务交易过程、模式、移动旅游电子商务系统及移动安全支付；第六章介绍网上支付、电子货币、网络银行等内容；第七章介绍旅游产品网络营销概念、网络营销方法、途径及旅游产品网络营销策略等；第八章介绍旅游电子商务的安全技术及法律、法规保障体系，主要介绍加密技术、数字签名技术、数字认证技术、电子商务的安全协议（SSL和SET协议）、旅游电子商务标准、法律、法规及诚信体系等；第九章介绍旅游产品网上中间商电子商务概念、模式及旅游产品中间商电子商务网站功能和结构；第十章介绍酒店电子商务概念、交易模式、酒店电子商务交易平台的结构和功能；第十一章介绍旅行社电子商务概念、模式及旅行社电子商务站点结构及功能；第十二章介绍旅游目的地电子商务的含义、模式及旅游目的地电子商务网站结构和功能；第十三章介绍基于移动技术的游客在途服务内容、服务模式、服务系统功能和基于移动技术的游客在途服务系统构架；第十四章介绍新技术在旅游服务中的应用，包括：现代移动通讯技术、云计算、物联网技术、GIS 技术、移动定位技术、虚拟现实技术和现代智能技术等；第十五章介绍旅游电子商务网站规划、设计、开发和维护技术。

旅游电子商务是一门实践性很强的新学科，在实践中发展迅速。作者本着深入实践，在实践中归纳、总结、创新，并在创新中指导实践这个思路，对旅游电子商务进行了多年研究，本书是作者多年来在旅游电子商务方向教学、研究和实践的积累。书中借鉴了国内外同行的研究成果，引用了大量旅游电子商务网站资料，这里对他们表示感谢。

本书由董林峰主编，曹扬、王青山、胡涛副主编，其中：董林峰编写第 1 章、第 4、9、12 章的部分内容；郑尚魁编写第 2、7 章；王青山编写第 3、6 章；王康寿编写第 4、9、12 章的部分内容及全部实践题目；曹扬编写第 5、14 章；林尤舜编写第 8 章；王冰编写第 10、13 章；莫春俊编写第 11、15 章；韩素娥编写第 9、12 章的部分内容；胡涛负责全书的校对工作。董林峰负责全书的统筹、修改和统稿。

本书是旅游电子商务教育、实践工作者多年的工作积累，是团队合作的结晶，是出版社及旅游电子商务教师支持和帮助的产物，这里尤其要感谢孙淑兰老师付出的辛勤劳动，感谢海南大学旅游学院领导的支持和同仁的帮助。由于旅游电子商务理论与实践发展迅速，加之作者的水平有限，时间较紧，书中难免有不足之处，敬请广大专家和读者批评指正。

董林峰

2012 年 4 月

目 录

第一章 旅游电子商务概述 ………………………………………………………… 1
 第一节 电子商务的概念 ……………………………………………………… 2
 第二节 旅游电子商务概述 …………………………………………………… 6

第二章 旅游电子商务技术基础 ………………………………………………… 15
 第一节 网络技术基础 ………………………………………………………… 15
 第二节 网站建设与网页制作技术 …………………………………………… 28
 第三节 数据库技术基础 ……………………………………………………… 32
 第四节 多媒体技术 …………………………………………………………… 35

第三章 旅游电子商务模式 ……………………………………………………… 42
 第一节 旅游电子商务的模式概述 …………………………………………… 43
 第二节 B2C 旅游电子商务模式 ……………………………………………… 47
 第三节 B2B 旅游电子商务模式 ……………………………………………… 56
 第四节 C2B 与 C2C 旅游电子商务模式 …………………………………… 58

第四章 旅游电子商务交易与网站的后台管理 ………………………………… 62
 第一节 旅游电子商务交易概念 ……………………………………………… 63
 第二节 旅游电子商务交易过程 ……………………………………………… 65
 第三节 旅游电子商务网站的后台管理 ……………………………………… 80

第五章 移动旅游电子商务 ……………………………………………………… 85
 第一节 移动旅游电子商务的概念 …………………………………………… 86
 第二节 移动旅游电子商务 …………………………………………………… 89
 第三节 移动旅游电子商务模式 ……………………………………………… 93
 第四节 移动旅游电子商务的组成 …………………………………………… 98
 第五节 移动旅游电子商务服务与交易过程 ……………………………… 100
 第六节 移动旅游电子商务支付与安全 …………………………………… 103

第六章 网上支付与网络银行 …………………………………………………… 108
 第一节 网上支付概述 ……………………………………………………… 109
 第二节 网上支付工具 ……………………………………………………… 113

第三节　网络银行 120
　　第四节　第三方支付 125
第七章　旅游产品网络营销 130
　　第一节　旅游产品网络营销概述 130
　　第二节　旅游产品网络营销工具 134
　　第三节　旅游产品网络营销方法和策略 136
第八章　旅游电子商务安全、法律、法规保障体系 164
　　第一节　旅游电子商务安全概述 165
　　第二节　旅游电子商务安全技术 167
　　第三节　安全协议和标准 177
　　第四节　旅游电子商务法律、法规保障体系 181
　　第五节　旅游电子商务标准 185
　　第六节　旅游电子商务诚信体系 189
第九章　旅游产品网上中间商电子商务 191
　　第一节　旅游产品网上中间商电子商务概述 192
　　第二节　旅游产品网上中间商电子商务模式 196
　　第三节　旅游产品网上中间商电子商务网站结构（OTA） 202
第十章　酒店电子商务 206
　　第一节　酒店电子商务概述 206
　　第二节　酒店电子商务模式及功能 207
　　第三节　酒店电子商务网站结构 209
第十一章　旅行社电子商务 218
　　第一节　旅行社电子商务的基本概念 219
　　第二节　旅行社电子商务的基本模式与功能 224
　　第三节　旅行社电子商务网站结构和功能 232
第十二章　旅游目的地电子商务 241
　　第一节　旅游目的地电子商务概述 242
　　第二节　旅游目的地电子商务的功能 245
　　第三节　旅游目的地电子商务系统结构 251
第十三章　基于移动技术的游客在途服务 254
　　第一节　基于移动技术的游客在途服务概述 255
　　第二节　基于移动技术的游客在途服务内容 259
　　第三节　基于移动技术的游客在途服务模式 261
　　第四节　基于移动技术的游客在途服务系统构架 263

第五节　基于移动技术的游客在途服务系统功能 ……………………275

第十四章　新技术在旅游服务中的应用 ……………………………………280
　　第一节　现代信息技术概述 ……………………………………………281
　　第二节　现代移动通信技术 ……………………………………………285
　　第三节　物联网技术 ……………………………………………………287
　　第四节　GIS 技术 ………………………………………………………289
　　第五节　移动定位技术 …………………………………………………291
　　第六节　虚拟现实技术 …………………………………………………293
　　第七节　云计算技术 ……………………………………………………295
　　第八节　现代智能技术 …………………………………………………297
　　第九节　智慧旅游 ………………………………………………………299

第十五章　旅游电子商务网站规划与建设 …………………………………304
　　第一节　旅游电子商务网站概述 ………………………………………305
　　第二节　旅游电子商务网站建设规划 …………………………………306
　　第三节　旅游电子商务网站设计和开发 ………………………………309
　　第四节　旅游电子商务网站测试和维护 ………………………………316

第一章 旅游电子商务概述

【学习导引】

随着社会经济的发展，人均收入的提高，交通方式的改进，大众休闲时间的增多，旅游业已经成为世界上发展最快的产业之一。以全球互联网、通信技术为核心的信息技术的普遍应用，正在引起整个旅游业的一场革命，深刻地改变着旅游业的经营、管理和运作模式。旅游电子商务（Tourism E-Commerce）正是在这种形势下出现、发展并已成为当今世界旅游商务活动的主要推动力，正在促成各类旅游组织或企业在结构、运营和管理方面进行根本性、革命性的变革。

了解和认识旅游电子商务的本质，必须从认识电子商务开始。

【教学目标】

1. 掌握电子商务的概念、分类、功能和特点。
2. 掌握旅游电子商务的概念、功能。
3. 了解旅游电子商务体系，理解并掌握旅游电子商务的基本组成要素。
4. 理解旅游电子商务的基本结构。

【学习重点】

电子商务的概念

电子商务的分类、功能和特点

旅游电子商务的概念

旅游电子商务的功能

旅游电子商务体系

旅游电子商务的基本组成要素

旅游电子商务的基本框架

第一节 电子商务的概念

20世纪90年代以来,随着通信网络技术的飞速发展,特别是Internet的不断普及,人们的消费观念和整个商务系统发生了巨大的变化,人们希望利用网络的便利性来进行网络采购和交易,导致了电子商务(Electronic Commerce)的出现。电子商务的出现和发展,推动了制造业、商业、贸易、金融、广告、运输、教育、旅游等社会经济领域的快速创新,产生了一个又一个新的产业,几乎影响到了人类生活的各个层面和领域。

一、电子商务的概念

对于电子商务,国际上至今没有统一的定义。在率先发展电子商务的美国、西欧等发达国家、地区,许多组织、企业(如IBM公司、惠普公司等)根据自己的理解,提出了电子商务的概念。

1. 世界电子商务大会的定义

1997年11月6日至7日,国际商会在法国首都巴黎举行世界电子商务会议(The World Business Agenda for Electronic Commerce)。其中一项重要内容是共同探讨电子商务的概念。大会结束时发布的关于电子商务的权威性定义为:电子商务(Electronic Commerce),指实现整个贸易活动的电子化。它含盖的范围可以定义为:交易的各方以电子贸易的方式,而不是通过当面交换或直接面谈方式进行现行的任何形式的商业交易活动。从技术方面可以定义为:电子商务是一种多技术应用的集合体,包括交换数据(如电子数据交换EDI,电子邮件E-mail)、获得数据(如共享数据库、电子公告牌BBS)以及自动捕获数据(如条形码、IC卡应用等)。

2. 世界贸易组织的定义

世界贸易组织(WTO)在其《电子商务》专题报告中,对电子商务的定义是:电子商务(Electronic Commerce)是通过电信网络进行的生产、营销、销售和流通活动,它不仅指基于因特网(Internet)上的交易活动,还指所有利用电子信息技术(IT)来解决问题、降低成本、增加价值和创造商业和贸易机会的商业活动,包括通过网络实现从原材料查询、采购、产品展示、订购到出品、储运、电子支付等一系列的贸易活动。

3. 联合国经济与发展组织的定义

联合国经济与发展组织(OECD)对电子商务的定义是:电子商务是发生在

开放网络上的包含企业之间（Business to Business）、企业与消费者之间（Business to Consumer）的商业交易。

4. 国际著名 IT 公司的定义

IBM 公司一直是电子商务的积极倡导者，它对电子商务的描述是：电子商务（EB）是在 Internet 等网络的广阔联系与传统信息技术系统的丰富资源相互结合的背景下应运而生的一种相互关联的动态商务活动。它强调的是在计算机网络环境下的商业化应用，不仅仅是硬件和软件的结合，还是在因特网（Internet）、企业内部网（Intranet）、企业外部网（Extranet）下进行的业务活动，其定义公式为：电子商务（EB）= IT + Web + Business。

Intel 公司对电子商务的定义是：电子商务=电子化的市场+电子化的交易+电子化的服务。

HP 公司提出电子商务以现代扩展企业为信息技术的基础结构，是跨时空、跨地域的电子化世界（Electronic World，EW），EW（Electronic World）=EC（Electronic Commerce）+EB（Electronic Business）+EC（Electronic Consumer）。其中，电子商务（Electronic Commerce）是通过电子化手段来完成商业贸易活动的一种方式。电子业务（Electronic Business）是一种新型的业务开展手段，通过基于互联网的信息结构，使得公司、供应商、合作伙伴和客户之间，利用电子业务共享信息。电子消费（Electronic Consumer）是人们通过使用信息技术进行娱乐、学习、工作、购物等一系列活动，使家庭的娱乐方式越来越多地从传统电视向因特网转变。

综上所述，电子商务是指利用互联网及现代通信技术进行任何形式的商务运作、管理和信息交换。其内容包含两个方面，一是电子方式，二是商贸活动。电子商务采用最先进的信息技术形成一个虚拟的市场交换场所，参与方在这个虚拟的市场内进行商贸活动。但是，电子商务不等于商务电子化。

电子商务可以从狭义和广义两个角度加以理解。狭义的电子商务是指基于互联网环境下的商品交易及与商品交易相关的商务活动；广义的电子商务是指一切利用电子手段进行的商业活动，如电话购物、电视购物、POS 联机销售等都是广义电子商务的范畴。

二、电子商务的分类、功能和特点

1. 电子商务的分类

电子商务按交易涉及的对象可以分为以下几种类型：

（1）企业与消费者之间的电子商务（Business to Customer 即 B TO C 或 B2C）这是消费者利用因特网直接进行购买活动的形式。随着万维网（WWW）的出现，网上销售迅速地发展起来。商家在因特网上开设各种类型的虚拟商店和虚拟企业，出售商品并提供各种与商品销售有关的服务。通过网上商店买卖的商品可以是实体化商品，如书籍、鲜花、服装、食品、汽车、电视等；也可以是数字化商品，如新闻、音乐、电影、数据库、软件及各类基于知识的商品；还可提供各类服务，如旅游、在线医疗诊断和远程教育等。

（2）企业与企业之间的电子商务（Business to Business 即 B TO B 或 B2B）

B2B 方式是电子商务应用最重要和最受企业重视的形式，企业可以使用 Internet 或其他网络对每笔交易寻找最佳合作伙伴，完成从订购到结算的全部交易行为，包括向供应商订货、签约、接收发票和使用电子资金转移、信用证、银行托收等方式进行付款，以及在商贸过程中发生的其他问题，如索赔、商品发送管理和运输跟踪等。

（3）消费者与消费者之间的电子商务（Consumer to Consumer 即 C TO C 或 C2C）

C2C 是消费者对消费者的模式，C2C 服务商提供一个在线交易平台，使卖方可以在该平台出售自己的商品。C2C 目前有两种模式，在线拍卖模式和开设网上商店模式。

（4）政府与企业的电子商务（Government to Business G TO B 或 G2B）。

这种商务活动覆盖企业与政府组织间的各种事务。例如：电子采购、电子税务、电子证照办理、信息咨询服务和中小企业电子服务等。

2. 电子商务的功能

电子商务可提供网上交易和管理的全过程的服务。一般来讲，它具有广告宣传、咨询洽谈、网上订购、网上支付、电子账户、服务传递、意见征询、交易管理等功能。

（1）广告宣传

电子商务可凭借企业的 Web 服务器，在 Internet 上发布各类商业信息。客户可借助网上的检索工具迅速地找到所需商品信息。商家利用 Internet 在全球范围内做广告宣传。与以往的各类广告相比，网上的广告成本更为低廉，但给顾客的信息量却更为丰富。

（2）咨询洽谈

电子商务可借助实时或非实时信息交流系统了解市场和商品信息、洽谈交易事务。网上的咨询和洽谈能超越人们面对面洽谈的限制，提供多种方便的异地交谈形式。

（3）网上订购

企业在其网站上开设订购通道，通常是在产品介绍的页面上提供十分友好的订购提示信息和订购交互格式框，当客户需要订购商品的时候就可以根据提示填写订购单，然后系统会将订单发送给商家，完成网上订购。订购信息传递采用加密的方式保证客户和商家的商业信息不会泄漏。

（4）网上支付

客户和商家之间可采用电子商务网站提供的网上支付手段，实施网上支付。网上支付需要更为可靠的信息传输、安全性控制，以防止欺骗、窃听、冒用等非法行为。

（5）电子账户/电子银行

网上的支付必须要有电子金融来支持，即银行、信用卡公司及保险公司等金融单位为金融服务提供网上操作服务。而电子账户管理是其基本的组成部分，电子账户管理需必要的安全技术措施来保证，如数字凭证、数字签名、加密技术等。

（6）商品传递

电子商务过程中的一个重大问题是物流问题。如果交易的对象是软件、电子读物、信息服务等，那么这个商品传递的问题就很好解决——直接通过 Internet 就可以完成，而如果交易的对象是实物，则需要通过企业自己的配送系统或者借助专门的配送公司来完成商品的传递。

（7）客户调查

电子商务能十分方便地采用网页上的表单来收集用户对销售服务的反馈意见，使企业的市场运营能形成一个封闭的回路。客户的反馈意见不仅能提高售后服务的水平，更可以使企业获得改进产品、发现市场的商业机会。

（8）交易管理

整个交易的管理将涉及到人、财、物多个方面，包括企业和企业、企业和客户及企业内部等各方面的协调和管理。因此，交易管理是涉及商务活动全过程的管理。电子商务提供了一个良好的交易管理的网络环境及多种多样的应用服务系统。

3. 电子商务的特点

电子商务通过营造一个虚拟市场环境，使贸易双方没有时空障碍，从而增加贸易机会，降低交易成本，改善服务质量，提高商务活动效率。从总体上来看，电子商务具有以下特点：

（1）费用低

由于互联网是国际的开放性网络，使用费用及交易成本相对较低。

（2）超时空

作为电子商务的主要媒介，Internet 是全球开放的，电子商务开展是不受地理位置和时间限制的。

（3）信息化

电子商务是以信息技术为基础的商务活动，它的进行需通过计算机网络系统来实现信息的交换和传输。

(4) 社会化

虽然电子商务依托的是网络信息技术,但电子商务的发展和应用是社会性的系统工程,因为电子商务活动涉及到企业、消费者及政府组织参与,并需要法律、法规和竞争规则保障等。缺少任意一个环节,势必制约甚至妨碍电子商务的发展。

(5) 虚拟化

基于 Internet 形成电子虚拟市场 (electronic marketplace),它的一切商务活动和交易是数字化的。由于信息交换不受时空限制,因此可以跨越时空形成虚拟市场,完成过去在实物市场中无法实现的交易,这正是电子商务优势所在。

第二节 旅游电子商务概述

一、旅游电子商务的背景

1. 旅游业快速发展与网民数量迅速增长

(1) 旅游业快速发展

联合国世界旅游组织的最新统计显示,2011 年全球国际旅游人数达到 9.8 亿人次,同比增长 4.4%。在旅游收入方面,增幅居前几位的是美国、西班牙、中国香港地区和英国。旅游消费最多的是中国、俄罗斯、巴西和印度。据预测,2012 年全球国际旅游人数增幅将在 3% 至 4% 之间,有可能首次突破 10 亿人次大关。

根据联合国世界旅游组织(UNWTO)2011 年 6 月发布的报告显示,2010 年全球国际旅游人数达到 9.4 亿人次,国际旅游收入 9190 亿美元,分别比上年增长 6.6% 和 4.7%。

根据我国国家旅游局 2011 年 10 月发布的 2010 年旅游业统计公报显示,2010 年,我国旅游业全年保持较快增长。国内旅游市场增长平稳,入境旅游市场实现恢复增长,出境旅游市场继续加速增长。全年共接待入境游客 1.34 亿人次,实现国际旅游(外汇)收入 458.14 亿美元,分别比上年增长 5.8% 和 15.5%;国内旅游人数达 21.03 亿人次,收入 12 579.77 亿元人民币,分别比上年增长 10.6% 和 23.5%;中国公民出境人数达到 5 738.65 万人次,比上年增长 20.4%;旅游业总收入 15 700 亿元人民币,比上年增长 21.7%。

根据世界旅行及旅游理事会(WTTC)的旅游业研究报告显示,全球旅游业占据国内生产总值(GDP)的比例将从 2009 年的 9.4%(54 740 亿美元)上升到

2019 年的 9.5%（104 780 亿美元），并预计全球旅游业的国内生产总值，在 2009 年的基础上，未来十年内会有平均 4%的净增长。

（2）网民数量迅速增长

根据美国 Internet World Stats 公司的统计，截至 2011 年 12 月 31 日，全球网民人数为 2267233742 人，占全球总人口的 32.7%，从 2000 年到 2011 年，全球网民增长率为 528.1.2%。具体数据参看表 1.1。

表 1.1　2011 年全球互联网和人口数据

地区	2011 年人口	至 2000 年 12 月 31 日统计的网络用户	最新统计的网络用户	占人口的比重	2000—2011 年增长率	用户百分比
非洲地区	1 037 524 058	4 514 400	139 875 242	13.5%	2 988.4%	6.2%
亚洲地区	3 879 740 877	114 304 000	1 016 799 076	26.2%	789.6%	44.8%
欧洲地区	816 426 346	105 096 093	500 723 686	61.3%	376.4%	22.1%
中东地区	216 258 843	3 284 800	77 020 995	35.6%	2 244.8%	3.4%
北美洲地区	347 394 870	108 096 800	273 067 546	78.6%	152.6%	12.0%
拉丁美洲/加勒比海地区	597 283 165	18 068 919	235 819 740	39.5%	1 205.1%	10.4%
大洋洲/澳大利亚地区	35 426 995	7 620 480	23 927 457	67.5%	214.0%	1.1%
总计	6 930 055 154	360 985 492	2 267 233 742	32.7%	528.1%	100.0%

数据来源：Internet World Stats

据统计，2011 年亚洲网民占全球用户的 44.8%，欧洲网民占 22.1%，北美网民占 12.0%，见图 1.1。

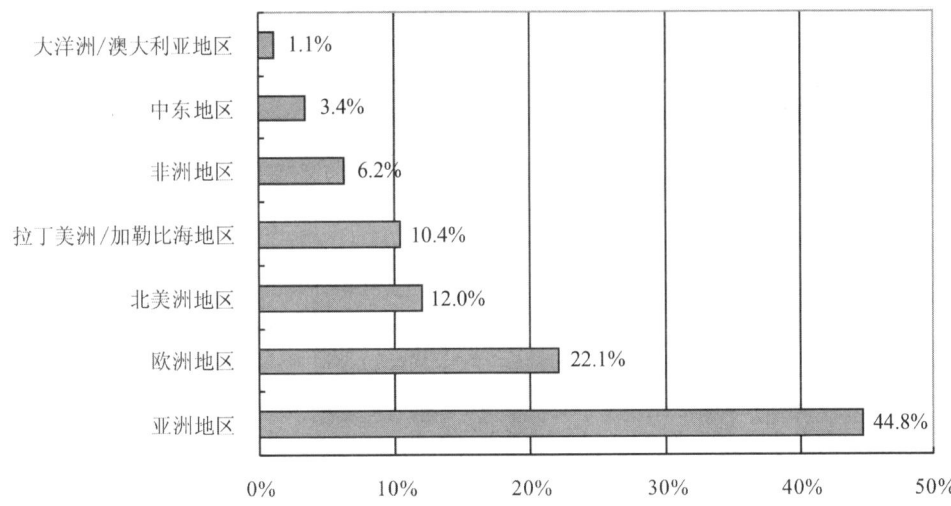

图 1.1　2011 年全球网民地区分布比例图

图片数据来源：Internet World Stats

据统计，2011年网民占地区总人口的比例，北美地区为78.6%（最高），非洲为13.5%（最低），亚洲为26.2%，见图1.2：

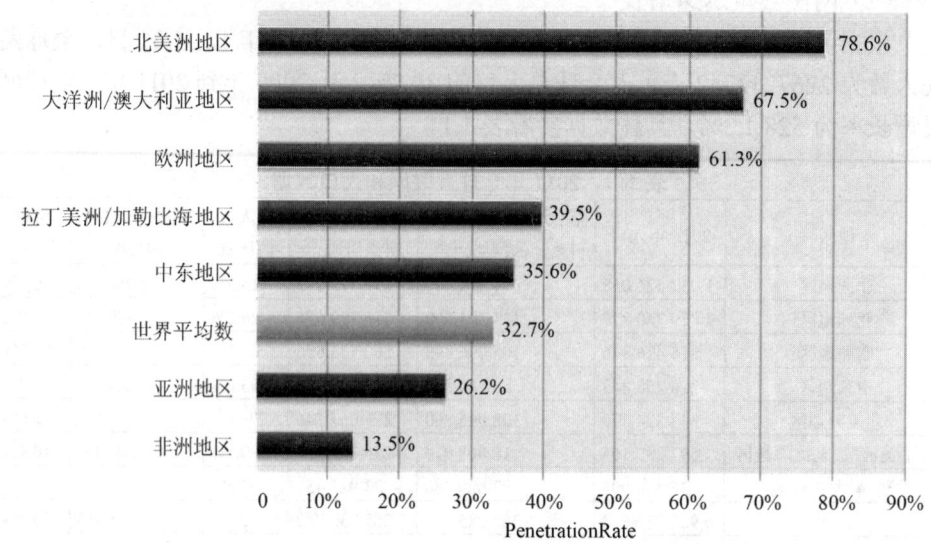

图1.2　2011年用户占地区总人口比例图

图片数据来源：Internet World Stats

根据中国互联网络信息中心（CNNIC）2012年1月发布的《中国互联网络发展状况统计报告》，截至2011年12月31日，中国网民规模达到5.13亿人，普及率达到38.3%；网民规模较2010年增长5580万人。其中手机网民规模达到3.56亿，同比增长17.5%。

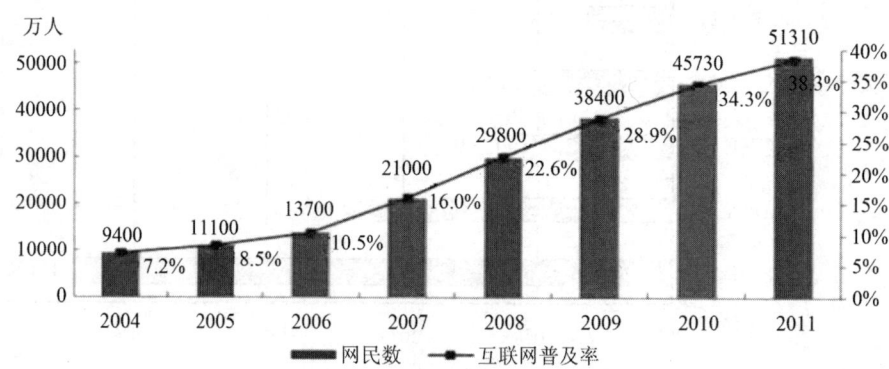

图1.3　2000—2011年中国网民规模与增长率

图片数据来源：中国互联网络发展状况统计报告

2. 旅游电子商务快速发展

旅游电子商务诞生于 20 世纪 90 年代初的美国，一直以来全球旅游电子商务的发展一直由欧美发达国家带动。由于在旅游产品的购买阶段，只需提供旅游产品的信息而不用提供产品本身，因此旅游业是最适合电子商务的行业之一。美国等发达国家经济水平和信息技术发达，具有良好的经济基础和先进的技术条件，居民消费观念超前、收入水平高、休闲时间充裕，经过 10 多年的发展，已形成类型功能比较齐全、涵盖旅游业各个方面的网上旅游产业体系。其旅游信息网站主要包括两大类：以 Expedia、Travelocity 为代表的在线旅游服务代理商模式和由航空公司和酒店集团联合组建的以 Orbitz 和 Travelweb 公司为代表的在线销售公司模式。PhoCusWright 发布的数据显示：2008 年美洲网上旅游订单占整个美洲旅游市场订单的 56%，欧洲占 41%，亚太市场占 20%；CNNIC 报告则指出：2010 年，美国 66% 的旅游者是在网上预订。美国旅游者通过 Internet 获得旅游服务信息以及办理旅游预定服务，美国六个最大的在线旅游代理商采取了横向合作战略，允许任何一个成员在自己品牌中共享一部分信息。通过合作，高访问量的网站会得到分销的回报，其他网站则会在交易中获得一定的提成。根据 eMarketer 发布的数据，2010 年美国在线旅游销售规模增长 4.6%，达到 925 亿美元。据 eMarketer 预测，美国在线旅游销售规模在 2011－2014 年将继续平稳增长，到 2014 年预计达到 1190 亿美元。

欧洲旅游电子商务表现出旅游企业合并经营的趋势，法国最大的旅游酒店集团 Accor Group 通过全球分销系统（Global Distribution System）联盟了世界范围内 90 余个国家的 3200 家酒店。由此可见，发达国家旅游电子商务不仅在技术和管理上领先，而且非常注重企业间的合作，目前正引领着第三代旅游电子商务的发展。

我国旅游电子商务网站从 1996 年开始出现，20 世纪 90 年代末启动的"金旅工程"，经过十年的努力已经取得长足的进步。目前，国内具有一定旅游资讯能力的网站已有 5000 多家，其中专业旅游网站 300 余家，主要包括地区性网站、专业网站和门户网站的旅游频道三大类。地区性网站以提供当地旅游资讯为主，部分具有交易功能。专业旅游网站主要进行旅游中介业务，包括由传统旅行社和酒店建立的网站以及由网上中间商建立的专业电子商务网站两类。前者有中青旅、国旅网等，后者中比较成功的有携程旅行网、去哪儿网、e龙网、芒果网等。它们主要利用信息技术优势为传统旅游供应商提供开放接口，较好地整合了旅游资源，并提供网上预订、信息搜索等服务，同时扩展了营销手段。根据中国互联网络发展状况统计报告的统计数据，2008 年，我国在网上进行旅行预订的人数达 1700 万人，占我国网民总人数的 5.6%，2011 年，我国在网上进行旅行预订的人数已经达到 4207 万人，占我国网民总人数的 8.2%。根据艾瑞咨询 2011 年 6 月推出的《2008－2014 年中国在线旅游行业年度监测报告》，2008 年中国网上旅行预订市场规模为 486.4 亿元，2010 年达到 1037.4 亿元。同时，预计 2014 年将达到 4516.3 亿元。旅游电子商务会逐渐被网民所认识和接受，市场规模会经历一个比较高的增长时期。

WTO 报告指出，旅游电子商务能够方便旅游企业在网上发布信息，并使用户能够以相对较低的成本进行预订。据国家旅游局统计，国内游人数占了全部旅游者的 97%，其中 92% 是散客。由于网上预订（包括机票、住宿及参加网上组团）的费用一般都有折扣优惠，因此散客市场对网上旅游服务的需求最大。同时，网民阵容正在迅速扩大，随着他们对旅游电子商务认识的加深和逐渐适应，可以说，他们都是旅游电子商务的潜在客户。

根据艾瑞咨询预测，全球在线旅游业会出现五大趋势：

①在线旅游预订代理面临各类商户寻求多渠道营销特别是直销的压力，同时面临创新的在线旅游服务商的冲击。

②消费者需要更好的性价比和更超值的旅游服务享受。

③传统的旅游服务将转移到手机终端，并且获得社会化媒体以及 GPS 定位的助力，服务更实时化，更具便捷性、可搜索性、可分享性。

④点评、攻略、分享旅游体验的垂直型网站受到消费者追捧。

⑤旅游将进入社交商务（social commerce）时代。

旅游业作为 21 世纪的朝阳产业，其市场前景非常广阔，旅游电子商务也将迎来高速发展的时期。

二、旅游电子商务概念

1. 旅游电子商务概念

旅游电子商务是电子商务在旅游业中的应用。同电子商务概念一样，旅游电子商务至今在国际上没有统一的定义。

世界旅游组织在其出版物 *E-Business for Tourism* 中指出：旅游电子商务就是通过先进的信息技术手段，改进旅游机构内部和对外的联系，即改进旅游企业之间、旅游企业与上游供应商之间、旅游企业与旅游者之间的交流和交易，改进旅游企业内部业务流程，增进内部协调配合。

国内比较有代表性的是巫宁、杨路明对旅游电子商务的定义：旅游电子商务是通过先进的网络信息技术手段实现旅游商务活动各环节的电子化，包括通过网络发布、交流旅游基本信息和旅游商务信息，以电子手段进行旅游宣传促销、开展旅游售前售后服务；通过网络查询、预订旅游产品并进行支付，以及旅游企业内部流程的电子化及管理信息系统的应用等。

在分析已有研究成果的基础上，本书把旅游电子商务定义为：利用互联网、现代通信技术及其他信息技术进行的任何形式的旅游商务运作、管理和信息交换。

旅游电子商务也可从广义和狭义两个方面来理解。

广义上的旅游电子商务是以整个旅游市场为基础的电子商务，泛指一切与数字化处理有关的旅游商务活动，它不仅包含通过网络进行旅游产品交易活动，还涉及与旅游产品交易相关的方方面面的信息交换与管理。如：网络银行、结算服务机构、CA 认证机构、政府管理部门、旅游企业内部及网络服务商之间的信息交换与管理。

狭义上的旅游电子商务是指旅游企业基于互联网上和现代通信技术进行的旅游产品在线交易活动，包括信息服务、广告宣传、在线洽谈、在线预订、在线支付、在线服务、在线调查和交易管理等业务流程。

在没有特别指明时，本书中所指的旅游电子商务概念是指狭义的旅游电子商务。

2. 旅游电子商务功能

旅游电子商务可提供旅游产品网上交易和管理的全过程的服务。一般来讲，它具有信息服务、广告宣传、咨询洽谈、网上预订、网上支付、在线服务、意见征询、交易管理等功能。

（1）信息服务

提供包括旅游产品信息、旅游企业信息、旅游行业信息、旅游交通信息、气象信息、即时信息以及旅游常识等信息。

（2）广告宣传

旅游产品供应商可凭借企业的 Web 服务器，利用 Internet 在全球范围内作广告宣传。

（3）咨询洽谈

可借助实时或非实时信息交流系统了解旅游市场和产品信息、洽谈交易事务。

（4）网上预订

主要提供酒店客房、机票、旅游线路、景区门票及火车票预订等服务。

（5）网上支付

利用电子商务网站提供的网上支付手段实施网上支付。

（6）在线服务

提供交易前、交易中和交易后的及时在线服务，尤其是对旅游者的咨询和投诉，提供及时、优质的服务。

（7）客户调查

使用网页上的表单，收集旅游者对服务的反馈意见，使旅游电子商务市场运营形成一个封闭的回路。

（8）交易管理

交易管理涉及人、财、物多个方面，包括旅游企业和旅游企业、旅游企业和旅游者及旅游企业内部等各方面的协调和管理。因此，交易管理是涉及旅游商务活动全过程的管理。旅游电子商务系统提供一个交易管理的网络环境及多种多样的应用服务系统。

3. 旅游电子商务系统

（1）旅游电子商务体系组成

旅游电子商务体系是在网络信息系统的基础上，由旅游机构（旅游目的地营销机构和旅游企业）、使用互联网的旅游者或潜在旅游者、旅游信息化组织、电子商务服务商和提供物流和支付服务的机构共同组成的信息化旅游市场运作体系。图1.4显示了一个完整的旅游电子商务体系。

旅游电子商务体系将旅游业各方各面的信息资源、服务资源、客户资源集中起来，把服务于旅游业的金融机构、旅游目的地营销机构也集合进来，形成一个虚拟的巨大市场空间。采用互联网平台在世界范围内处理市场信息、沟通服务与消费，任何旅游企业都可以与旅游者通过网络直接进行物质上虚拟、信息上真实的接触。信息的传递能在瞬时间完成，信息迟滞和通过中间环节的信息迂回大大减少，效率大大提高。

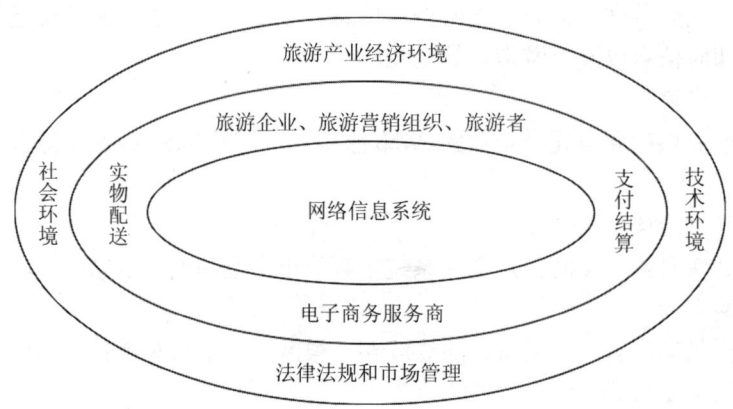

图1.4 旅游电子商务体系

（2）旅游电子商务基本框架

① 旅游电子商务的基本组成

旅游电子商务的基本组成要素有：网络（包括：Internet、Intranet和Extranet）、旅游企业、旅游者、旅游电子商务服务商、网上银行、认证中心和政府等，其结构示意图如图 1.5。

图 1.5 旅游电子商务的基本组成示意图

② 旅游电子商务的信息流、资金流和服务流

信息流是实现旅游电子商务系统的基础。相对于传统旅游商务，旅游电子商务的最大优势是在旅游电子商务环境下，企业借助于现代信息网络技术，使得信息流的流动变得更为通畅。信息流伴随着整个业务流转过程，并对整个业务流程进行控制。信息流的顺畅与否将直接影响交易的效率，甚至交易的成败。旅游电子商务信息流主要包括旅游产品信息的发布、旅游产品促销行销、旅游产品售前、售中、售后服务等信息提供，也包括询价单、报价单、付款通知、转账通知单等单证信息交换，还包括交易方的支付能力、支付信用和中介信誉等信息查询，同时，还包括旅游企业内部信息的传递等。

资金流是实现旅游电子商务交易不可或缺的手段。资金流主要指资金的转移过程，它包括付款、转账、结算、兑换等过程。在资金流流动过程中，银行起着核心的作用。

服务流是实现旅游电子商务的保障。旅游电子商务的最终价值，在于最大程度方便最终消费者，满足消费者需求。保证在正确的时间、正确的地点、正确的条件下，对正确的顾客提供正确的服务。"以顾客为中心"的价值实现最终体现在服务流上。它是旅游电子商务可持续性的保障，也是旅游电子商务核心优势的体现。

信息流、资金流、服务流在旅游电子商务中是相互关联的，缺少任何一个"流"都不可能形成旅游电子商务。第一，信息流在其中居于领导和核心地位。如果没有信息流，资金流和物流就没有导向。第二，三"流"运行的最终状态是要达到资金流的兑现。只有在资金兑现之后，才能取得自己的收益和利润。第三，在这三"流"当中，最难控制的是服务流的质量，服务流的水平决定了旅游电子商务实现的水平。

③ 旅游电子商务的基本框架

旅游电子商务的基本框架如图1.6所示，旅游电子商务企业通过Internet，基于旅游电子商务网站，与上游旅游产品供应商及下游旅游者之间实现信息交流、交易洽谈、安全认证、签订合同、支付结算及旅游服务。在整个旅游电子商务交易过程中，必须遵守相关法律、法规、政策和标准。

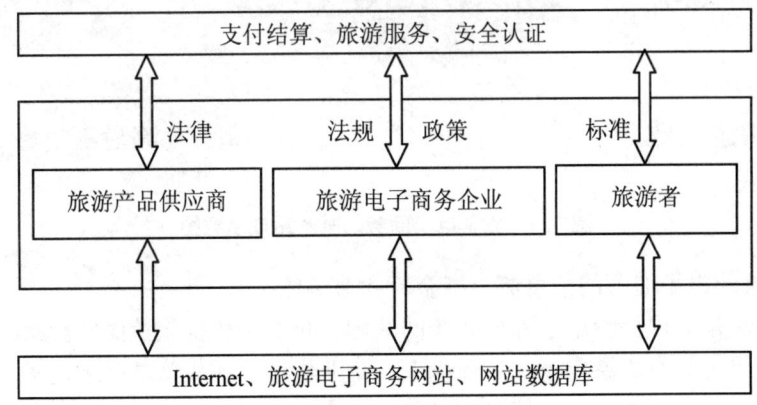

图1.6　旅游电子商务的基本框架

【思考与实践】

思考题：

1. 简述电子商务的概念。
2. 简述电子商务的分类、功能和特点。
3. 简述旅游电子商务的概念。
4. 简述旅游电子商务的组成要素和实现的功能。

实践题：

1. 通过对阿里巴巴、携程旅行网、e龙网及去哪儿网等网站的分析，体验并了解旅游电子商务的概念及原理。
2. 通过对以上网站的分析，了解旅游电子商务的组成要素和实现的功能。

第二章 旅游电子商务技术基础

【学习导引】

　　网络、网站建设、数据库和多媒体技术发展是旅游电子商务产生和发展的基础，本章将对以上技术进行介绍，为后面内容学习打下基础。

【教学目标】

1. 了解计算机网络的发展和演变过程。
2. 掌握计算机网络基本技术。
3. 熟悉计算机网络技术及相关设备。
4. 了解数据库概念和内容。
4. 熟悉网站建设和网页制作基础技术。
5. 熟悉多媒体内容和相关工具的功能。

【学习重点】

Internet 技术

IP 地址

数据库技术概念和内容

网页制作技术基础

多媒体技术内容和相关工具的功能

第一节　网络技术基础

　　计算机网络就是由处在不同地理位置的多台相互独立的计算机（或其他终端），通过通信介质和网络互联设备按照一定的网络协议连接在一起，最终实现信息传输和资源共享的一种信息系统。

一、计算机网络的发展阶段

从 1954 年计算机网络初见雏形开始，它的发展历程大致分为四个阶段。

第一阶段是 20 世纪 60 年代初以单机为中心的面向终端的通信系统。

第二阶段是 20 世纪 60 年代末以分组交换网为中心的多主机互连的计算机网络系统。

第三阶段是 20 世纪 80 年代具有统一的网络体系结构，并遵循国际标准化协议的计算机网络。

第四阶段是 20 世纪 90 年代网络互连与高速网络。

二、计算机网络的功能

计算机网络有许多功能，主要体现在三个方面：数据通信、资源共享、协同处理。

（1）数据通信。数据通信即实现计算机与终端、计算机与计算机间的数据传输，为分布在各地的用户提供了强有力的通信手段，是计算机网络的最基本的功能，也是实现其他功能的基础。如电子邮件、传真、远程数据交换、发布旅游信息和进行旅游电子商务活动等。

（2）资源共享。资源共享指的是网上用户都能部分或全部地享受这些资源，使网络中各地理位置的资源互通信息，分工协作，从而极大地提高系统资源的利用率。一般情况下，网络中可共享的资源有硬件资源、软件资源和数据资源，其中共享数据资源最为重要。

（3）协同处理。协同处理是指计算机网络在网上各主机间均衡负荷，把在某时刻负荷较重的主机的任务传送给空闲的主机，利用多个主机协同工作来完成靠单一主机难以完成的大型任务。

三、计算机网络的分类

计算机网络的分类有很多种，按不同的分类标准有不同的种类，通常是按覆盖范围、网络拓扑结构、传输介质和工作模式来分。

1. 按网络的覆盖范围分类

计算机网络按覆盖范围可分为局域网、广域网和城域网三类。

（1）局域网 LAN（Local Area Network）

局域网是指连接局部区域内的、近距离的计算机设备和通信设备形成的通信网络。覆盖范围一般在几米到几公里之间（小于 10 公里）。例如一座大楼内或相邻的几座楼之间、一个校园、一个小区等。

(2) 广域网 WAN (Wide Area Network)

广域网是指连接覆盖地理范围相对较广的、远距离的计算机设备和通信设备形成的通信网络。覆盖范围可达几千公里乃至上万公里，甚至跨越国家，遍及全球范围。Internet 就是一种典型的广域网。

(3) 城域网 MAN (Metropolitan Area Network)

城域网的覆盖范围介于广域网和局域网之间，一般在十几公里到上百公里的一座城市之内。

目前局域网和广域网这两种类型是网络的热点。局域网是其他两种类型网络组成的基础，而城域网一般都加入了广域网。

2. 按网络的拓扑结构分类

按网络的拓扑结构分，计算机网络主要可分为总线型结构、星型结构、环型结构，其他的还有树型结构、网状型结构和混合型结构等。树型拓扑结构、网状型拓扑结构、混合型拓扑结构等其他类型拓扑结构的网络都是以上述三种拓扑结构为基础的。

3. 按传输介质分类

按照网络的传输介质分类，计算机网络可分为有线网和无线网两大类。局域网通常采用单一的传输介质，而城域网和广域网一般采用多种传输介质。

(1) 有线网

有线网指采用同轴电缆、双绞线、光纤等有线传输介质连接计算机设备的网络。有线网又分为两种，一种是采用同轴电缆和双绞线连接的网络；另一种是采用光导纤维作传输介质的网络，又称为光纤网。

采用同轴电缆和双绞线连接的网络比较经济，安装方便，但传输距离相对较短，传输率和抗干扰能力相对较低；光纤网采用光导纤维作为传输介质，传输距离长，传输率高（可达数千兆 bps），且抗干扰性强，安全性好，但价格较高，且需高水平的安装技术，目前尚未普及。

(2) 无线网

无线网采用微波、红外线、无线电等电磁波作为传输介质，联网方式灵活方便，但联网费用较高，是一种很有前途的组网方式，目前已有不少大学和公司在使用无线网络。

4. 按工作模式分类

根据网络中各个计算机的地位和作用的不同，以及它们之间的相互依赖情况，计算机工作在不同的模式，根据工作模式可以分为对等网（Peer to Peer）和客户机/服务器网络（Client/Server，简称 C/S）两种类型。

（1）对等网

对等网中所有计算机地位平等，没有从属关系，也没有专用的服务器和客户机。网络中的资源是分散在每台计算机上的，组网的计算机一般类型相同，每一台计算机都有可能成为服务器也可能成为客户机。这种网络组网方式简单，灵活方便，但是较难实现集中管理与监控，安全性能较差，主要适用于计算机数量较少的部门内部和协同工作的小型网络。

（2）客户端/服务器网络

客户端/服务器网络是现在使用最为广泛的网络形式，根据地位的不同分为客户端和服务器端两部分。服务器是指专门提供服务的高性能计算机或专用设备，集中管理着网络上的资源；客户端是用户计算机。这是客户端向服务器发出请求并获得服务的一种网络形式，多台客户机可以共享服务器提供的各种资源。不仅适合于同类计算机联网，也适合于不同类型的计算机联网。这种网络安全性容易得到保证，计算机的权限、优先级易于控制，监控容易实现，网络管理能够规范化。网络性能在很大程度上取决于服务器的性能和客户机的数量。目前，针对这类网络有很多优化性能的服务器称为专用服务器。银行、证券公司都采用这种类型的网络。

四、计算机网络的传输媒介

网络传输媒介是网络中信息传输的通道，连接着通信网络中的发送方和接收方。传输媒介的性能特点对数据的传输速率、通信的距离、可连接的网络节点数目和数据传输的可靠性等均有很大的影响。传输媒介的选用直接影响到计算机网络的性质，而且直接关系到网络的性能、构造成本、架设难易程度。要使用哪一种传输媒介必须根据网络的拓扑结构、网络结构标准和传输速度来进行选择，不同类型的网络将使用不同的传输媒介。常用的网络传输媒介可分为两类：有线传输媒介和无线传输媒介。有线传输媒介主要有同轴电缆（CoaxialCable）、双绞线（Twist-Pair）和光纤；无线传输媒介有微波、红外线、激光等。

1. 有线传输媒介

（1）同轴电缆（CoaxialCable）

同轴电缆是网络中最常用的传输介质，共有四层，最内层是中心导体，从里往外，依次分为绝缘层、屏蔽层和保护套。如图2.1所示。

同轴电缆根据其直径大小可以分为：粗同轴电缆（RG-11）与细同轴电缆（RG-58）。粗缆的直径为1.27厘米，最大传输距离达到500米。细缆的直径为0.26厘米，最大传输距离为185米。粗缆适用于比较大型的局部网络，它的标准距离长，可靠性高，由于安装时不需要切断电缆，因此可以根据需要灵活调整计算机的联网位置,但粗缆网络必须安装收发器电缆,安装难度大,所以总体造价高。相反,细缆安装则比较简单,造价低,但由于安装过程要切断电缆,两头须装上基本网络连接头(BNC),然后接在 T 型连接器两端,所以当接头多时容易产生不良的隐患,这是目前运行中的以太网所发生的最常见故障之一。

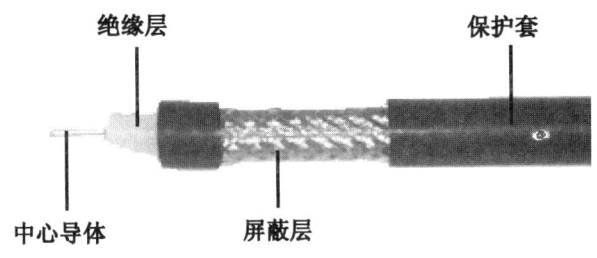

图 2.1　同轴电缆

按带宽和用途来划分,同轴电缆可以分为基带(Baseband)和宽带(Broadband)两种。基带同轴电缆传输的是数字信号,在传输过程中,信号将占用整个信道,数字信号包括由 0 到该基带同轴电缆所能传输的最高频率,因此,在同一时间内,基带同轴电缆仅能传送一种信号。宽带同轴电缆传送的是不同频率的信号,这些信号需要通过调制技术调制到各自不同的正弦载波频率上。传送时应用频分多路复用技术分成多个频道传送,使数据、声音和图像等信号,在同一时间内,在不同的频道中被传送。宽带同轴电缆的性能比基带同轴电缆好,但需要附加信号处理设备,安装比较困难,适用于长途电话网、电缆电视系统及宽带计算机网络。

(2)双绞线(Twist-Pair)

双绞线是综合布线工程中最常用的一种传输介质。由两根绝缘的金属导线扭在一起而成,通常还把若干对双绞线对(2 对或 4 对),捆成一条电缆并用坚韧的护套包裹着,每对双绞线合并作一路通信线使用,进行双绞的目的是减小各对导线之间的电磁干扰,所以得名双绞线。如图 2.2 所示。

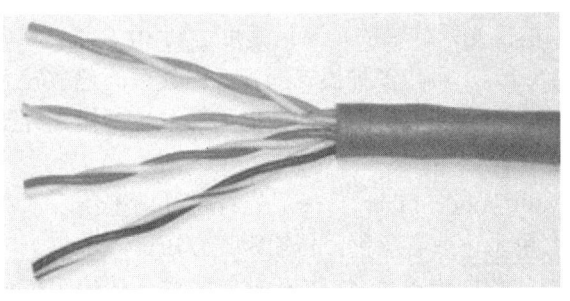

图 2.2　非屏蔽双绞线

现行双绞线电缆中一般包含 4 个双绞线对，双绞线接头为具有国际标准的 RJ-45 插头和插座。双绞线分为屏蔽双绞线（Shielded Twisted Pair，STP）与非屏蔽双绞线（Unshielded Twisted Pair，UTP）。屏蔽双绞线在双绞线与外层绝缘封套之间有一个金属屏蔽层。屏蔽层可减少辐射，防止信息被窃听，也可阻止外部电磁干扰的进入，使屏蔽双绞线比同类的非屏蔽双绞线具有更高的传输速率，适用于网络流量较大的高速网络协议应用。非屏蔽双绞线外面只有一层绝缘胶皮，所以重量轻、易弯曲、易安装，组网灵活，很适合应用于结构化布线，适用于网络流量不大的场合中。为此，现在使用的基本都是非屏蔽双绞线，计算机网络中最常用的是第三类和第五类非屏蔽双绞线。与其他传输介质相比，双绞线在传输距离，信道宽度和数据传输速度等方面均受到一定限制，但价格较为低廉。

（3）光纤（Optical Fiber）

光纤是光导纤维的简写，是一种利用光在玻璃或塑料制成的纤维中的全反射原理而达成的光传导工具，是由能传导光波的石英玻璃纤维外加保护层构成的。共有三层，最内层是玻璃内芯，从里往外，依次分为反射层、塑料保护层。如图 2.3 所示。

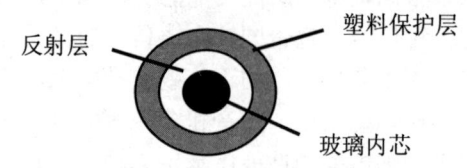

图 2.3 光纤

按光在光纤中的传输模式可分为：单模光纤和多模光纤。

单模光纤（Single-mode Fiber）：单模光纤的中心玻璃芯较细（芯径一般为 9 或 10μm），只能传播一种模式的光。因此，其模间色散很小，适用于远程通讯，但其色度色散起主要作用，这样单模光纤对光源的谱宽和稳定性有较高的要求，即谱宽要窄，稳定性要好。一般光纤跳纤用黄色表示，接头和保护套为蓝色。光纤传输距离较长。单模光纤传输的距离最远可达到 10 公里，多模光纤的中心玻璃芯较粗（50 或 62.5μm），可传多种模式的光。但其模间色散较大，这就限制了传输数字信号的频率，而且随距离的增加会更加严重。多模光纤传输的距离就比较近，最长只有 2 公里。

多模光纤（Multi-mode Fiber）：一般光纤跳纤用橙色表示，也有的用灰色表示，接头和保护套用米色或者黑色，传输距离较短。

光纤具有宽带、数据传输率高、抗干扰能力强、传输距离远等优点。但光纤的价格比较昂贵、安装困难、只能点对点连接，连接技术难度大，因此目前一般只在主干网中使用。

2. 无线传输媒介

无线传输介质是指在两个通信设备之间不使用任何物理连接，而是通过空间传输的一种技术。无线传输介质主要有无线电波、微波、红外线、激光等。

（1）无线电波

无线电波是指在自由空间（包括空气和真空）传播的射频频段的电磁波。无线电通信利用电磁波振荡在空中传递信号。电磁波中的电磁场随着时间而变化，从而把辐射的能量传播至远方。

利用无线电波进行通信占用一个专门频率，所以必须经过相关部门的批准才能使用，成本非常昂贵，传输过程中被窃听的可能性很大，而且受环境和天气的影响比较大。

（2）微波

微波是指频率为 300MHz～300GHz 的电磁波，是无线电波中一个有限频带的简称，即波长在 1 米（不含 1 米）到 1 毫米之间的电磁波，是分米波、厘米波、毫米波的统称。微波频率比一般的无线电波频率高，通常也称为"超高频电磁波"。

微波通信是利用微波传播进行的通信。微波通信是远距离通信的重要手段之一。微波通信不需要固体介质，当两点间直线距离内无障碍时就可以使用微波传送。

利用微波进行通信具有容量大、质量好并可传至很远的距离，因此是国家通信网的一种重要通信手段，也普遍适用于各种专用通信网。

（3）红外线

红外线是太阳光线中众多不可见光线中的一种，由德国科学家霍胥尔于 1800 年发现，又称为红外热辐射。红外线可分为三部分，即近红外线，波长为 0.75～1.50μm 之间；中红外线，波长为 1.50～6.0μm 之间；远红外线，波长为 6.0～1000μm 之间。

红外通信就是通过红外线传输数据。红外通信利用红外技术实现两点间的近距离保密通信和信息转发。它一般由红外发射和接收系统两部分组成，发射系统对一个红外辐射源进行调制后发射红外信号，而接收系统用光学装置和红外探测器进行接收，就构成红外通信系统。红外通信具有机体积小，重量轻，价格低廉，保密性强，信息容量大，结构简单，既可以在室内使用，也可以在野外使用等特点，但是它必须在视距内通信，且传播受天气的影响。在不能架设有线线路，在使用无线电怕暴露的情况下，使用红外线通信是比较好的。

（4）激光

激光通信是指把激光作为信息载体实现通讯的一种方式，取代或补偿目前的微波通讯。它包括激光大气传输通信、卫星激光通信、光纤通信和水下激光通信等多种方式。

激光通信具有信息容量大、传送线路多、保密性强、可传送距离较远，设备轻便、费用经济等优点。

五、常见的网络互联设备

网络中计算机和相关设备之间的通信离不开各种网络互联设备。常见的网络互联设备有：网卡（Network Interface Card，NIC）、中继器（Repeater）、集线器（Hub）、网桥（Bridge）、交换机（Switch）和路由器（Router）等。

1. 网卡

网卡又称网络接口卡或网络适配器，是应用最广泛的一种网络设备，也是连接计算机与网络不可缺少的设备，是局域网最基本的组成部分之一。一般做成插卡的形式，或内置于计算机或设备的主板上，接口类型一般有 ISA、PCI、USB 几种，连接方式有双绞线、同轴电缆和无线等，速度有十兆、百兆直至千兆的。

在网卡上最重要的网络特征是网卡的 MAC 地址。每块网卡的只读存储器（ROM）都固化了一个全球唯一的物理地址，即 MAC 地址。MAC 地址长度为 48 个比特，用 12 个十六进制数字来表示，格式如：00-01-6C-24-6D-30。

2. 中继器

中继器是连接网络线路的一种设备，又称转发器。它工作在物理层，主要完成信号的复制、调整和放大等功能，防止因线路的阻抗造成信号的衰减和畸变，以此来延长信息传输的距离。

中继器是扩展网络最廉价的选择，并可连接不同传输介质的网络，但是只能用于相同协议的同构型网络的连接，且没有隔离和过滤功能。受 5－4－3 规则的限制，以太网中最多可使用四个中继器，只允许在其中 3 个网段中包含计算机或设备，其中 2 个网段只能够用于延长传输距离。

3. 集线器

集线器实际上是多端口的中继器，又称集中器。它工作在物理层，主要提供信号放大和中转的功能，用于连接多台电脑或其他网络设备，每个端口可连接一个节点。集线器的速度通常为 10M，并且其带宽是各个端口共享的，同一时刻只能为一个客户服务。集线器会产生广播风暴，在级联时还受到 5－4－3 规则的约束。

因为集线器在网络中只起信号放大和重发的作用，目的是扩大网络的传输距离，不具备信号的定向传送能力，所以主要用于共享网络的组建，是解决从服务器直接到桌面最为经济的方案，通过集线器组网比较灵活，它可以充当星型连接的中心节点。

4. 网桥

网桥是将两个相似的网络连接起来,并对网络数据的传输进行管理。它工作在数据链路层,不但能扩展网络的距离和范围,而且可提高网络的性能、可靠性和安全性。

网桥的作用是在网络互联中进行数据接收、地址过滤与数据转发,用来实现多个网络系统之间的数据交换。网桥可以是专门硬件设备,也可以由计算机安装多个网卡后加装网桥软件来实现。

5. 交换机

交换机是一种基于 MAC 地址识别,能完成封装转发数据包功能的网络设备。它工作在数据链路层,主要的功能包括物理编址、网络拓扑结构、错误校验、帧序列以及流控。交换机是应用最广泛的一种设备,根据其工作原理,可以分为二层、三层、四层和七层等。目前交换机还具备了一些新的功能,如对 VLAN（虚拟局域网）的支持、对链路汇聚的支持,甚至有的还具有防火墙的功能。

通过交换机的过滤和转发,可以有效地隔离广播风暴,减少误包和错包的出现。交换机在同一时刻可进行多个端口对之间的数据传输,连接在其上的网络设备独自享有全部的带宽,避免了共享冲突。

6. 路由器

路由器主要用于连接多个逻辑上分开的网络,是互联网的主要节点设备。它工作在网络层,用于实现网络中信息传输时的路由选择和网络流量控制。路由器一般都有多个网络接口,包括局域的网络接口和广域的网络接口。每个网络接口连接不同的网络,路由器中记录有每个网络端口相连的网络信息。同时路由器中还保存有一张路由表,它记录有去往不同网络地址应送往的端口号,路由器通过路由表决定数据的转发。

路由器和网桥、交换机在工作原理上有两个相同之处:网桥和交换机使用帧中的 MAC 地址来转发帧;路由器则是通过数据包中的 IP 地址来转发数据包。网桥和交换机在内存中保存着一张简单的二层路由表,存放着 MAC 地址和端口的对应关系;路由器的内存中也保存着一张路由表,只不过存放的是 IP 地址和端口的对应关系。

六、计算机网络的体系结构与网络协议

1. 计算机网络体系结构

计算机网络体系结构是计算机网络层次模型和各层协议的集合,是用分层研究方法定义的网络各层的功能,各层协议和接口的集合。一个完整的计算机网络需要有一套复杂的协议集合,组织复杂的计算机网络协议的最好方式就是层次

模型。

(1) 开放系统互联参考模型（Open System Interconnection Reference Model, OSI/RM）

因为计算机网络是一个庞大而复杂的综合系统，构成计算机网络中计算机的硬件和软件由不同的企业拥有，由于各企业都有自己的标准，所以计算机设备的兼容性问题影响了计算机网络的发展和应用。为了解决这个问题，实现计算机网络的开放性，1977年国际标准化组织（International Organization for Standards, ISO）的技术委员会在现有网络的基础上，提出了不基于具体机型、操作系统或公司的网络体系结构，称为开放系统互联参考模型（Open System Interconnection Reference Model, OSI/RM）。

开放系统互联参考模型把网络通信的工作分为7层，它们由低到高分别是物理层（Physical Layer）、数据链路层（Data Link Layer）、网络层（Network Layer）、传输层（Transport Layer）、会话层（Session Layer）、表示层（Presentation Layer）和应用层（Application Layer）。第一层到第三层属于OSI参考模型的低三层，负责创建网络通信连接的链路；第四层到第七层为OSI参考模型的高四层，具体负责端到端的数据通信。每层完成一定的功能，每层都直接为其上层提供服务，并且所有层次都互相支持，而网络通信则可以自上而下（在发送端）或者自下而上（在接收端）双向进行。当然并不是每一通信都需要经过OSI的全部七层，有的甚至只需要双方对应的某一层即可。

(2) 传输控制协议/网际协议（Transmission Control Protocol/Internet Protocol, TCP/IP）网络模型

TCP/IP参考模型是Internet的前身ARPANET和其后继的因特网使用的参考模型。TCP/IP网络模型是面向用户的应用，是建立在应用经验基础上的，所以这个模型更加符合研发与应用的需求，能以较简单的方法实现网络互连，因此它成为了事实上的国际标准，并一直延用至今。

TCP/IP是一组用于实现网络互连的通信协议。Internet网络体系结构以TCP/IP为核心。基于TCP/IP的参考模型将协议分成四个层次，它们分别是：网络接口层、网际互连层、传输层和应用层。

TCP/IP参考模型与OSI参考模型各层间的对应关系如图2.4所示。

TCP/IP 层	OSI 层
应用层	应用层
	表示层
	会话层
传输层	传输层
互联网络层	网络层
网络接口层	数据链路层
	物理层

图 2.4　TCP/IP 参考模型与 OSI 参考模型各层的对应关系

2. 网络协议

网络协议是为计算机网络中进行数据交换而建立的规则、标准或约定的集合。为了保证计算机间相互通信及双方能够正确地接收信息，在通信之前必须事先制定相应的网络协议。

网络协议的主要作用体现在：一是可以在收发信息双方建立对等层之间的虚拟通信，二是层次之间的无关性。

由于存在着不同厂商开发的操作系统中有不同的协议，在计算机网络中存在着几个不同的协议体系，最常用的网络协议有 TCP/IP 协议、IPX/SPX 协议和 NetBIOS/NetBEUI 协议。

（1）TCP/IP 协议

TCP/IP 协议是一种工业标准、开放式协议，它并不属于哪个单独的组织，是现行 Internet 网络通信的标准。TCP 和 IP 是 TCP/IP 协议栈中的两个协议，由于 TCP 和 IP 是大家熟悉的协议，所以用 TCP/IP 或 IP/TCP 这个词代替了整个协议集。TCP/IP 协议是一个分层的协议栈，对应着 TCP/IP 参考模型的四层分别有不同的协议。

（2）传输控制协议（Transmission Control Protocol，TCP）

TCP 协议提供一种面向连接的、可靠的字节流服务的传输控制协议。TCP 提供端到端、全双工通信；采用字节流方式，如果字节流太长，将其分段；提供紧急数据传送功能。

TCP 是因特网中的传输层协议，使用三次握手协议建立连接，在传输数据前要先建立逻辑连接，然后再传输数据，最后释放连接 3 个过程，这能保证数据准确可靠地传到目的地，保证数据的正确到达。

（3）网间协议（Internet Protocol，IP）

网络协议（IP）是网络上信息从一台计算机传递给另一台计算机的方法或者

协议。网络上每台计算机（主机）至少具有一个 IP 地址将其与网络上其他计算机区别开。IP 是为计算机网络相互连接进行通信而设计的协议。在因特网中，它是能使连接到网上的所有计算机网络实现相互通信的一套规则，规定了计算机在因特网上进行通信时应当遵守的规则。任何厂家生产的计算机系统，只要遵守 IP 协议就可以与因特网互连互通。IP 协议也叫做"因特网协议"。IP 是一个无连接协议，这就意味着在通信的双方之间没有连续的线路连接。每个信息包作为一个处理过的独立的单元在网络上传输，这些单元之间没有相互的联系。

3. IP 地址

IP 地址也可以称为互联网地址或 Internet 地址，是一个逻辑标识，用来唯一标识互联网上计算机的逻辑地址。

（1）IPv4 地址

按照 TCP/IP 协议规定，IP 地址用二进制来表示，每个 IP 地址长 32bit。为了方便人们的使用，IP 地址经常被写成十进制的形式，中间使用符号"."分开不同的字节，叫做"点分十进制表示法"，如 192.168.0.1。

IP 地址由网络号和主机号两部分组成，一个 IP 地址分成两个部分，第一部分是网络地址，用来标识该计算机所处的网络段；第二部分是主机地址，用来标识一个网段内计算机、路由器或其他设备。

IP 地址分为 A、B、C、D、E 五类，D 类用于组播，E 类是保留地址，作为实验和研究使用，各类可容纳的地址数目不同。IP 的前四位用来决定地址所属的类别。当将 IP 地址写成二进制形式时，A 类地址的第一位总是 0，B 类地址的前两位总是 10，C 类地址的前三位总是 110，D 类地址的前四位是 1110，E 类地址的前四位总是 1111。IP 地址的分类如图 2.5 所示。

	0	1	2	3	4	8	16	24	31
A 类	0				网络号		主机号		
B 类	1	0			网络号			主机号	
C 类	1	1	0			网络号			主机号
D 类	1	1	1	0		组播地址			
E 类	1	1	1	1		保留			

图 2.5 IP 地址分类示意图

A 类地址第 1 个字节的第一位总是 0，第 1 字节为网络地址，其他 3 个字节为主机地址。地址范围为：10.0.0.0～126.255.255.255，默认子网掩码为：255.0.0.0。

B类地址第1个字节的前两位总是10，第1字节和第2字节为网络地址，其他2个字节为主机地址。地址范围为：128.0.0.0～191.255.255.255，默认子网掩码为：255.255.0.0。

C类地址第1个字节的前三位总是110，第1字节、第2字节和第3个字节为网络地址，第4个字节为主机地址。地址范围为：192.0.0.0～223.255.255.255，默认子网掩码为：255.255.255.0。

D类地址不分网络地址和主机地址，它的第1个字节的前四位固定为1110。地址范围：224.0.0.1～239.255.255.254。

E类地址不分网络地址和主机地址，它的第1个字节的前四位固定为1111。地址范围：240.0.0.1～255.255.255.254

在五类IP地址中，有一些特殊的IP地址，有的不能为设备分配，有的不能用在公网，有的只能在本机使用，这些特殊的IP地址有：

受限广播地址：255.255.255.255，表示整个互联网。

直接广播地址：一个网络中的最后一个地址为直接广播地址，也就是主机地址位全为1的地址。

源IP地址：0.0.0.0。这个IP地址在IP数据报中只能用作源IP地址，这发生在当设备启动时但又不知道自己IP地址的情况下。在使用DHCP分配IP地址的网络环境中，这样的地址是很常见的。用户主机为了获得一个可用的IP地址，就给DHCP服务器发送IP分组，并用这样的地址作为源地址，目的地址为255.255.255.255（因为主机这时还不知道DHCP服务器的IP地址）。

环回地址：127网段的所有地址都称为环回地址，主要用来测试网络协议是否工作正常。

专用地址：这些地址不能为Internet网络的设备分配，只能在企业内部使用，因此也称为私有地址。这些专有地址是：

A类　10.0.0.0到10.255.255.255

B类　172.16.0.0到172.31.255.255

C类　192.168.0.0到192.168.255.255

（2）IPv6地址

现有的互联网是在IPv4协议的基础上运行的。IPv6是下一版本的互联网协议，也是下一代互联网的协议，它的提出最初是因为随着互联网的迅速发展，IPv4定义的有限地址空间将被耗尽，而地址空间的不足必将妨碍互联网的进一步发展。IPv4采用32位地址长度，只有大约43亿个地址，估计在2005－2010年间将被分配完毕，而IPv6采用128位地址长度，几乎可以不受限制地提供地址。

IPv6的格式有如下几种：

冒号十六进制形式。这是首选形式 X:X:X:X:X:X:X:X。每个 X 都表示 8 个 16 位地址元素之一的十六进制值。例如：EEF3:EEEE:ED47:F365:2258:E896:D638:E321。

压缩形式。由于地址长度要求，地址包含由零组成的长字符串的情况十分常见。为了简化对这些地址的写入，可以使用压缩形式，在这一压缩形式中，多个 0 块的单个连续序列由双冒号符号（::）表示。此符号只能在地址中出现一次。例如，多路广播地址 EEFE:0:0:0:0:0:B912:C323 的压缩形式为 EEFE::B912:C323。

混合形式。此形式组合 IPv4 和 IPv6 地址。在此情况下，地址格式为 X:X:X:X:X:X:N.N.N.N，其中每个 X 都表示 6 个 IPv6 高序位 16 位地址元素之一的十六进制值，每个 N 都表示 IPv4 地址的十进制值。

IPv6 有两个特殊的地址：一个是全 0 表示未指定地址；另一个是 0:0:0:0:0:0:0:1 表示环回地址。

第二节　网站建设与网页制作技术

网站是进行电子商务的基础，旅游企业利用网站来进行本企业宣传、发布旅游产品信息、进行电子商务交易与顾客服务等。好的旅游企业网站要实现旅游企业形象展示、有完善的交易与支付、良好的客户服务功能。

下面介绍网站建设的基础。

一、申请网站域名

域名是由一串用点分隔的名字组成的，Internet 上提供用户访问某网站或网页的路径，用于在数据传输时标识计算机的电子方位，例如：hainantourism.com.cn。域名是由世界互联网名称与数字地址分配机构（ICANN）管理的，ICANN 把域名注册交给专门的服务商。所以注册域名要向域名注册服务商申请。

域名可以在网上申请。申请网站域名步骤非常简单，首先挑选注册商，目前国内主流的注册商有中国万网、易名中国、新网等。然后要在注册商的网站上注册账号，查询每一种域名的价格，并缴纳相应的款项，根据他们网站上的步骤填写资料（一般注册商的网站上都有图文并茂的解释），注册即可完成。域名注册要经过注册局审核，注册局审核域名注册是需要 5~7 个工作日，除了 cn 域名之外，注册其他后缀的域名都是通过邮件通知的。

中国万网是 ICANN 在中国的首批域名注册服务商。旅游企业要注册域名可以登录中国万网进行申请,如图 2.6 为中国万网的首页。

图 2.6　中国万网

二、申请网站空间

网站空间就是存放网站内容的空间,也称为虚拟主机空间,通常企业做网站都不会自己架服务器,而是选择以虚拟主机空间做为放置网站内容的网站空间。网站空间指能存放网站文件和资料,包括文字、文档、数据库、网站的页面、图片等文件的存储空间。

申请网站空间首先要选择好一个适合的空间提供商,比如中国万网,接下来一般都需要注册一个会员账号,选择好适合的产品,再付款开通。开通空间后,就可以上传自己的内容到空间里。网站开通前需要有自己的域名,现在国内的空间使用域名都需要备案成功才可以使用,所以旅游企业要提供企业代码本,网站管理员的个人信息等相关资料进行备案。

三、网页制作

申请域名和申请空间后,进行网站网页制作,把网页上传到申请的空间,把域名和网站主页对应起来,就可以提供给浏览者访问。

网页除了内容之外,整体形象也是很重要的一部分。只有网页内容通过良好的形式表现出来，才会受到浏览者的喜爱。所以制作网页之前首先要对网站的风格进行设计。

1. 网站风格设计

风格设计好的旅游网站能更好地体现旅游网站的各种要素，更能吸引浏览者的注意。网站是由网页构成的，网站中的内容是通过网页的形式展示出来的，一个主题十分鲜明的旅游网站，需要整体的形象包装和风格设计。旅游网站的整体风格设计是网站外观设计的中心任务。视觉元素、CSS、布局方式、浏览器兼容性等视觉表现形式都要服从于网站的整体风格。

旅游网站风格设计要做到如下：

（1）风格要突出旅游企业和旅游产品的个性气质

旅游企业网站的风格要体现独特性而不是与其他网站千篇一律的风格。

网站要有特色，可以从下面这些方面入手：将网站的标志（logo）尽可能的放在每个页面上最突出的位置、总结一句能反映企业精髓的宣传标语、相同类型的图像采用相同效果。

（2）旅游网站风格要符合品牌视觉形象

塑造旅游网站的品牌形象的关键是将企业的 VI 视觉元素运用于网页设计，使得网站的整体风格符合旅游企业品牌的内涵，达到线上线下整体风格一致，有助于品牌形象的统一塑造。

2. 网站制作语言

常用的网页制作语言有：HTML、ASP、PHP、JSP 等。

（1）HTML

HTML 也称超文本标记语言，是用于描述网页文档的一种标记语言。HTML 语言是用来描述网页的字体、大小、颜色及页面布局的语言，使用任何的文本编辑器都可以对它进行编辑。

HTML 是一种规范，一种标准，它通过标记符号来标记要显示的网页中的各个部分。网页文件本身是一种文本文件，通过在文本文件中添加标记符，可以支配浏览器如何显示其中的内容（如：文字如何处理，画面如何安排，图片如何显示等）。浏览器按顺序阅读网页文件，然后根据标记符解释和显示其标记的内容，不会指出书写错误，且不停止其解释执行过程，编制者只能通过显示效果来分析出错原因和出错位置。但需要注意的是，对于不同的浏览器，对同一标记符可能会有不完全相同的解释，因而可能会有不同的显示效果。HTML 之所以称为超文本标记语言，是因为文本中包含了"超级链接"点。所谓超级链接，就是一种 URL 指针，通过激活（点击）它，可使浏览器方便地获取新的网页。这也是 HTML 获得广泛应用的最重要的原因之一。

(2) ASP

ASP 是一种服务器端脚本编写环境，可以用来创建和运行动态网页或 Web 应用程序。ASP 采用脚本语言 VBScript（Java script）作为自己的开发语言，利用它可以产生和执行动态的、互动的、高性能的 Web 服务应用程序。ASP 网页可以包含 HTML 标记、普通文本、脚本命令以及 COM 组件等。通过 ASP 可以向网页中添加交互式内容（如在线表单），也可以创建使用 HTML 网页作为用户界面的 Web 应用程序。

(3) PHP

是一种跨平台的服务器端的嵌入式脚本语言。它大量地借用 C、Java 和 Perl 语言的语法，并耦合 PHP 自己的特性，使 WEB 开发者能够快速地写出动态页面。PHP 是一种 HTML 内嵌式的语言，是一种在服务器端执行的嵌入 HTML 文档的脚本语言，语言的风格类似于 C 语言，所以被广泛的运用。

(4) JSP

JSP 是一种以 Java 为主的跨平台的新一代 Web 开发语言。JSP 可以在 Serverlet 和 JavaBean 的支持下，完成功能强大的站点程序。JSP 技术有点类似于 ASP 技术，它是在传统网页 HTML 文件（*.htm，*.html）中插入 Java 程序段（Scriptlet）和 JSP 标记（tag），从而形成 JSP 文件（*.jsp）。用 JSP 开发的 Web 应用是跨平台的，既能在 Linux 下运行，也能在其他操作系统上运行。

3. 网页制作工具

常用的网页制作工具有：Frontpage、Dreamweaver。

(1) HTML 编辑器。虽然 HTML 代码复杂，编辑和调试要花费大量的时间，但因 HTML 的稳定性、广泛支持性及可创建复杂的页面效果，仍受高级网页制作人员的青睐。就目前来说，有众多的编辑器供选择，这些编辑器广泛支持复杂页面创建及高级 HTML 规范，使用较为普遍的有 Hotdog 等专业 HTML 编辑器。

(2) Frontpage

Frontpage 是微软公司出品的一款网页制作入门级软件。Frontpage 使用方便简单，会用 Word 就能轻松做网页，所见即所得是其特点，该软件结合了设计、程式码、预览三种模式于一体，也可一起显示程式码和设计检视，与 Microsoft Office 各软件无缝连接，拥有良好的表格控制能力，继承了 Microsoft Office 产品系列的良好的易用性。是一款非常适合初、中级网页制作人员使用的网页制作工具软件。

(3) Dreamweaver

Dreamweaver 是美国 Maromedia 公司开发的集网页制作和管理网站于一身的著名网站开发工具，它是第一套针对专业网页设计师特别开发的视觉化网页制作工具，利用它可以轻而易举地制作出跨越平台限制和跨越浏览器限制的充满动感的网页。Dreamweaver 现在有 Mac 和 Windows 两个系统版本，是曾经风靡一时的"网页三剑客"成员之一，是目前应用最广的网页制作软件。

第三节　数据库技术基础

随着计算机技术与网络通信技术的发展，数据库技术已成为信息社会中对大量数据进行组织与管理的重要技术手段和软件技术，它是现代信息科学与技术的重要组成部分，是构建网络信息化管理系统的基础，已成为计算机数据处理与信息管理系统的核心。从某种程度上说数据库建设的规模、数据库信息的数量和质量以及数据库的使用程度，是衡量一个国家信息化程度的标志。

一、数据库发展阶段

1. 根据计算机技术及其应用的发展来划分，数据库从低级到高级大致划分为四个阶段：

（1）人工管理阶段。20 世纪 50 年代中期以前的阶段都属于这个阶段。

（2）文件系统阶段。从 20 世纪 50 年代到 60 年代中期都属于这个阶段。

（3）数据库系统阶段。从 20 世纪 60 年代后期到 70 年代到现在都属于这个阶段。

（4）高级数据库阶段。从 20 世纪 70 年代后期开始都属于这个阶段。

2. 根据数据模型和时间的先后，数据库系统可划分为三个阶段：

（1）层次数据库系统。开始于 20 世纪 60 年代末期，以 IBM 公司的 IMS 系统为代表。层次数据模型只支持实体之间的 1:1、1:N 联系，实体之间的 M:N 联系，需要数据记录的多处存放，数据冗余量大。另外，对任何数据记录的访问，都需要从根结点开始进行扫描，处理时间长。从而影响了层次数据库系统的广泛使用。

（2）网状数据库系统。开始于 20 世纪 70 年代早期，以美国 CODASYL 组织的 DBTG 标准为基础。网状数据模型能直接地描述现实世界，用数学方法可将网状数据结构转化为层次数据结构。但由于结构复杂，数据库设计和应用程序之间的实现比较困难，从而限制了它的进一步发展。

（3）关系数据库系统。开始于 20 世纪 80 年代。我们常见的数据库系统，如：DB2、ORACLE、INFORMIX、SYBASE 等，都是关系数据库系统。和层次数据模型、网状数据模型相比，关系数据模型面向记录集合，有较高的数据独立性，概念单一、结构简单，可以直接处理多对多的联系，因此得到了广泛的应用。

二、数据库的主要特点

数据库是以一定的组织方式存储在一起的相关数据的集合，它以最少的数据冗余为多种应用服务，程序与数据具有较高的独立性。数据库的主要特点有：

（1）实现数据共享。数据共享包括所有用户可以同时存取数据库中的数据，也包括用户可以用各种方式通过不同接口使用数据库，并提供数据共享。

（2）减少数据的冗余度。同早期的文件系统相比，由于数据库实现了数据共享，从而减少了用户各自建立数据库文件，减少了大量重复数据，减少了数据冗余，保证了数据的一致性。

（3）数据的独立性。数据的独立性包括数据库中的逻辑结构和应用程序相互独立，也包括数据物理结构的变化不影响数据的逻辑结构。

（4）数据实现集中控制。文件管理方式中，数据处于一种分散的状态，不同的用户或同一用户在不同处理中其文件之间没有任何关系。利用数据库可对数据进行集中控制和管理，并通过数据模型表示各种数据的组织以及数据之间的联系。

（5）数据一致性和可维护性，以确保数据的安全性和可靠性。①安全性控制：以防止数据丢失、错误更新和越权使用；②完整性控制：保证数据的正确性、有效性和相容性；③并发控制：使在同一时间周期内，允许对数据实现多路存取，又能防止用户之间的不正常交互作用；④故障的发现和恢复：由数据库管理系统提供一套方法，可及时发现故障和修复故障，从而防止数据被破坏。

（6）故障恢复。由数据库管理系统提供一套方法，可及时发现故障和修复故障，从而防止数据被破坏。数据库系统能尽快恢复数据库系统运行时出现的故障，可能是物理上或是逻辑上的错误。比如系统的误操作造成的数据错误等。

三、常用的数据库

1. IBM 的 DB2

DB2 是 IBM 公司研制的一种关系型数据库系统。DB2 主要应用于大型应用系统，分别在不同的操作系统平台上服务，具有较好的可伸缩性，可支持从大型机到单用户环境，应用于 OS/2、Windows 等平台下。DB2 提供了高层次的数据利用性、完整性、安全性、可恢复性，以及小规模到大规模应用程序的执行能力，具有与平台无关的基本功能和 SQL 命令。DB2 是通用数据库的典范，是第一个具备网上功能的多媒体关系数据库管理系统。

2. Oracle

Oracle 是世界领先的信息管理软件开发商，因其复杂的关系数据库产品而闻名。Oracle 数据库产品为财富排行榜上的前 1000 家公司所采用,许多大型网站也选用了 Oracle 系统。Oracle 的关系数据库是世界第一个支持 SQL 语言的数据库。Oracle 公司引入了第一个商用 SQL 关系数据库管理系统,支持最广泛的操作系统平台。Oracle 的目标定位于高端工作站以及作为服务器的小型计算机。目前 Oracle 关系数据库产品的市场占有率名列前茅。

3. Informix

Informix 是 IBM 公司出品的关系数据库管理系统(RDBMS)家族,可提供出色的快速在线交易处理(OLTP)性能,高可靠性和低成本管理能力,是众多细分市场上领先的集成数据服务器。作为一个集成解决方案,它被定位为作为 IBM 在线事务处理(OLTP)旗舰级数据服务系统。

4. Sybase

Sybase 是 Sybase 公司研制的一种关系型数据库系统,是一种典型的 UNIX 或 Windows NT 平台上客户机/服务器环境下的大型数据库系统。Sybase 提供了一套应用程序编程接口和库,可以与非 Sybase 数据源及服务器集成,允许在多个数据库之间复制数据,适于创建多层应用。系统具有完备的触发器、存储过程、规则以及完整性定义,支持优化查询,具有较好的数据安全性。Sybase 通常与 Sybase SQL Anywhere 用于客户机/服务器环境,前者作为服务器数据库,后者为客户机数据库,采用该公司研制的 Power Builder 为开发工具,在我国大中型系统中具有广泛的应用。

5. SQL Server

SQL Server 是一个关系数据库管理系统。它最初是由 Microsoft、Sybase 和 Ashton-Tate 三家公司共同开发,后来 Microsoft 公司独立开发,应用在 Windows 平台上,具有使用方便可伸缩性好与相关软件集成程度高等优点,可跨越从运行 Microsoft Windows 98 的膝上型电脑到运行 Microsoft Windows 2000 的大型多处理器的服务器等多种平台使用。

6. PostgreSQL

PostgreSQL 是加州大学伯克利分校计算机系开发的对象关系型数据库管理系统(ORDBMS)。PostgreSQL 是世界上可以获得的最先进的开放源码的数据库系统,它提供了多版本并行控制,支持几乎所有 SQL 构件(包括子查询,事务和用户定义类型和函数),并且可以获得非常广范的(开发)语言绑定(包括 C,C++,Java,Perl,Tcl 和 Python)。PostgreSQL 的很多特性是当今许多商业数据库的前身。PostgreSQL 有目前世界上最丰富的数据类型的支持,是目前唯一支持事务、子查询、多版本并行控制系统、数据完整性检查等特性的一种自由软件的数据库管理系统。

7. MySQL

MySQL 是一个小型关系型数据库管理系统，早期由瑞典 MySQL AB 公司开发。后来被 Sun 公司收购。具有体积小、速度快、总体拥有成本低，尤其是开放源码这一特点，许多中小型网站为了降低网站总体拥有成本而选择了 MySQL 作为网站数据库。目前 MySQL 被广泛地应用在 Internet 上的中小型网站中。

8. Access 数据库

Access 是 Microsoft 公司开发的基于 Windows 的桌面关系数据库管理系统（RDBMS），是 Office 系列应用软件之一。它提供了表、查询、窗体、报表、页、宏、模块 7 种用来建立数据库系统的对象；提供了多种向导、生成器、模板，把数据存储、数据查询、界面设计、报表生成等操作规范化；为建立功能完善的数据库管理系统提供了方便，也使得普通用户不必编写代码，就可以完成大部分数据管理的任务。它具有界面友好、易学易用、开发简单、接口灵活等特点，是典型的新一代桌面数据库管理系统。Access 主要适用于中小型应用系统，或作为客户端/服务器系统中的客户端数据库。

9. FoxPro 数据库

FoxPro 最初由美国 Fox 公司开发，后来被 Microsoft 公司收购，其产品可运行于 DOS 和 Windows 环境下。FoxPro 为开发添加了窗口、按钮、列表框和文本框等控件。

第四节 多媒体技术

多媒体技术是把声、图、文、视频等媒体通过计算机集成在一起的技术。即通过计算机把文本、图形、图像、声音、动画和视频等多种媒体综合起来，使之建立起逻辑连接，并对它们进行采样量化、编码压缩、编辑修改、存储传输和重建显示等处理。多媒体技术是一种全新的技术，是计算机技术发展和社会需求的产物。随着计算机软件、硬件技术的不断发展，计算机的处理能力越来越强大，而多媒体技术也越来越广泛地应用于各个领域。

一、常见媒体类型

1. 文本

非格式化文本：可以使用的字符个数有限（即简单的字符集，如 ASCII）而且通常字符的大小固定，仅能按照一种形式和内容使用。

格式化文本：字符集丰富（如增加罗马字母、各种特殊符号），多种字体、多种大小、多种排版格式。文本外观可与印刷文本媲美。

常见的文本文件格式有：ASCII、MIME、TXT、DOC、PWS 和 TIF。

2. 图形与图像

图形：是可修正的文件，在文件格式中必须包含结构化信息，即语义内容被包含在对图形的描述中，作为一个对象存储。一般是用图形编辑器产生或者由程序产生，因此也常被称作计算机图形。

图像：是不可修正的，在文本格式中没有任何结构信息，因此没有保存任何语义内容，作为位图存储。图像有两种来源：扫描静态图像和合成静态图像。前者是通过扫描仪、普通相机与模数转换装置、数字相机等从现实世界中捕捉；后者是由计算机辅助创建或生成，即通过程序、屏幕截取等生成。

像素是图像数字化的基本单位。每一个像素对应一个数值，称为像素的振幅。数字化位数称为振幅深度或者像素深度，如 1（黑白图像）和 24（真彩色图像）。

常见的图形图像文件格式有：BMP、GIF、PNG、TIFF、JPEG、PSD、SWF、SVG、ICO、DXF、WMF、PCX、TGA 和 DWG。

3. 音频

音频信息包括人的声音、音乐、风雨声、机器声等自然界的各种声响。声音携带了大量的信息，是人类表达、传递信息的主要媒体之一。在多媒体应用中，适当地运用语音和音乐能起到其他媒体无法替代的效果，使得多媒体应用更加生动、形象。

声音文件的格式通常分为两大类：波形声音文件和 MIDI 文件。波形声音文件指用采样、量化方法记录原始声音信息的数据文件。常见的非压缩格式的波形声音文件格式有：WAV、VOC；常见的压缩格式的波形声音文件格式有：MP3、RA、RM 和 WMA。

4. 视频与动画

帧：一个完整且独立的窗口视图，作为要播放的视图序列的一个组成部分。它可能占据整个屏幕，也可能只占据屏幕的一部分。

帧速率：每秒播放的帧数。两幅连续帧之间的播放时间间隔即延时通常是恒定的。

在什么样的帧速率下会开始产生平稳运动的印象取决于个体与被播放事物的性质。通常，平稳运动印象大约开始于每秒 16 帧的帧速率，一般，电影画面播放帧速率为 24 帧/秒。美国和日本的电视播放标准为 30 帧/秒，欧洲为 25 帧/秒，高清数字 TV 为 60 帧/秒。

视频（运动图像）：以位图形式存储，因此缺乏语义描述，需要较大的存储能力，分为捕捉运动视频与合成运动视频。前者是通过普通摄像机与模数转换装置、数字摄像机等从现实世界中捕捉；后者是由计算机辅助创建或生成，即通过程序、屏幕截取而生成。

动画（运动图形）：存储对象及其时空关系，因此带有语义信息，但是在播放时需要通过计算才能生成相应的视图。通常是通过动画制作工具或程序生成。

常见的视频与动画格式有：CD、WAV、RA、RM、MPEG、DAT、AVI、MOV、ASF、WMV 和 FLV。

二、多媒体处理软件和工具

多媒体信息处理就是把通过外部设备采集来的多媒体信息，包括文字、图像、声音、动画、影视等，用软件进行加工、编辑、合成、存储，最终形成一个多媒体产品。在这一过程中，会涉及到各种媒体加工工具和集成工具。这些工具包括：文字处理软件、图形图像处理软件、声音处理软件、视频与动画处理软件和多媒体集成工具。

1. 文字处理软件

常见的文字处理软件有：记事本、写字板、Word 和 WPS。

（1）记事本

记事本是 Windows 操作系统中一个简单的文本编辑器。记事本只能处理纯文本文件，它只具备最基本的编辑功能，所以体积小巧，启动快，占用内存低，容易使用。

（2）写字板

写字板具有 Word 最初的形态，有格式控制等，而且保存的文件也是.doc 格式，是 word 的雏形。写字版的容量比较大，对于大点的文件，用记事本打开比较慢或者打不开时可以用写字板程序打开。同时，写字板支持多种字体格式。

（3）Word

Word 是由 Microsoft 公司开发的一个文字处理器应用程序软件。Word 软件界面友好，提供了丰富多彩的工具，利用鼠标就可以完成选择、排版等操作。用Word 软件可以编辑文字图形、图像、声音、动画，还可以插入其他软件制作的信息，也可以用 Word 软件提供的绘图工具进行图形制作，编辑艺术字、数学公式，能够满足用户的各种文档处理要求。

（4）WPS

WPS 即文字编辑系统，是金山软件公司开发的一种办公软件。最初推出于 1989 年，在微软 Windows 系统出现以前，DOS 系统盛行的年代，WPS 曾是中国最流行的文字处理软件，同一文件在 Linux 系统与 Windows 系统使用方法相同，读写效果一致。

2. 图形图像处理软件

图形、图像是极富信息的媒体，它们可以形象、生动、直观地表达信息，尤其是随着计算机的图形用户界面（Graphics User Interface，GUI）和彩色显示技术的发展，进一步开发图形图像技术的应用有了更强有力的支持。

目前，图像处理软件种类繁多，很多软件都具有图像扫描、色彩转换、图像编辑、文字编辑、缩放图像尺寸、特殊效果、打印和文件管理等功能。

常见的图形图像处理软件有：画图、ACDSee、Photoshop、CorelDRAW 和 AutoCAD。

（1）画图

画图是一个简单的图像处理及绘画程序，是微软公司 Windows 操作系统的预载软件之一。"画图"程序是一个位图编辑器，可以对各种位图格式的图画进行编辑，用户可以自己绘制图画，也可以对扫描的图片进行编辑修改，在编辑完成后，可以以 BMP、JPG、GIF 等格式存档，用户还可以发送到桌面和其他文本文档中。

（2）ACDSee

ACDSee 是使用最为广泛的看图工具软件，大多数电脑爱好者都使用它来浏览图片，它的特点是支持性强，它能打开包括 ICO、PNG、XBM 在内的二十余种图像格式，并且能够高品质地快速显示它们，甚至近年在互联网上十分流行的动画图像档案都可以利用 ACDSee 来欣赏。

（3）Photoshop

Adobe 公司开发的 Photoshop 以其强大的功能和友好的界面成为当前最流行的产品之一。Photoshop 是 Adobe 公司旗下最为出名的图像处理软件之一，集图像扫描、编辑修改、图像制作、广告创意、图像输入与输出于一体的图形图像处理软件，深受广大平面设计人员和电脑美术爱好者的喜爱。

（4）CorelDRAW

CorelDRAW 是一款由加拿大 Corel 公司开发的图形图像软件。其非凡的设计能力广泛地应用于商标设计、标志制作、模型绘制、插图描画、排版及分色输出等诸多领域。

（5）AutoCAD

AutoCAD 是美国 Autodesk 公司于 1982 年推出的计算机辅助设计软件，用于二维绘图、详细设计、设计文档管理和基本三维设计。现已经成为国际上广为流行的绘图工具。

AutoCAD 具有良好的用户界面，通过交互菜单或命令行方式便可以进行各种操作。它的多文档设计环境，让非计算机专业人员也能很快地学会使用。在不断实践的过程中更好地掌握它的各种应用和开发技巧，从而不断提高工作效率。

3. 声音处理软件

声音的编辑离不开各种声音处理软件，常见的声音处理软件有：

（1）GoldWave

GoldWave 是一个集声音编辑、播放、录制和转换的音频工具，其体积小巧，功能却不弱。GoldWave 可打开的音频文件相当多，包括 WAV、OGG、VOC、IFF、AIF、AFC、AU、SND、MP3、MAT、DWD、SMP、VOX、SDS、AVI、MOV、APE 等音频文件格式，也可以从 CD、VCD、DVD 或其他视频文件中提取声音。

（2）Cool Edit Pro

Cool Edit Pro 是一个非常出色的数字音乐编辑器和 MP3 制作软件。不少人把 Cool Edit Pro 形容为音频"绘画"程序。可以用声音来"绘"制音调、歌曲的一部分，或"绘"制弦乐、颤音、噪音或是调整静音。

（3）Adobe Audition

Adobe Audition 是一个专业音频编辑和混合环境，提供简便灵活的工作流程。它为在影音工作室、广播和音频后期制作方面的专业人员设计，可提供先进的音频混合、编辑、控制和效果处理功能。

（4）NGWave Audio Editor 4.0

NGWave Audio Editor 4.0 是一个功能强大的音频文件编辑工具，采用下一代的音频处理技术，使用它可以在一个可视化的真实环境中精确快速地进行声音的录制、编辑、处理、保存等操作，并可以在所有的操作结束后，采用新的音频数据保存格式，将声音完整、高品质地保存下来。

4. 视频与动画处理软件

视频和动画能使静态的画面变得生动，使人的想象力得到淋漓尽致的发挥，是艺术与技术的完美结合。制作动画的软件种类很多，一般分为动画制作软件和动画处理软件。常见的制作动画的软件有：Premiere、Flash、GIF Construction、3D Studio Max 和 Maya。

（1）Premiere

Premiere 是一款常用的动画视频编辑软件，由 Adobe 公司推出，编辑画面质量比较好，可以添加各种滤镜效果，用于处理视频、广告、电影等，有"电影制作大师"的美称。有较好的兼容性，且可以与 adobe 公司推出的其他软件相互协作。目前这款软件广泛应用于广告制作和电视节目制作中。是目前最流行的非线性编辑软件，是数码视频编辑的强大工具，它作为功能强大的多媒体视频、音频编辑软件，应用范围不胜枚举，制作效果美不胜收，足以协助用户更加高效地工作。

（2）Flash

Flash 是用来编辑二维动画的软件，经过几代版本改进后，采用了矢量图形和流式技术，迅速成为网上动画的霸主。Flash 是一个功能比较多的平面动画制作软件，制作的动画成品多用于国际互联网。用 Flash 制作动画，操作方便且动态效果显著，最主要的是容量小，所以非常适合在互联网上传播。目前，几乎所有网页上的动画都是用 Flash 制作的，Flash 成为了网络动画的代表。Flash 和 Micromedia 公司开发的 Dreamweaver 及 Firework 软件合称网页制作"三剑客"，成为多媒体、网站制作行业的热门软件。图 2.7 为 Flash 的主界面。

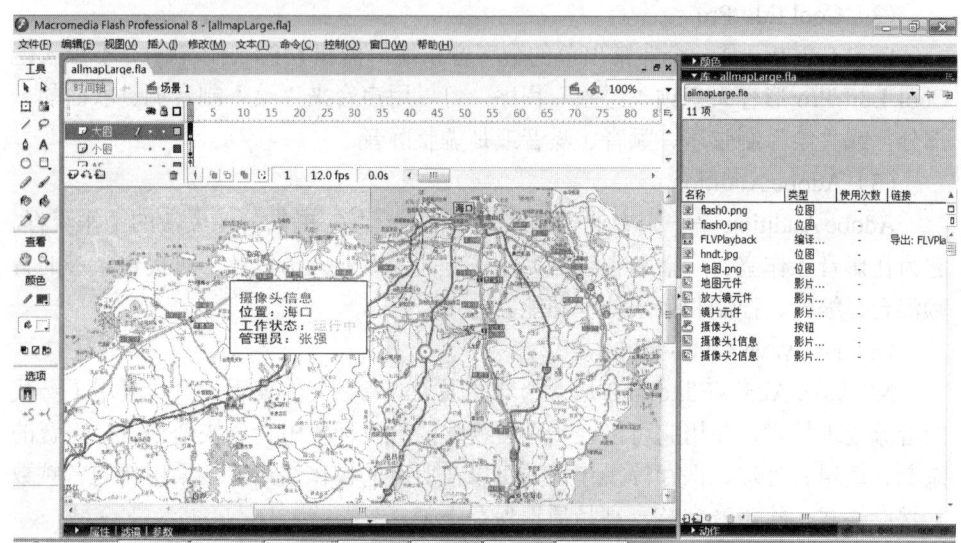

图 2.7 Flash

（3）GIF Construction

GIF Construction 是网页动画生成软件，可以单独控制每一帧显示的时间，把动画和图片序列转换成网页动画形式。它是专业的 GIF 动画制作软件，可以快速、专业地为你的网页创建透明、交错的 GIF 文件。

（4）3D Studio Max

3D Studio Max 是三维动画制作软件，用于制作三维造型和动画，适用范围较广。用 MAX 来制作三维动画就像是当一个大导演——一切的角色、道具、灯光、摄像机、场景（包括如云、雾、雪、闪电等特效场面）及配音、镜头的剪辑合成等都任你来安排处理。

（5）Maya

Maya 是三维动画制作软件，用于制作动画片、广告、电影特技、游戏等。

该软件的动画制作功能很强,被认为是比较专业的动画制作软件,是世界上最强大的整合 3D 建模、动画、效果和渲染的软件。Maya 是由国际知名的软件公司 Autodesk 所开发的 3D 影讯动画工具,自发表以来就获得许多动画师的喜爱及推荐,被广泛地应用于动画电影、动画广告、动画电视剧、栏目包装、电影特效、虚拟实境及网络多媒体设计等领域,Maya 已成为三维动画界的主流软件。

5. 多媒体集成工具

多媒体集成工具能够将各种多媒体动画、声音、图像、文字等多媒体素材组织起来。常见的多媒体集成工具有 Authorware。

Authorware 是一种交互式多媒体制作软件,Authorware 是一个图标导向式的多媒体制作工具,使非专业人员快速开发多媒体软件成为现实,它无需传统的计算机语言编程,只通过对图标的调用来编辑一些控制程序走向的活动流程图,将文字、图形、声音、动画、视频等各种多媒体项目数据汇在一起,就可达到多媒体软件制作的目的。Authorware 这种通过图标的调用来编辑流程图用以替代传统的计算机语言编程的设计思想,是它的主要特点。Authorware 被用于创建互动的程序,其中整合了声音、文本、图形、简单动画,以及数字电影,广泛用于课件制作,产品展示,广告等领域。Authorware 成为世界公认领先的开发因特网和教学应用的多媒体创作工具,被誉为"多媒体大师"。

【思考与实践】

思考题:

1. 简述计算机网络的功能。
2. 常用的有线传输介质有哪些?
3. IP 地址分为几类,如何表示?
4. 常见的数据库有哪些?
5. 常用的网页制作语言有哪些?
6. 常见的媒体类型有哪些?
7. 常见的多媒体制作工具有哪些?

实践题:

1. 上网了解注册域名和租用虚拟主机的详细步骤。
2. 使用 HTML 语言制作旅游商务网站页面。
3. 使用 Photoshop 制作一幅景区广告图片。

第三章 旅游电子商务模式

【学习导引】

　　旅游电子商务是 Internet 发展的产物，是网络技术在旅游业全新应用。由于旅游电子商务具有费用低、高效率、超时空、社会化及虚拟化的特点，这对传统的商务模式提出了强大挑战。它不仅会改变旅游企业本身的生产、经营和管理活动，而且将影响整个旅游经济的运行与结构。

　　本章主要内容是对旅游电子商务模式的相关概念进行基本性的理清与阐述，并结合具体事例对各种模式的分类及特点进行介绍与剖析，让学生对各类型的旅游电子商务网站都有一个更为直观的了解和认识。

【教学目标】

　　1. 掌握有关旅游电子商务模式的相关概念。
　　2. 认识和了解旅游电子商务模式的具体分类及应用。

【学习重点】

　　电子商务模式概念
　　旅游电子商务模式概念及分类
　　旅游网上商厦的概念及分类
　　旅游网上商店的概念
　　旅游网上交易市场的概念及分类
　　旅游网上商务的概念
　　C2B 与 C2C 旅游电子商务模式

第一节　旅游电子商务的模式概述

一、商务模式的涵义

商务模式一词源于英文"Business Model"，该术语在中文中有多种翻译方法，例如商业模式、商务模式、经营模式、业务模式等。翻译方法的不同，反映了对该词的不同理解。本书将在下文中统称为"商务模式"或"模式"。

麻省理工学院信息系统研究中心主任 Peter Weil 认为，商务模式是对一个公司的消费者、顾客、结盟公司与供应商之间关系角色的叙述，这种叙述能够辨认主要产品、信息和金钱的流向，以及参与者能获得的主要利益。

Michael Rappa 从一般意义上探讨了商务模式的定义，认为商务模式就其最基本的意义而言，是指做生意的方法，是一个公司赖以生存的模式，一种能够为企业带来收益的模式。商务模式规定了公司在价值链中的位置，并指导其如何赚钱。

Afuah 认为，商务模式是企业为了赢利所从事的一系列活动，以及如何和何时从事这些活动。

Amit 和 Zott 认为，商务模式描述了交易的内容、结构和控制，这种交易是利用商务机会来创造价值。

虽然以上观点有所不同，但都揭示了商务模式的一个本质，即商务模式是企业获取利润的主要方式和手段。对商务模式的抉择决定了一个企业的生存基础和发展方向。

二、电子商务模式概念及分类

1. 电子商务模式概念

目前，电子商务模式并没有统一认可的概念，不同专家有不同理解。

哈佛商学院教授 Lynda M. Applegate 和 Meredith Collura 认为："电子商务模式是一个从制造商到生产商再到分销商最终到顾客的连续统一体，根据这个统一体上流动产品类型的不同，可进一步分为数字业务类型和基础设施提供者两种模式。"

Michael Porter 认为电子商务模式是关于一个企业如何经营业务和产生收益的宽泛的概念。

Peter Weill 给电子商务模式下了一个定义："电子商务模式是关于一个企业的

消费者、客户、协作者和供应商之间各自的角色地位和相互关系的描述，通过这个描述能够清楚地指出产品、信息和资金的流动，以及各个参与者所能获得的主要利益。"

综上所述，并结合自身思考，本书认为电子商务模式是指企业利用先进的计算机和网络沟通技术，为客户提供信息、产品及服务，并藉以完成商务交易的相对较为长期和稳定盈利的经营方式，或电子商务模式是企业利用互联网，持续获取利润的方式。即：构成电子商务的诸多要素，各种不同的组合形式及电子商务运营管理的方式与方法。

对电子商务模式的抉择，不仅体现了企业在社会流通价值链中的自我定位，企业的组织结构和运营及管理流程也将依此而构建，同时也将会对企业实施网络营销和获取利润的具体技术和手段有重要影响。

2. 电子商务模式的分类

不同的专家、学者根据研究的重点不同，对电子商务模式采用多种分类方法。

（1）基于价值链的分类

Paul Timmers 提出的分类体系是基于价值链的整合，同时也考虑到了商务模式创新程度的高低和功能整合能力的大小。按照这种体系电子商务模式可以分为电子商店、电子采购、电子商城、电子拍卖、虚拟社区、协作平台、第三方市场、价值链整合商、价值链服务供应商、信息中介、信用服务和其他服务等11类。

（2）混合分类

Michael Rappa 将电子商务模式分为经纪商、广告商、信息中介商、销售商、制造商、社区服务提供商、内容订阅服务提供商、效用服务提供商、合作附属商务模式等九大类。其中经纪商又可以分为买/卖配送、市场交易、商业贸易社区、购买者集合、经销商、虚拟商城、后中介商、拍卖经纪人、反向拍卖经纪商、分类广告、搜索代理等11种。广告商又可以分为个性化门户网站、专门化门户网站、注意力/刺激性营销、免费模式、廉价商店等5种。

（3）基于原模式的分类

Peter Weill 认为，电子商务的模式从本质上来说都是属于原模式的一种或者是这些原模式的组合。而他所认为的原模式有8种：内容提供者、直接与顾客交易、全面服务提供者、中间商、共享基础设施、价值网整合商、虚拟社区、企业/政府一体化。

（4）基于新旧模式差异的分类

Paul Bambury 从新的商务模式与旧商务模式的差异角度出发，将电子商务模式分为两大类：移植模式和禀赋模式。移植模式是指那些在真实世界当中存在的、并被移植到网络环境中的商务模式。禀赋模式则是在网络环境中特有的、与生俱来的商务模式。

(5) 基于控制方的分类

麦肯锡管理咨询公司认为存在三种新兴的电子商务模式,即卖方控制模式、买方控制模式和第三方控制模式。这种分类在一定程度上反映了卖方、买方以及第三方中介在市场交易过程中的相对主导地位,体现了各方对交易的控制程度。

(6) 基于 Internet 商务功用的分类

Crystal Dreisbach 按照 Internet 的商务功用,将电子商务模式划分为三类:基于产品销售的商务模式、基于服务销售的商务模式和基于信息交付的商务模式。

(7) 基于商业活动运作方式的分类

中国学者杨路明与巫宁按照商务活动的运作方式,将电子商务分为完全电子商务与非完全电子商务。完全电子商务是指完全可以通过电子商务方式实现和完成完整交易的交易行为和过程。换句话说,完全电子商务是指商品或者服务的完整过程是在信息网络中实现的电子商务。完全电子商务能使双方跨越地理空间的障碍进行电子交易,可以充分挖掘全球市场的潜力。非完全电子商务是指不能完全依靠电子商务方式实现和完成完整交易的交易行为和过程。非完全电子商务要依靠一些外部因素,如运输系统的效率等。

(8) 基于 B2B 和 B2C 的分类

中国社科院财贸所课题组对 B2B 和 B2C 模式进行了进一步的分类。按照为消费者提供服务内容的不同,将 B2C 模式分为电子经纪、电子直销、电子零售、远程教育、网上预定、网上发行、网上金融等 7 类。将 B2B 模式分为名录模式、B2B 和 B2C 兼营模式、政府采购和公司采购、供应链模式、中介服务模式、拍卖模式、交换模式等 7 类。其中中介服务模式又可以细分为信息中介模式、CA 中介服务、网络服务模式、银行中介服务等 4 种。

(9) 按照电子商务交易涉及的对象进行分类

中国商务部在 2008 年 5 月份发布电子商务模式规范(征求意见稿),按照电子商务交易涉及的对象,把电子商务模式分为:

- ◆ 企业与消费者之间的电子商务(Business to Customer 即 B TO C 或 B2C)模式。
- ◆ 企业与企业之间的电子商务(Business to Business 即 B TO B 或 B2B)模式。
- ◆ 消费者之间与消费者之间的电子商务(Consumer to Consumer 即 C TO C 或 C2C)模式。
- ◆ 政府与企业方面的电子商务(Government to Business G TO B)模式。

并在此基础上,进一步将电子商务模式细化为 6 种:

- 网上商厦（B2C）。指提供给具有法人资质的企业，在互联网上独立注册开设网上虚拟商店，出售实物或提供服务给消费者的，由第三方经营的电子商务平台。
- 网上商店（B2C）。指具有法人资质的企业或个人在互联网上独立注册网站、开设网上虚拟商店，出售实物或提供服务给消费者的电子商务平台。
- 网上交易市场（B2B）。指提供给具有法人资质的企业间进行实物和服务交易的由第三方经营的电子商务平台。
- 网上商务（B2B）。指具有法人资质的企业在互联网上注册网站，向其他企业提供实物和服务的电子商务平台。
- 网上交易市场（C2C）。指提供给个人间在网上进行实物和服务交易的由第三方经营的电子商务平台。
- 政府采购（G2B）。指政府或政府授权的机构在网上向法人进行采购的电子商务平台。

由上可见，电子商务的模式依照不同的角度和划分标准有诸多不同的分类，而其中最为直观和常用的是按照电子商务交易涉及的对象进行分类。本书亦参考此种分类方式，对旅游电子商务的模式进行划分。

三、旅游电子商务模式概念及分类

1. 旅游电子商务模式概念

旅游电子商务模式是旅游企业和机构利用互联网营销旅游产品，并藉此持续获取利润的方式。即构成旅游电子商务的诸要素不同的组合形式及旅游电子商务运营管理的方式与方法。旅游电子商务的构成要素主要包括网络（含 Internet、Intranet 和 Extranet）、旅游企业、旅游者、网上银行、认证中心和政府相关职能部门等，涉及信息流、资金流和服务流。

2. 旅游电子商务模式分类

按照旅游电子商务交易涉及的对象进行分类，可把旅游电子商务模式分为三大类：

（1）企业与消费者之间的电子商务（Business to Customer 即 B TO C 或 B2C）模式。

（2）企业与企业之间的电子商务（Business to Business 即 B TO B 或 B2B）模式。

（3）消费者与消费者之间的电子商务（Consumer to Consumer 即 C TO C 或 C2C）模式。

在此基础上，本书将旅游电子商务模式细分为 6 种模式：

（1）旅游网上商厦（B2C）。指提供给旅游企业一个平台，让旅游企业在该平台和旅游者进行旅游服务或旅游商品交易。该平台由第三方经营者经营。

（2）旅游网上商店（B2C）。指旅游企业或个人在互联网上独立注册网站、开设网上虚拟旅游商店，提供旅游服务或旅游商品给旅游者的旅游电子商务平台。

（3）旅游网上交易市场（B2B）。指提供给旅游企业间在网上进行旅游服务或旅游商品交易的，由第三方经营的旅游电子商务平台。

（4）旅游网上商务（B2B）。指旅游企业在互联网上注册网站，向其他企业提供旅游服务或旅游商品的旅游电子商务平台。

（5）旅游网上交易市场（C2C）。指提供给个人间在网上进行旅游服务或旅游商品交易的，由第三方经营的旅游电子商务平台。

（6）旅游网上聚合（C2B）。指通过网络平台聚合为数较多的旅游者形成一个采购团队，以此来改变旅游电子商务 B2C 模式中旅游者一对一出价的弱势地位，使其享受到以团队价格购买单件旅游产品的利益。

本章将在下面详细介绍此 6 种旅游电子商务模式。

第二节　B2C 旅游电子商务模式

一、旅游网上商厦

旅游网上商厦由第三方负责经营管理，并提供给旅游企业一个网上平台，进行旅游服务或旅游商品交易，第三方负责对网上商厦的交易进行管理。旅游网上商厦收益来源主要包括交易提成、广告收入和其他服务收费等。按交易内容，旅游网上商厦可分为综合模式和专业模式。

1. 综合模式

综合模式的旅游网上商厦能够为客户提供较为全面的旅游产品，包括机票预订、旅馆预订、会议中心预订、汽车租赁预订等。消费者能享受到"一站式"消费的便利。综合模式又可细分为以下 5 类：

（1）以国际知名的 Expedia、Travelocity 网站以及国内的携程网、e 龙网等为代表的典型性旅游综合网站，图 3.1 为 travelocity 网站首页。

（2）搜狐、网易、新浪等门户网站内设置的旅游板块或频道。

（3）以去哪儿网和酷讯网为代表的旅游搜索引擎类网站。其能够根据客户的要求查找旅游产品。

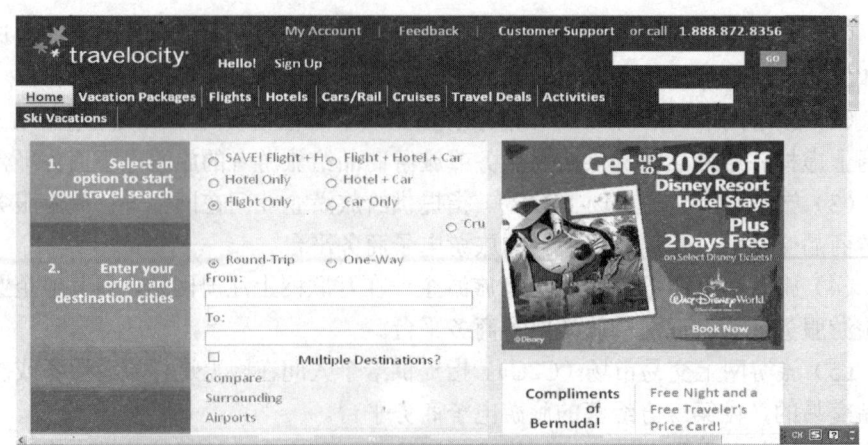

图 3.1 travelocity 网站首页

（4）以 www.priceline.com 及 www.lastminute.com 为代表的"由你定价"类旅游网站。其原理是顾客以牺牲对品牌、产品特性以及对供应商的选择为条件来获得低价服务或产品，供应商则可以在不破坏其现有的分销渠道和零售定价体系的情况下，通过以低于零售价的价格出售产品。例如购买机票，顾客登录该网站，逐一登记旅游出发地、目的地和出发日期，愿意支付的价格和一张有效的信用卡信息。顾客必须同意乘坐任何加盟的航空企业的飞机，同意起飞时间在 6 AM 到 10 PM 间的任一时间，还必须同意转机一次或联运。所购机票不能退也不能改签。如果有加盟航空企业愿意接受此价格来提供服务，网站会在一小时内通知顾客，告诉他订单被接受了。目前，此类型的旅游网站尚未在国内出现。图 3.2 为 priceline 网站首页。

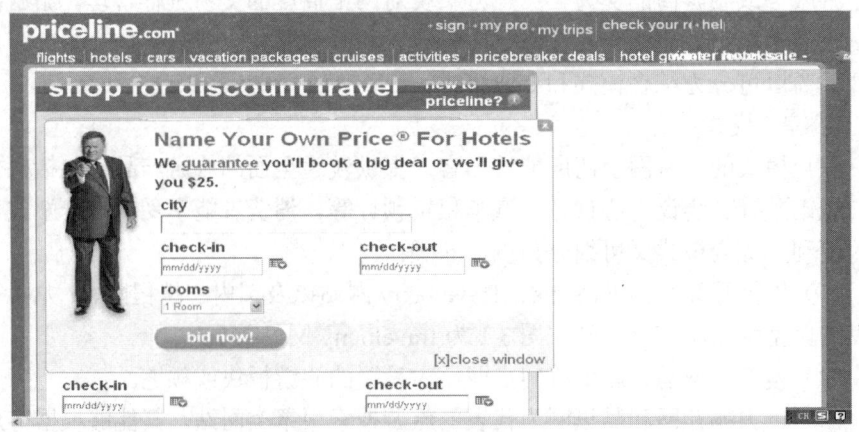

图 3.2 priceline 网站首页

（5）以 www.Bid4vacations.com 与 www.skyaution.com 为代表的"网络拍卖"类旅游网站。以美国著名的 Bid4vacations 旅游网站为例，它针对美国的旅游饭店和邮船旅游客舱普遍存在空房的现象，组织旅游企业将这些闲置资源公布到网上，组织旅游者之间竞价的拍卖服务，有效地均衡了旅游市场需求。图 3.3 为 skyaution 网站首页。

图 3.3　skyaution 网站首页

截至目前，国内还尚未出现"由你定价"类型和"网络拍卖"类型的旅游电子商务网站。

2. 专业模式

专业模式的旅游网上商厦则只提供特定的一种旅游产品服务。如 Octopus 八爪鱼网站只提供全球性的酒店预订服务，中华机票网只提供机票预订服务，而掌门人网站只有景点门票预订服务等。服务项目的专业性使其有更多的资源来提升专业化服务的水平。图 3.4 为 Octopus 八爪鱼网站首页、图 3.5 为掌门人网站首页。

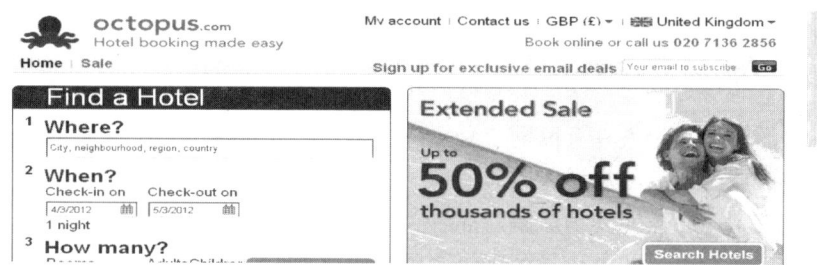

图 3.4　**Octopus 八爪鱼网站首页**

图 3.5　掌门人网站首页

一些垂直性网站，如专门组织和营销高尔夫、海钓、滑雪、冲浪等的专业运动类网站亦可归属此类。该类网站除了提供行业资讯和销售专业运动器具外，亦时常组织会员去全国甚至世界各地进行运动和参加比赛。图 3.6 为高尔夫旅行网首页，展示了该网站所组织的包括韩国济州岛、泰国芭提雅、津巴布韦等地在内的一些国际高尔夫旅游路线及相关价格。

图 3.6　高尔夫旅行网首页

二、旅游网上商店

指旅游企业或个人在互联网上独立注册网站、开设网上虚拟旅游商店，提供旅游服务或旅游商品给旅游者的旅游电子商务平台。

旅游网上商店按照交易旅游产品种类主要可以分为：旅行社电子商务、酒店电子商务、航空电子商务、景区电子商务、旅游目的地电子商务、信息服务电子商务及旅游商品电子商务。

1. 旅行社电子商务

电子商务时代的传统旅行社受到了前所未有的压力和挑战。积极采取电子商务战略是旅行社增强竞争力的主要途径，传统旅游企业纷纷建立提供在线旅游中介服务的网站，通过网站推荐和销售各式旅游产品和路线。

旅行社电子商务赢利的主要方式包括旅游产品销售、加盟分成、增值服务收费及广告收费等。

国内典型的旅行社电子商务网站有：中国旅行社电子商务网站、中青旅电子商务网站、中国国际旅行社电子商务网站等，图 3.7 为中国旅行社电子商务网站首页。

图 3.7　中国旅行社网站首页

旅行社电子商务中还包括了 B2E（Buiness to Enterprise）模式，这里的 E，指旅游企业与之有频繁业务联系，或为之提供商务旅行管理服务的非旅游类企业、机构与机关。大型企业、机构与机关常需处理大量的商务差旅、商务接待、会议展览、奖励旅游等旅游相关事务，它们会选择同专业旅行社合作，由旅行社提供专业的商务旅行预算和旅行方案，开展商务旅行全程代理。B2E 模式的业务合作通常依靠企业商务差旅管理系统软件（Travel Management System）完成。在客户端，大企业差旅负责人可将企业特殊的出差政策、出差时间和目的地、结算方式、服务要求等信息输入该系统，系统将这些信息传送到旅行社。旅行社通过电脑自动匹配或人工操作为企业客户设计最优的出差行程方案，并进行商务差旅管理。现今，许多旅行社已把此业务整合到网站功能中。如我国台湾的山富旅行社，在网站上开设了企业专区，为华硕、台积电、国泰人寿等众多大型企业提供优质和专业的差旅服务。图 3.8 为山富旅行社的企业专区网页。

图 3.8　山富旅行社的企业专区网页

2. 酒店电子商务

酒店电子商务是酒店基于互联网技术,为顾客提供客房、餐饮及娱乐预订。顾客通过网站,查询酒店信息,预订酒店服务,如图 3.9 为海航五星级酒店首页。

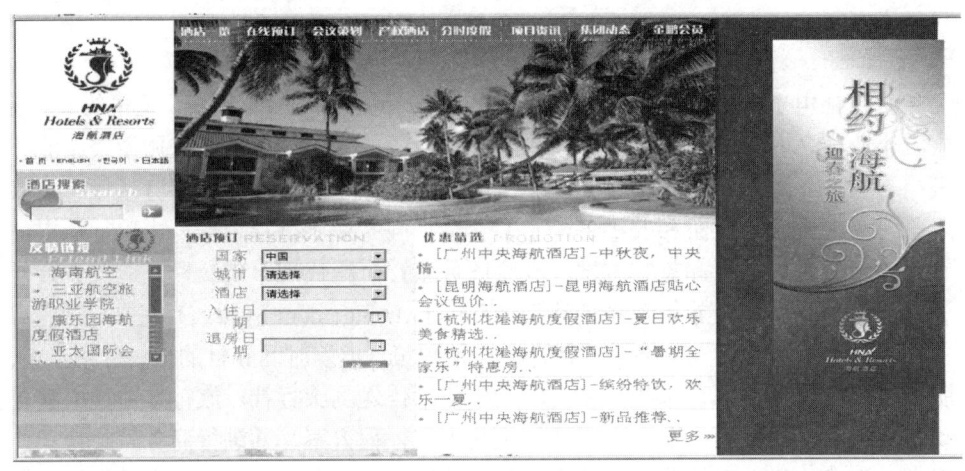

图 3.9　海航酒店首页

酒店电子商务赢利方式主要包括客房、餐饮、娱乐服务的销售以及增值服务收费及广告收入。通常，高星级酒店电子商务网站的各项功能较为完备，包括网络预定和预付等，而一些低星级或非星级酒店，为了节省成本，所建网站较为简单，以介绍与宣传为主要目的，并在首页留有前台客服电话，提供较为传统的电话预订服务。

3. 航空电子商务

从历史上看，航空公司是最早进行旅游电子商务的行业。1959年，美利坚航空开发的 SABRE 计算机预订系统（CRS）可视为旅游电子商务的雏形，此后，逐渐发展出了 Galileo、Apollo、Amadus、Sabre、Worldspan、Axess、Sahara 等知名的 GDS 全球分销系统。国内，中国民航计算机中心（CACI）联合国内包括东航、南航、国航在内的 20 家航空公司共同组建中国民航信息网络股份有限公司（简称中航信）。在世纪之交，中航信成功开发出了有自主产权的中航信 GDS。中航信 GDS 现已成为中国航空销售市场上最主要的分销系统并建立了自己的互联网门户——信天游。GDS 系统的强大技术和国内最大的民航实时商业数据联网，为信天游网站提供了信息资源的权威保证和营销决策的依据，据此，信天游在业内建立起了强大的竞争优势。

航空电子商务具有以下优势：①自己营销产品，降低代理费用；②提供实时且齐全的信息查询，减少电话中心的劳动投入量；③实施个性化服务，开设常客里程累积及免费升舱等计划以培养顾客忠诚度；④便于控制和销售剩票、退票和预留票，实现收益最大化。一般，航空企业会为商务常客保留一些机票，以便他们在最后一刻决定是否订票。余票必须在航班起飞前 48 小时内尽量销售完，否则必然影响飞机载客率。网站为处理此类余票提供了极大的灵活性。

4. 景区电子商务

景区电子商务系统是以景区为中心整合旅游资源，实现门票、索道票、酒店、旅游线路、旅游特产等旅游产品在线预订，为游客提供全方位高质量的信息及个性化旅游预订服务，同时面向同行业实现旅游产品在线分销和结算。

景区电子商务赢利方式主要包括门票销售、纪念品及其他产品销售、增值服务收费及广告收费等。图 3.10 为钟山风景区电子商务系统首页。

5. 旅游目的地电子商务

一个旅游目的地可以是一个具体的风景胜地、一个城镇、一个国家的某个地区、整个国家，甚至是更大的区域。它是由统一的目的地管理机构进行旅游业管理和营销的区域，是向游客提供综合体验的旅游产品的结合体。一个典型的旅游目的地可涵盖一至多个景区。与其他类型的旅游电子商务网站不同，旅游目的地电子商务通常都带有些"官方"或"半官方"性质，一般情况下，旅游目的地电子商务的建设基本都采取政府主导、企业参与的方式进行，目标是向全球客源市场宣传整个目的地,藉以提升该地区包括衣、食、行、游、购、娱等各子行业在内的整体旅游业绩。图 3.11 为三亚旅游官方网首页。

图 3.10　钟山风景区电子商务系统首页

图 3.11　三亚旅游官方网首页

6. 旅游信息服务电子商务网站

旅游信息服务电子商务是企业基于互联网技术,为顾客提供各种旅游信息服务。旅游信息服务电子商务网站赢利主要依赖广告收费、产品销售、增值服务收费及赞助等。图 3.12 为西北旅游信息网首页。

图 3.12 西北旅游信息网首页

7. 旅游商品电子商务网站

旅游商品通常可分为两个类别,一类是无形的服务产品,如观光、旅游路线、酒店、航空预订等,是旅游网络营销的主流和重点;另一类指旅游者在旅游活动过程中购买的物品,也可称作旅游购物品,它与旅游者的吃、住、行、娱、购、游等要素有着紧密联系,包括旅游纪念品、旅游工艺品、旅游服饰、旅游食品、旅游营养保健品、旅游活动用品及土特产等,此类商品具有一定的实用性及观赏性,能带给人以熏陶和对旅游过程的美好记忆,亦是送礼佳品。本书的旅游商品电子商务主要是指企业基于互联网技术,在线进行有形旅游商品交易,并为顾客提供各种有形旅游商品的信息。其赢利的方式包括产品销售、增值服务及广告收入等。典型的旅游商品电子商务网站有:中国旅游商品网、海南旅游商品网、山东旅游商品在线等。

第三节　B2B 旅游电子商务模式

B2B 电子商务是指企业之间通过网络信息手段实现相互之间的一对一或一对多的交易，如采购、分销等。在旅游电子商务中，B2B 交易的主要内容包括：

- 旅游企业之间的产品代理，如旅行社代订机票与饭店客房，旅游代理商代售旅游批发商组织的旅游路线产品；
- 组团社之间相互拼团，即两家或多家组团旅行社经营同一条旅游路线，并且出团时间相近，旅游社征得游客同意后可将游客合并，交由其中一家旅行社操作，以实现规模运作，降低成本；
- 旅游地接社批量订购当地旅游饭店客房、景区门票；
- 客源地组团社与目的地地接社之间的委托、支付关系等。

按照交易对象不同，可以将 B2B 旅游电子商务分为旅游系统内部旅游企业与旅游企业之间的网上交易和旅游企业同旅游系统外部企业或机构的网上交易市场。有些专家为了区分二者，将旅游系统内部旅游企业与旅游企业间的电子商务称为狭义 B2B 电子商务，而将旅游企业和旅游系统外部或机构之间电子商务称为 B2E（Business to Enterprise）。关于 B2E 旅游电子商务在旅行社电子商务模式中已有介绍，不再复述。

按照 B2B 交易平台的经营者不同，可将其分为旅游网上交易市场和旅游网上商务。

一、旅游网上交易市场

旅游网上交易市场是提供给企业间进行旅游产品交易，并由第三方经营的旅游电子商务平台。

旅游网上交易市场收益来源主要是交易提成、广告收入和其他服务收费。

1. 旅游系统内部企业或机构网上交易市场

旅游系统内部网上交易市场是由第三方经营的旅游电子商务平台，并提供给旅游系统内部企业或机构进行旅游产品交易的，它包括旅行社和旅行社之间、旅行社和酒店之间、旅行社和景区之间、旅行社和渠道商之间、酒店和渠道商之间及旅行社和交通运输部门之间的电子商务交易。

图 3.14 为比比西旅游同业网站首页，图 3.15 为旅游超市网站首页。这两个网站均提供了旅游同业交易平台，支持包括旅行社和旅行社之间、旅行社和酒店之

间、旅行社和景区之间、旅行社和渠道商之间、酒店和渠道商之间及旅行社和交通运输部门之间的电子商务交易。

图 3.14 比比西旅游同业网站首页

图 3.15 旅游超市网站首页

2. 旅游企业和旅游系统外部企业或机构网上交易市场

旅游企业和旅游系统外部企业或机构网上交易市场是由第三方经营的旅游电子商务平台，并提供给旅游企业，向旅游系统外部企业或机构网上销售旅游产品。

图 3.16 为中国团购在线网站首页。网站提供了旅游团购交易平台，支持旅游企业同旅游系统外部企业或机构进行网上交易。

图 3.16　团购在线网站首页

二、旅游网上商务（B2B）

指旅游企业在互联网上注册网站，向其他企业提供旅游服务或旅游商品的旅游电子商务平台。

一般旅游企业的电子商务网站，不仅能够实现 B2C 的功能，而且可以实现旅游企业之间的交易，如旅行社和旅行社之间、旅行社和酒店之间、旅行社和景区之间交易，也可实现旅游企业与旅游系统外部企业或机构网上交易功能，如康辉旅游网、春秋航空旅游网等。

第四节　C2B 与 C2C 旅游电子商务模式

一、C2B 旅游电子商务模式

在传统的 B2C 旅游模式中，消费者只能从旅游企业提供的有限的产品中选择,处于相对弱势的地位,选择结果也许并不十分令自己满意。而 C2B 旅游模式则不同,通常由旅游者提出需求,自行决定或设计旅游产品,然后从报价众多的旅游企业中挑选一家作为服务提供者。消费者在此过程中处于相对强势的地位。

旅游 C2B 又可细分为两种类别。一类是针对中高端个人客户或企业客户提供的专门定制服务。旅游企业可按其兴趣"量身定制"与众不同的旅游产品。如图 3.17 为森海行旅游网推出的"私人定制旅行"服务。

图 3.17 森海行旅游网的私人定制服务

另一类则是"网上组团"。即旅游者提出自己设计的旅游路线,并在网上发布,吸引其他兴趣相同的旅游者。通过网络信息平台,愿意按同一条线路出行的旅游者汇聚到一定数量,再请旅行社安排行程,或直接预订饭店客房及景点门票等旅游产品,由此来改变 B2C 模式中用户一对一出价的弱势地位,增加与旅游企业议价的能力。其核心是,汇聚一定数量有共同需求和爱好的旅游消费者并形成一个采购团队,由此来改变 B2C 模式中用户一对一出价的弱势地位,使之享受到以团队价购买个性化旅游产品的利益。C2B "网上组团"方式有效地解决了旅游消费者个性化需求和旅游企业规模化运作之间的矛盾,是电子商务时代"大规模定制"生产方式在旅游行业的成功运用。图 3.18 为游多多旅行网中"网上组团"赴日本大阪旅游的页面。

图 3.18　游多多旅行网上的"网上组团"活动

旅游 C2B 电子商务是一种需求方主导型的网络交易模式,它体现了旅游者在市场交易中的主导地位,对帮助旅游企业更加准确和及时了解客户的需求,对实现旅游业向产品丰富和个性满足的方向发展起到了促进作用。

二、C2C 旅游电子商务模式

相对于较为成熟的 B2C 与 B2B 旅游电子商务模式而言,C2C 旅游电子商务尚处于不成熟阶段。但随着电子商务活动的普及,以及 C2C 模式相对低廉的营销与运作成本,C2C 旅游电子商务已渐成为中小型旅游企业进行网络营销以及个人创业的利器,蕴含着极大的发展潜能。就目前而言,国内的 C2C 旅游电子商务主要以两种模式存在:一是淘宝网店模式。指中小型旅游企业或个人在淘宝网上开设网店,营销旅游相关产品,目前的交易主要集中于旅游商品销售、家庭旅馆预订以及小型旅行社或个体导游网上招客、组团等。图 3.20 为淘宝网的三亚家庭旅馆预订页面。由于 C2C 模式的营销成本相对低廉,不少旅游企业,特别是中小型企业纷纷涉足;而 C2C 模式中业绩较好的个人经营者,随着业务量的不断增长亦可注册使用 B2C 模式。事实上,许多中小型旅游企业现已横跨这两大平台。

图 3.20　淘宝网的三亚家庭旅馆预订页面

C2C 旅游电子商务的另一类模式是互助游模式。互助游，又名交换游，被称为是继随团游、自助游后最具革命性的旅行方式。通俗地说，互助游就是互相帮助、交换进行旅游。目前在全国每天至少有 1000 名网友在实施互助游。

【思考与实践】

思考题：
1. 简述电子商务模式的概念及分类。
2. 简述旅游电子商务模式概念。
3. 简述旅游电子商务模式分类。
4. 简述旅游网上商店概念及模式细分。
5. 旅游网上交易市场（B2B）概念及模式细分。
6. 讨论 C2B 与 B2B 电子商务模式的具体运用及发展前景。

实践题：
1. 详细分析同程网、携程旅行网、去哪儿网、到到网和故宫网站的旅游电子商务的模式，包括网站实现功能、服务内容、网站结构、图片展示、交易模式、营销模式、管理模式及盈利模式等。
2. 通过对以上网站模式分析，根据网络媒介发展的新趋势，提出旅游电子商务创新模式。

第四章 旅游电子商务交易与网站的后台管理

【学习导引】

　　旅游电子商务的核心是交易，而旅游电子商务网站的后台管理是旅游电子商务交易的保障，本章将从旅游电子商务交易概念开始，详细介绍旅游电子商务各种模式的交易流程，然后详细介绍旅游电子商务网站后台管理模块及内容。此外，本章还将介绍电子单证、电子合同相关知识。

【教学目标】

1. 掌握电子交易的概念和模式。
2. 掌握旅游电子商务交易的概念。
3. 了解各类旅游企业间的网上交易流程。
4. 掌握电子合同的概念、种类和订立的流程。
5. 掌握电子单证的概念、种类和处理的流程。
6. 了解旅游电子商务网站后台管理模块及管理内容。

【学习重点】

电子交易概念

旅游电子商务交易概念

旅游企业间的网上交易流程

旅游产品网上零售

电子合同

电子单证

旅游电子商务网站后台管理模块及管理内容

第一节 旅游电子商务交易概念

一、电子交易的概念与模式

1. 电子交易的概念

电子交易（Electronic Commerce）是指应用信息技术来传递商务信息和交易。

广义的电子交易可以解释为通过电子设备或电子系统实现交易的过程，包括电话下订单、传统市场的 POS 机交易等；狭义的电子交易，则是在 Internet 上的交易行为，通常在网上电子交易市场进行，通过电子交易系统完成商品或服务的买卖。

电子交易大大降低了经营成本并能帮助企业与客户、供货商以及合作伙伴建立更为密切的合作关系，电子交易使企业在增加收入的同时建立起客户忠诚度，通过提高订单处理效率得以降低成本、降低库存和库房开支的同时还能保持满货率并降低销售交易的实际成本。

2. 电子交易的模式

目前，电子交易共包括十种模式：卖方挂牌、买方挂牌、在线洽谈、在线竞买、在线竞卖、双向竞价、竞价专场、集合竞价、在线招标、在线专场。

（1）卖方挂牌交易模式

卖方挂牌是指在本市场内卖方将其自有或未来拥有的商品详细情况录入交易系统，确认后发布挂牌要约，买方通过交易系统查询相关挂牌要约内容，并摘牌成交签订电子交易合同的一种交易模式。

（2）买方挂牌交易模式

买方挂牌是指在本市场内买方将其需要订购的商品的详细情况录入交易系统，确认后发布挂牌要约，卖方通过交易系统查询相关挂牌要约内容，并摘牌成交签订电子交易合同的一种交易模式。

（3）在线洽谈交易模式

在线洽谈是指交易商在洽谈模块中根据自己供货或需求的情况建立洽谈室，发出洽谈邀请信息，邀请或等待其他交易商进入洽谈室以互动方式进行信息沟通和合同内容洽谈，双方达成一致结果后，采用标准合同模板签订电子交易合同的一种交易模式。

（4）在线竞买交易模式

在线竞买是指某供货商（卖方）将一定数量的商品作为标的，通过本市场交易系统发布竞买要约,由买方以向上出价方式进行公开竞价,最后满足卖方销售数量的一个或多个报价按由高到低的顺序排序,由位列前列的买方拍得标的商品,并签订电子合同的一种交易模式。

(5)在线竞卖交易模式

在线竞卖是指某购货商(买方)将需采购一定数量商品的需求作为标的,通过本市场交易系统发布竞卖要约,由卖方以向下出价方式进行公开竞价,最后满足买方订货数量的一个或多个报价按由低到高的顺序排序,由位列前列的卖方拍得标的需求,并签订电子合同的一种交易模式。

(6)双向竞价交易模式

双向竞价是指在除订货价格、订货数量、生产商、交货地点不确定,其他合同条款均确定或买卖双方约定同意的情况下,在本市场规定的交易商品范围内,交易商选择具体的交易商品及交货日期进行买卖方向、数量、价格的竞价交易,签订电子合同的一种交易模式。

(7)竞价专场交易模式

竞价专场是指在交收地点、交货日期确定的情况下,在电子交易市场规定的交易商品范围内,交易商选择具体的产品品种及生产商进行买卖方向、数量、价格的竞价交易,签订电子合同的一种交易模式。

(8)集合竞价交易模式

集合竞价是指在除订货价格、订货数量不确定,其他合同条款均确定或买卖双方约定同意的情况下,在本市场规定的交易商品范围内,交易商选择具体的交易商品进行买卖方向、数量、价格的分节竞价交易,签订电子合同的一种交易模式。

(9)在线招标交易模式

在线招标是指采购商通过本市场的交易系统来完成一种或多种商品的大批量招标采购工作,签订在线招标电子交易合同的一种交易模式。

(10)在线专场交易模式

在线专场交易模式是为了更好地服务于市场和交易商,根据市场发展的需要、交易商的需求等情况,专门为某交易商或某交易商品或某地区等开设单交易模式或多交易模式的专场,以适应和满足市场的特殊需求。

二、旅游电子商务交易概念与模式

旅游电子商务交易是指应用信息技术来传递旅游商务信息和进行旅游产品的交易。一般是指基于互联网,实现旅游产品所有权由卖方转移到买方的整个过程。与一般有形产品电子交易不同的是,旅游电子商务交易的产品交付是一个服务过程。

旅游电子商务交易模式一般包括：卖方挂牌、买方挂牌、在线洽谈、在线竞买和在线竞卖模式，其内容与电子交易模式相同。

第二节　旅游电子商务交易过程

一、旅游电子商务交易过程

1. 旅游电子商务交易的阶段

旅游电子商务交易一般经历三个阶段，即交易前的准备阶段、交易谈判和合同签订阶段、合同的履行阶段，如果出现违约将增加违约索赔阶段。

（1）交易前的准备阶段

交易前，买方根据自己的旅游产品需求和财务状况，制定购买的计划。按照购买计划在电子市场进行货源调查和分析，通过详细的调查、比较，进一步修改自己的计划并确定最终购买计划。最后，买方将购买计划通过 Internet 传递给商家。

卖方根据自己旅游产品的特性，进行市场调研，确定市场定位，制作广告宣传，制定销售策略和销售方式。

（2）交易谈判及合同签订

确立购买意向后，B2C 交易可以直接选购产品，下订单，如有疑问，可以使用在线交流工具进行沟通。对于一些个性化的产品，也可先进行谈判，达成协议后，再下订单。

对于 B2B 交易，交易双方进入交易的谈判阶段，交易双方使用电子商务平台提供的电子交易洽谈室（或其他在线交流工具，如即时信息工具 QQ、ICQ、MSN、电子邮件、BBS、聊天室）进行谈判，对交易的细节进行沟通和磋商，最终签订电子合同。

（3）交易合同的履行和索赔

当交易合同签订以后，交易双方执行合同，买方向卖方付款，卖方向买方交付旅游产品。如果在交易过程中发生违约，受损方按照合同规定要求，向违约方索赔。

2. 旅游电子商务交易的步骤

（1）B2B 旅游电子商务交易步骤

B2B 旅游电子商务交易步骤如下：

◆ 询价，采购方向供应方提出申请，询问要购买旅游产品的价格信息；

- 报价,供应方回答客户询价;
- 订购单,采购方向供应方提出旅游产品订购单,说明所要购买的商品名称、数量、质量要求等;
- 订购单应答,供应方对采购方提出的订购单做出应答;
- 订购单变更请求,采购方根据应答,对订购单进行变更,并确定最后购买产品的信息;
- 签订电子合同,交易双方达成协议,签订电子合同。
- 交付旅游产品,供应方按合同,向采购方提供旅游服务,交付旅游产品。
- 付款,采购方向供应方付款,支付方式按合同规定执行,可以是旅游产品交付前支付,也可以是旅游产品交付后支付,可以是电子支付,也可以是银行转账或其他支付方式。
- 付款通知,采购方发出付款通知,供应方告知买方是否收到款项。
- 电子发票,供应方收到款项并出具电子发票,完成全部交易。

（2）B2C 旅游电子商务交易步骤

与 B2B 旅游电子商务交易步骤相比,B2C 交易会变简易。表 4.1 以个人电子机票订购为例说明 B2C 交易步骤。

表 4.1 电子客票订购流程

项目	询价	报价	订购单	订购单应答	订购单变更请求	签订合同	交付产品	付款	付款通知	电子发票
电子客票订购	查询价格	存在	存在	存在	存在	订单确认	存在	存在	存在	存在

二、旅游企业间的网上交易（B2B）

旅游企业间交易种类主要有:

- 旅游产品代理

旅游企业代理其他旅游企业的产品,如不同地域的旅行社相互代理对方的旅游路线、旅行社为客户订机票和饭店、第三方中介商为客户代订机票、酒店和预约各种服务等。

- 旅游资源整合与合作

旅游企业间充分利用相互资源进行合作,如:旅行社之间的拼团、旅游地陪社批量定购、旅行社之间的委托、托付等。

旅游企业间交易主体包括:旅行社、酒店、景点、航空公司（或车、船运营公司）和中间交易商等。下面以旅行社为例,说明旅游企业间网上交易流程。

1. 旅行社和酒店之间的交易

旅行社和酒店间之间的交易，主要是旅行社为团体或个人顾客代订客房。图 4.1 是旅行社和酒店间之间交易的流程图，具体说明如下：

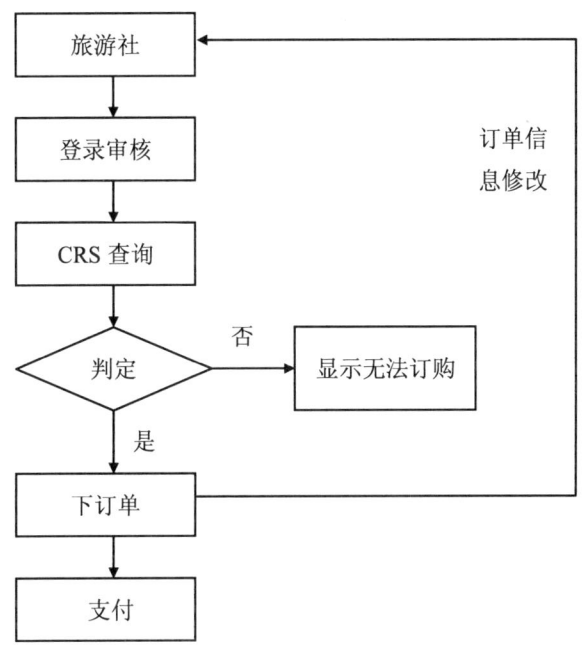

图 4.1　旅行社和酒店网上交易流程图

（1）旅行社登录酒店 Web 站点订购系统。

（2）酒店的订购系统对登录的旅行社作资格审核，判定其是否为该系统的合格用户。

（3）通过审核后旅行社提交自己所需要预定客房的信息，酒店的 CRS 系统（Central Reservation System，中央预订系统）对旅行社所提出的订购进行检索，确定是否有旅行社所要求的产品。

（4）如果能够满足要求，CRS 系统将其预定信息存入数据库，通知酒店的相关职能部门。并通知旅行社所订购客房的详细信息，包括时间、价格、数量等。

（5）支付购买产品的款项。酒店费用较少提前支付，基本上是旅行团队入住时现场支付。大型的旅行社或酒店集团还会采取定期结账的方式。

2. 旅行社和景点的交易

旅行社和景点间的交易主要是门票的订购。目前，大部分国内景点的门票是开放订购，即不限制旅客的人数。仅有极少部分景点出于环境保护或其他原因，会

限定游客的日接待人数。图 4.2 是旅行社和景点间的交易流程图,具体说明如下:

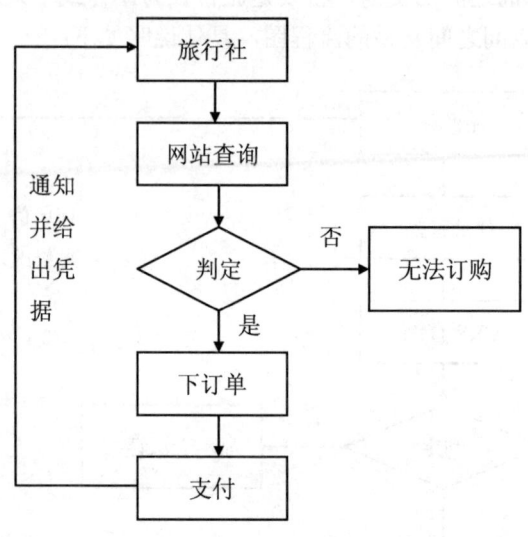

图 4.2　旅行社和景点交易流程图

(1) 旅行社登录景点网站的门票订购系统。

(2) 网站判定旅行社是否是该网站的用户,如果不是,提醒其注册,如果是注册用户,则输入其注册用户名和密码。

(3) 旅行社正常登录后查询所要预定的信息。

(4) 网站的后台系统做出判断,是否能够满足旅行社的需求,如果预定人数已满额,则显示失败。

(5) 如果能够满足旅行社的需求,旅行社下订单。

(6) 预定成功后,旅行社支付应付的款项。一般有两种支付方式,一是旅行社直接网上支付,网站向旅行社提供票务凭证;二是景点只提供购票依据,旅行社到达景点后,凭借依据付费进入景区。

在旅行社和景点的交易中,门票是最主要的交易内容。景点提供门票的预定,主要目的在于控制景区的客流量,有效保护景区的自然或人文生态环境。此外,有的景点预定系统还提供其他商品的预定,如景区内的食宿、交通工具的使用。其预定方式和门票的预订方式相同。

3. 旅行社和航空公司的交易

旅行社和航空公司间的交易,主要是旅游团队及个人机票的订购。机票订购一般有两种方式,一种是直接订购,旅行社直接向航空公司订购航空客票;另一种是旅行社通过代理商订购航空客票。图 4.3 是旅行社和航空公司间的交易流程

图,具体的说明如下:

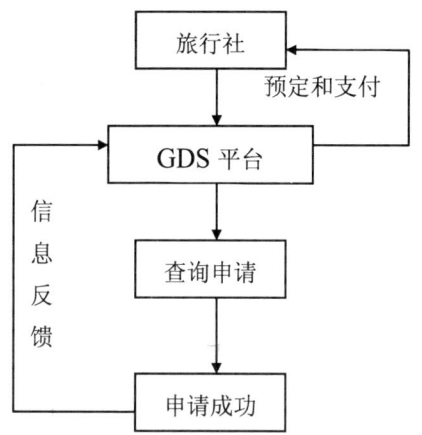

图 4.3　旅行社和航空公司间的交易流程图

(1) 旅行社确定自己的票务需求,登录 GDS(Global Distribution System,全球分销系统)。

(2) 旅行社向 GDS 平台提出团队客票申请,提交相关信息。

(3) GDS 平台系统根据旅行社的要求进行查询,找到符合其条件的航空公司及航班。

(4) GDS 向该航空公司提出申请,并提交所需信息。

(5) 航空公司接受其申请,并将信息反馈给 GDS 系统。

(6) GDS 平台通知旅行社申请成功,并要求缴纳其相应金额。在收取票款后,为旅行社正式出票。

4. 电子单证处理

(1) 电子单证的概念

单证是指贸易结算中应用的单据、证书和文件,它包括信用证、汇票、发票、装箱单、提单、保单等,作为记录货物的交付、运输、保险、结汇的凭证。

电子单证(Electronic Document)是在交易过程中,运用电子数据交换技术处理的,用于记录电子贸易过程中各项业务的单据、证书和文件的标准化、信息化电子记录。

相比传统单证,电子单证具有特别的优势:

◆ 提升数据的准确性,由系统自动审核和处理,提升信息处理准确性,同时避免数据的重复录入。

◆ 处理的高效性,确保有关票据、单证得到快捷的传送,及时的处理,提高交易效率。
- ◆ 提高企业管理水平，提高企业的信息管理及数据交换水平，有助于提高企业管理水平。

一套设计完善的单证体系既能让用户体会到网上交易的便利，又能让商家管理者高效管理、准确处理交易。单证设计的好坏，直接关系到单证处理的效率。

常见的电子单证有四种类型：身份注册类、信息发布类、信息交流类和专业商务操作类。

(2) 电子单证设计和处理

1) 注册类单证

注册类单证主要是指商家收集用户信息，在交易中确认用户身份，并作为营销依据的单证。这类单证常见的条目和处理流程如图4-4所示：

常见条目：
- ◆ 注册名
- ◆ 注册密码
- ◆ 姓名或单位法人
- ◆ 性别
- ◆ 单位名称
- ◆ 联系邮箱
- ◆ 联系方式
- ◆ 地址或单位注册地址
- ◆ 送货地址

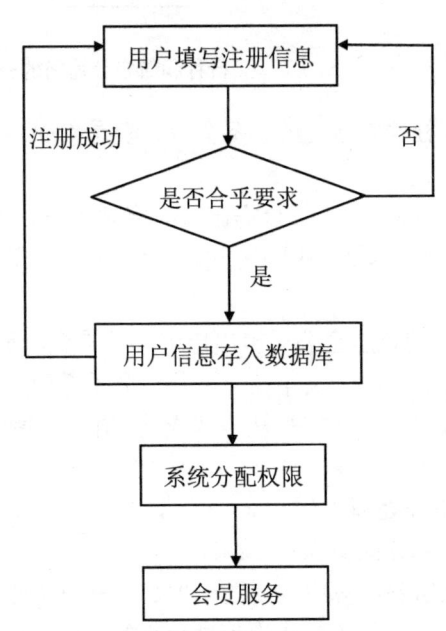

图 4.4　注册类单证流程图

2) 信息发布类

信息发布类单证应用相当广泛，它既可以是一个价目表，也以是招标说明书，或者是一个电子拍卖公告。信息发布类单证主要在专业电子商务平台中使用。这类单证常见的条目和处理流程如图4.5所示：

常见条目：
- 发布人或发布机构
- 发布者的联系方式
- 发布的信息
- 相应的要求
- 其他注意事项

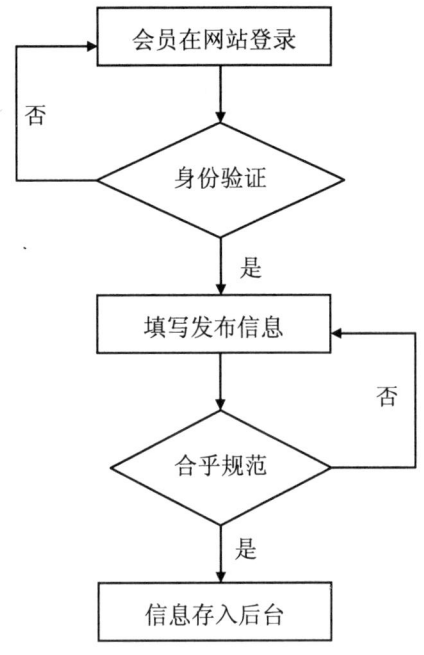

图 4.5 信息发布类单证流程图

3）信息交流类

这类单证主要用于信息调查。这类单证常见的条目和处理流程如下：

常见条目：
- 发布人或发布机构
- 发布者的联系方式
- 调研信息
- 填写的注意事项

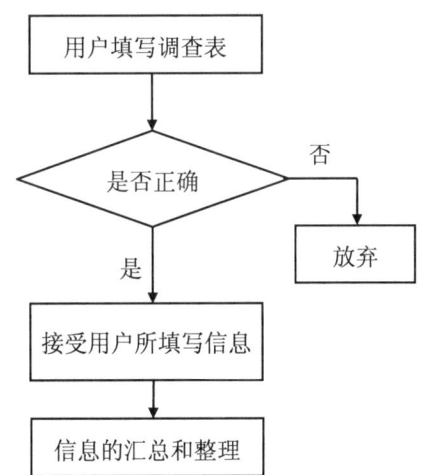

图 4.6 信息交流类单证流程图

4)专业商务操作类

专业商务操作类单证是电子交易使用最频繁的一种单证,如购物车、订单等。图 4.7 和图 4.8 为订单的生成和处理流程。

①订单生成流程

在线购物后台系统对客户订购商品进行校验之后,生成客户订购商品订单,在顾客确认后,订单正式确立。

数据校验包括两个方面的校验,即数据完整性和数据一致性校验。数据的完整校验主要是指商品信息是否填写正确和完整,数据一致性校验是指商品的单价、数量和其总价是否一致,商品的库存量是否满足所购买的数量等。

②确认和支付流程

顾客确认订单后,后台系统将顾客的订单存入数据库,并等待支付。在顾客完成支付后,在线购物商店对该订单存档,同时更新数据库。数据库的更新包括客户订购信息、商品库存容量、客户交易记录、订单履行状态等。

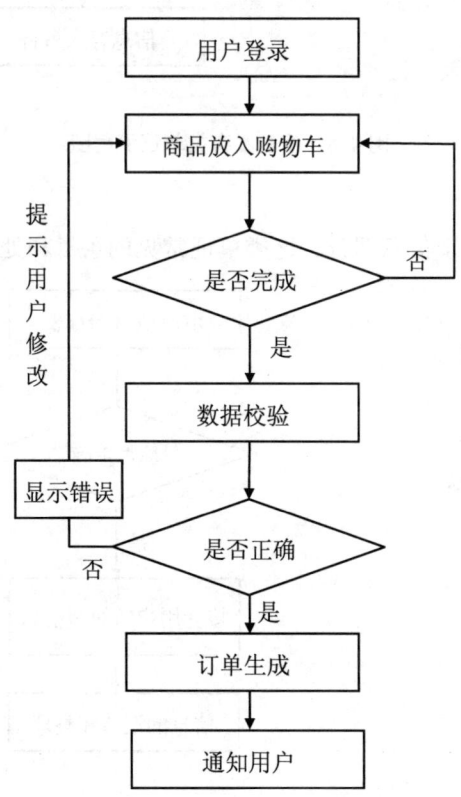

图 4.7 订单生成部分流程图

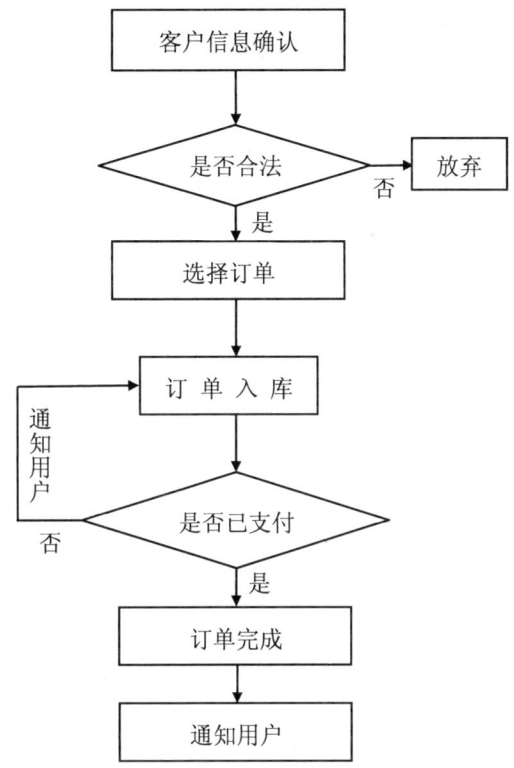

图 4.8　订单确认和支付流程图

5. 电子合同

（1）电子合同的概念

电子合同是双方或多方当事人之间通过电子信息网络以电子的形式达成的设立、变更、终止财产性民事权利义务关系的协议。通过上述定义可以看出电子合同是以电子的方式订立的合同，其主要是指在网络条件下当事人为了实现一定的目的，通过数据电文、电子邮件等形式签订的明确双方权利义务关系的一种电子协议。

电子合同也有广义和狭义之分，广义的电子合同指通过 EDI、电子邮件、电报或电子传真等电子方式订立的合同；而狭义的电子合同则是指借助互联网订立的合同。

电子合同和传统合同在意义和作用上没有什么变化，只是在签订和履行条件上发生了改变。主要表现在以下几方面：

①合同的形式不同

传统的交易可以面对面地商讨合同所订立的款项，签名盖章后方能生效。电子合同的签订完全通过 Internet 完成,交易双方并不直接见面,合同一般不形成书面文本,合同的文本不采用传统的签名或盖章方式确认,而是通过电子签名方式确认。

②合同的生效条件不同

无论是合同签订中要约和承诺的生效时间,还是最后合同成立的地点,都相对于传统合同发生了改变。

③当事人的权利和义务有所不同。

在电子合同中,既存在由合同内容所决定的实体权利义务关系,又存在由特殊合同形式产生的形式上的权利义务关系,如数字签名法律关系。在实体权利义务法律关系中,某些在传统合同中不太重视的权利义务,在电子合同里则显得十分重要,如信息披露义务、保护隐私权义务等。

(2) 电子合同的确立

在电子合同的确立中,一般要具有以下几条要素:

◆ 要约。
◆ 承诺。
◆ 区分要约和要约邀请。
◆ 生效时间。
◆ 确认收讫。
◆ 成立地点。

在以上的六条要素中,要约和承诺是传统合同的法律规定,是最基本和最重要的,是整个合同是否订立的主体。电子合同是传统合同的一种特殊的表现形式,也必须遵守要约和承诺的规则。而要约和要约邀请的区分、生效时间、确认收讫、成立地点在实质上只是要约和承诺中被特别界定的一些条件,但由于电子合同的特殊性,才独立出来加以说明和界定。

(3) 电子合同的应用

1) 电子合同的分类

从电子合同缔结的方式来看,电子合同可以通过以下三种方式订立:EDI 方式、电子邮件方式和通过经营性的电子网站或者是电子市场订立。通过电子网站或者电子市场的订立方式又可以细分为 3 种方式:购物车式的在线订单、在线谈判、在线拍卖。

因此,从电子合同的缔结方式来看,可将电子合同分为以下的几类:EDI 电子合同、电子邮件合同、在线订购合同、在线谈判合同和在线拍卖合同。表 4.2 结合不同电子商务模式,对照列举了常用的电子合同类型。

表4.2 电子合同的分类说明

	B to B	B to C	C to C
EDI 电子合同	√		
电子邮件合同		√	√
在线订购合同		√	√
在线谈判合同	√		
在线拍卖合同	√	√	√

2）电子合同的签订过程

在此，以三类合同的缔结作为讲解的重点，分别是电子邮件合同，在线订购合同和在线谈判合同。

①电子邮件合同

电子邮件合同是指当事人通过电子邮件的相互发送和接受而订立的商品买卖合同。在某种意义上，可以将电子邮件合同看作是以信件方式订立合同在Internet中的延续和进化。

下面叙述其订立的一般流程：

- 要约，买家A向B发送电子邮件，如果其对商品的规格、数量等相关事宜进行了确定性的描述，并表明了自己签订合同的意向，则构成要约。
- 承诺或反要约，卖家B在承诺期限内做出应答，实现承诺，则电子合同成立。若B在承诺期限内通过电子邮件对交易内容提出实质性的变更，则B的邮件视为反要约，即新的要约成立。
- 磋商，买卖双方通过电子邮件进行磋商，期间可能发生多次的要约和反要约。
- 订立，买卖双方最终通过邮件确立要约和承诺，电子合同订立成功。

②在线订购合同

在线订购合同指的是通过点击方式购买产品时签订的合同。按照购买产品种类的不同，在线订购合同又可细分为在线购物型、在线订阅型、在线下载型。

在线订购合同主要应用于B2C交易中。它的条款内容，可能是在最初用户信息注册时就已经确立，也有可能是在用户购物完成后，再经由系统发送给用户加以确认。当购买者确定其电子订单并点击"我同意"按钮后，购物信息通过网络传输给发布销售信息的在线交易网站，网站将电子订单的内容传递给销售者，同时向购买者发送确认交易通知。该电子合同即告成立。

③在线谈判合同

在线谈判合同是以在线谈判的形式订立的电子合同。这种合同的订立通常是企业和企业之间,在专业电子交易平台中缔结的。在线谈判合同需要特殊格式要求,设定程序也非常严格。

一般专业的电子交易平台都采用会员制度,会员受到相应的权限制约。普通的用户只能享受一般的信息服务,例如信息浏览、产品和企业信息的发布或维护等。高级会员才可以使用电子交易平台所提供的在线谈判,电子合同订立等高级的服务功能。

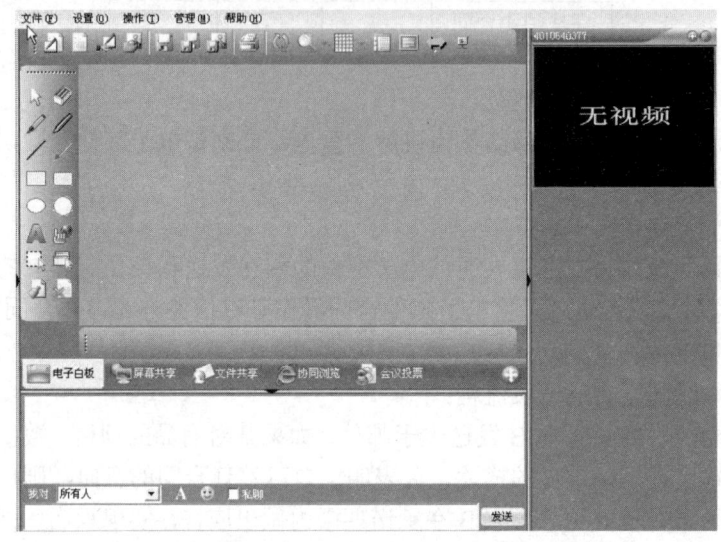

图4.9 在线谈判系统界面

图4.9是一家电子交易服务商提供的在线谈判系统界面。谈判系统提供多种交流的工具,如文本、语音或者视频,并支持多方同时参与合同的洽谈。在合同的洽谈过程中,将已确定条款、未决条款、谈判内容、谈判记录等相关信息在同一界面分列显示。在线谈判的谈判方式,谈判目的等实质内容和传统谈判相比并没有发生改变,只是其依托的媒体介质发生了改变,通过 Internet 使用在线谈判系统来实现。

在线谈判系统一般有两种运作方式,一种为客户端—服务器型系统软件,另一种为服务器系统软件。对客户端—服务器型的谈判系统,谈判前用户双方需要下载和安装相应的谈判系统的客户端。谈判时利用客户端软件登录,通过网络将客户的交流信息发送到服务器端,再传输到另一客户端;双方交流的信息可以保存在各自客户端的电脑上。服务器型的在线谈判系统则是由客户通过 Web 页面,直接登录在线谈判的服务器,所有磋商的过程都在服务器上进行,交流的记录和信息也都保存在服务器中。

就在线谈判合同缔结来说，由于合同常常采用逐条洽谈的方式，因而合同的要约和承诺无法逐一而论，同时，这样的逐条区分意义并不大。在实际运作中，合同成立后系统都会同时向买卖双方发送合同的签订确认。

三、旅游产品网上零售（B2C）

旅游行业的网上零售主要包括两种形式的销售，一种是有形的旅游产品，例如各地的特色手工艺品、旅游纪念品、特色产品等，这一类商品的销售并不占据主导地位，并且可以划归为一般的 B2C 商品销售范围，而另一种无形产品和服务的销售是旅游产品网上零售主要部分。

1. 旅行社产品的网上零售

旅行社网上零售的产品主要有固定旅游路线、定制旅游路线、酒店和机票预定、车辆的代出租服务等。现选取最常见的固定线路的预定，说明其预定的流程如图 4.10。

（1）旅游者登录旅行社的商务网站，并选取自己中意的旅行社产品。

（2）旅游者确定自己详细的预定信息，例如人数、时间等。

（3）根据旅行社商务网站要求，填写个人相关信息，进行预定。一般旅行社会提供两种预定方法：网站会员预定和非会员预定，两种预定方法要填写的个人信息会有所不同。

（4）旅游者选择合适的支付形式进行支付。

（5）支付完成时，正式确立旅游者对该旅游产品的预定。

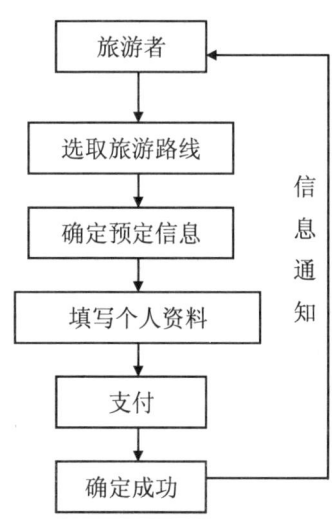

图 4.10　旅行社产品的网上订购流程

2. 酒店的网上预订

酒店网上零售的产品主要有客房、餐饮及娱乐预订。顾客通过网站，查询酒店信息，预订酒店服务。图4.11是旅游者通过Internet订购酒店客房的交易流程图。

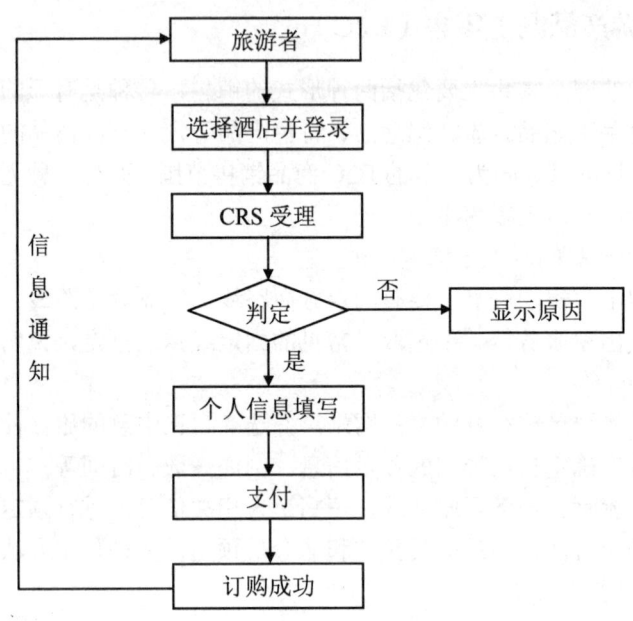

图 4.11 酒店的网上预定流程

（1）旅游者登录想要订购酒店的Web站点，并选择自己需要的客房类型，提供入住日期等。

（2）网站对顾客的身份做出判定。一般会提供两种方式的预定，会员或者是非会员的方式。CRS系统接受顾客提交的订购信息，并判定是否能够满足顾客的要求。

（3）如果能够满足顾客的要求，则提示顾客输入自己的个人信息。

（4）在顾客提供信息后，进一步确定顾客的支付方式。

（5）顾客支付相应的款项，订购成功。

3. 航空机票的网上订购

航空公司主要的网上零售产品是机票，图4.12是旅游者在网上订购机票的流程图。

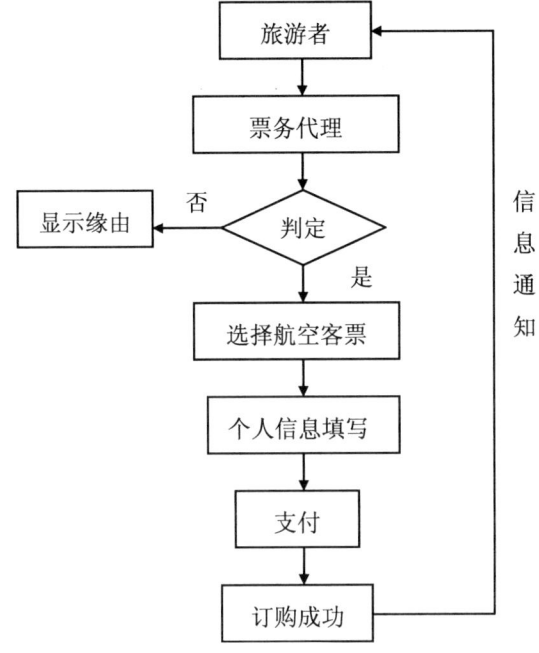

图 4.12　机票的网上预订流程

（1）旅游者向网上机票销售商提出自己的购票要求。

（2）机票销售商通过 CRS 系统查询符合旅游者订购条件的机票。

（3）CRS 根据客户的需求找寻合乎条件的机票，并将结果反馈给机票销售商，如果无法满足用户的条件则显示其原因。

（4）机票销售商将符合客户条件的航空客票列出，由顾客选择所中意的客票。

（5）旅游者在销售系统中填写自己的个人信息，确认自己所订购的航空客票。

（6）通过 Internet 支付机票所需的货币金额。

（7）在订购成功后，售票商用 E-mail、短信、电话或者其他通讯方式通知旅游者。

（8）旅游者可以在自己所订购机票的航空公司网站，查询自己订购信息，再次确认自己订购成功。

4. 旅游电子商务中间商的网上零售

图 4.13 是客户通过旅游中间商进行电子预定的流程，具体的说明如下：

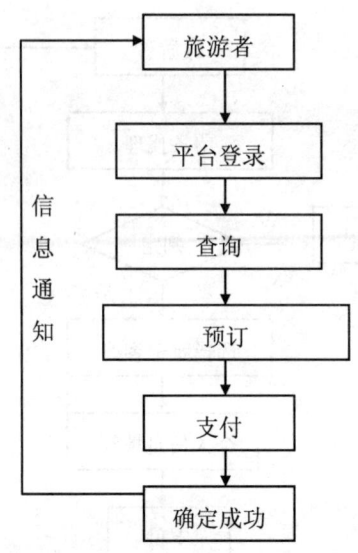

4.13 旅游中间商的网上销售流程

（1）旅游者登录中间商的电子商务平台。

（2）旅游者在平台中找寻到自己所需要的产品或服务内容，并提交预定信息。

（3）确定旅游者身份，进行预定。目前，一般提供三种订购方式：会员订购、直接预定、合作伙伴的会员订购。同一产品，不同旅游者所获得的价格有所差别。

（4）中间商将旅游者所预定的服务信息提交给合作伙伴，确定是否能够提供所需要的服务，如果能够提供，则接受客户的预定。

（5）中间商根据用户的选择提供不同的支付方式，用户选择合适的支付方式，完成支付。

（6）中间商在确认用户预定成功后，通知用户。

第三节　旅游电子商务网站的后台管理

旅游电子商务网站的后台管理是对整个网站的信息和数据进行管理和维护，为企业内部信息管理提供支持。包括：对文字、图片、影音和其他日常使用文件进行发布、更新、删除等操作，同时对会员信息、产品信息、订单信息、访客信息等进行统计和管理。旅游电子商务网站的后台管理一般包括新闻信息发布管理、产品管理、订单管理、广告发布管理、会员管理和系统管理等模块。

一、新闻信息发布管理

新闻信息发布管理可以实现：

（1）增加新闻，增加新闻栏目里，可以选择新闻标题、上传的图片、添加新闻的类型、新闻的内容等。

（2）新闻管理，新闻管理的栏目里，提供分类查询的功能显示出不同类别的新闻，以及对各个新闻的修改及删除等操作。

（3）新闻类型管理，新闻类型管理栏目里，可以对新闻的类型进行操作。如公司新闻、行业新闻、景区新闻、政策信息等各个新闻的类型。

二、产品管理

产品管理可以实现：

（1）产品分类管理，产品分类管理可显示所有的产品类别并对产品类别进行管理，如产品类别的增加，包括产品根类以及该产品的子类的添加、修改及删除等操作，如图4.14。

图4.14 网站后台管理——产品分类管理

（2）产品管理，产品管理功能提供了显示产品以及对产品的修改及删除等操作，并提供了产品的查找功能，可以按产品名称和分类进行查找，见图4.15。

（3）增加新产品，在产品增加的栏目里，可以选择产品的分类、名称、产品品牌、图片的上传、产品的价格、产品的材质以及库存量等。

图 4.15　网站后台管理——产品管理

三、订单管理

订单管理系统对于旅游电子商务网站来说是非常重要的功能模块，是整个营销网站的核心。订单管理可以实现：

（1）客户订单的存取（数据库），基于多种类别及关键字组合的查询，以及订单的修改和删除，如图 4.16。

图 4.16　网站后台管理——客户预订管理

（2）订单历史信息的保存与查询修改。

(3)订单状态查询及管理,这里主要包括订单处理、对超时订单、已完成订单、订单执行步骤查询等一系列操作。

(4)产品销售统计。

(5)订单权限管理,不同类型的用户必须按照其权限查询或修改权限范围内的订单。

四、广告发布管理

广告发布管理可以实现:

(1)增加广告,增加广告栏目里,可以撰写广告标题、选择广告位置、上传的图片(或视频)、添加广告的类型、广告的内容等。

(2)广告管理,广告管理的栏目里,提供分类查询的功能显示出不同类别的广告,以及对各个广告的修改及删除等操作,如图4.17。

图4.17 网站后台管理——广告管理

(3)广告类型管理,广告类型管理栏目里,可以对广告的类型进行操作。如文字广告、图片广告、多媒体广告等广告的类型。

五、会员管理

会员管理可以实现:

(1)会员信息的存取(数据库),基于多种类别及关键字组合的查询,以及会员信息的修改和删除。

(2)会员信息的保存与查询修改。

(3)会员交易及网站访问情况统计。

（4）会员邮件列表管理。

六、系统管理

系统管理主要实现：

（1）系统参数设置，包括网站栏目设置（如图4.18）、栏目模板管理等。

（2）账户管理，用来增加、修改或删除后台管理人员账户，设定其权限。

（3）密码管理，用来修改或删除密码。

另外，旅游电子商务网站后台包括论坛管理、网上调查管理、客户服务管理，这里不再一一叙述。

图4.18　网站后台管理——栏目设置

【思考与实践】

思考题：

1. 什么是电子交易？它的模式有哪些？
2. 什么是旅游电子商务交易？
3. 什么是电子合同？有哪几类？简述订立的流程。
4. 什么是电子单证？有哪几类？
5. 简述旅游电子商务交易的步骤。
6. 简述旅游电子商务网站后台管理模块及订单管理的内容。

实践题：

1. 通过电子商务模拟平台，练习并掌握B2B前台交易和后台管理流程。
2. 通过电子商务模拟平台，练习并掌握B2C前台交易和后台管理流程。
3. 通过电子商务模拟平台，练习并掌握电子合同签订的流程。

第五章　移动旅游电子商务

【学习导引】
　　随着人们生活水平的提高和消费观念的发展，旅游产业的规模日益扩大，现有旅游资源和旅游服务同日益增长的游客需求之间的矛盾日趋突出，一方面影响了游客的出行体验，另一方面也制约了旅游产业的发展。近年来，以智能手机、无线网络、3G通讯等为代表的移动技术快速发展，日趋成熟，移动设备早已不是单一的通讯、娱乐和个人事务的工具，逐渐成为各种领域向现代化、智能化、个性化迈进的途径，移动电子商务应运而生，迅猛发展，在世界范围内得到广泛的应用。移动电子商务在旅游业中的应用为前面描述矛盾的解决提供了新的有效途径，即移动旅游电子商务。它的出现和发展将促进推动现代旅游业的快速、健康发展，使游客自主、实时、个性化和智能化的出行成为现实。
　　本章主要是从移动旅游电子商务基本知识入手，介绍移动旅游电子商务的概念、发展、分类及特点，分析移动旅游电子商务的价值链、商业模式和主要服务供应商的盈利模式，描述移动旅游电子商务的支撑技术和组成框架，列举目前出现的移动旅游电子商务服务并举例说明移动旅游电子商务的交易过程，最后对目前旅游消费者关心的支付和安全等相关问题进行探讨分析。移动旅游电子商务是现代旅游业发展的新兴热点领域，通过本章学习有助于加深对移动旅游电子商务概念和商业模式的理解，掌握移动旅游电子商务服务和交易过程，了解现有支付手段和安全体系，以期为移动旅游电子商务的进一步研究和广泛应用起到抛砖引玉的作用。

【教学目标】
　　1. 了解移动旅游电子商务的概念。
　　2. 理解移动旅游电子商务的内涵、特点及分类。

3. 理解并掌握移动旅游电子商务的模式。
4. 理解移动旅游电子商务系统的组成。
5. 了解移动旅游电子商务提供的服务。
6. 理解并掌握移动旅游电子商务的交易过程。
7. 了解移动旅游电子商务支付与安全。

【学习重点】

移动旅游电子商务的概念、内涵和发展

移动旅游电子商务的特点、分类

移动旅游电子商务模式

移动旅游电子商务系统的组成

移动旅游电子商务的服务

移动旅游电子商务的交易过程

移动旅游电子商务的支付和安全

第一节　移动旅游电子商务的概念

近年来，随着移动技术的发展和成熟，其应用越来越普及。据中国互联网络信息中心（CNNIC）公布的数据，至 2011 年 12 月底，中国网民规模达到 5.13 亿，而其中手机网民规模达到 3.56 亿，同比增长 17.4%，占网民总数的 69.3%，中国网民的手机上网使用率正不断逼近传统台式电脑。同时，数据显示，在手机应用方面，在线旅行预订从 2010 年的 3.7%上升到 4.0%，呈现出稳步增长的态势。随着智能移动终端的普及和更多旅游应用软件及服务的上线，移动旅游电子商务即将迎来快速发展的历史性机遇。

一、移动电子商务的概念

移动电子商务 MC（Mobile Commerce）是随着近年来移动信息技术的发展和应用，从传统的电子商务（Commerce）衍变而来的一种全新的分支。它使电子商务从有线到无线，从固定地点到随时随地，从面向交易到面向服务，是电子商务向大众化、便捷化、智能化发展的高级形式，是网络经济的新增长点和重要组成部分。

移动电子商务是指通过移动通信设备与互联网有机结合进行的电子商务活动形式。它将互联网、移动通信技术等现代信息技术同电子商务集成起来，形成有机统一体,利用手机、PDA、平板电脑等无线终端设备进行 B2B、B2C 或 C2C 的电子商务。通过移动电子商务,人们可以在任何时间(Anytime)、任何地点(Anywhere)以多种方式(Anyhow)进行商务活动,实现随时随地的在线交易。

二、移动旅游电子商务的概念

1. 移动旅游电子商务的概念

随着移动电子商务快速发展并迅速渗透到各个领域,移动技术在旅游业中的广泛应用,移动旅游电子商务应运而生。

移动旅游电子商务是指旅游产品消费者利用移动终端设备,通过无线和有线的结合网络,采用在线支付手段来完成和移动旅游产品提供者的交易活动;或者说移动旅游电子商务是由移动旅游服务商依托移动通信网络,向使用手机、PDA、平板电脑等移动通信终端和设备的客户提供各种旅游业务的服务。

移动旅游电子商务作为新兴电子商务模式,使游客能在出发前或到达目的地时临时改变预订,为旅游企业提供了最后一分钟销售的机会,使旅游企业能够准确定位顾客,提供专门的特色服务;同时,由于其移动性特点,移动旅游电子商务除了可以提供传统旅游电子商务的游前准备、规划和预定服务外,还使游客可以享受个性化和实时的在途全程服务和游后服务。

2. 移动旅游电子商务的发展

移动旅游电子商务随移动通信技术和互联网的不断发展,从产生至今已经经历了三个发展阶段:

① 基于短信的第一代移动旅游电子商务

第一代移动旅游电子商务是以短信为基础的访问技术,即通过短信的发送和对应代码的识别,提供旅游信息服务和完成旅游交易过程。第一代移动旅游电子商务存在着许多严重的缺陷,其中最严重的是实时性较差,查询请求不会立即得到回答。此外,由于短信长度的限制导致信息量小,使一些查询无法得到完整的答案。这些令旅游者无法忍受的严重问题导致了一些早期使用第一代移动旅游电子商务的旅游企业不得不升级、改造其系统。

② 采用 WAP 技术的第二代移动旅游电子商务

第二代移动旅游电子商务采用基于 WAP 技术的方式,主要通过浏览器的方式来访问旅游供应商的 WAP 页面,以实现旅游信息的查询和预订,部分地解决了第一代移动访问技术的问题。第二代的移动旅游电子商务技术的缺陷主要表现在 WAP 网页访问的交互能力较差,极大地限制了移动旅游电子商务的灵活性和方便性。此外,WAP 网页访问的安全对于某些安全性要求较为严格的系统和应用仍是严重的问题,因此,第二代移动旅游电子商务仍然难以满足旅游者对于移动旅游信息服务的要求。

③ 基于移动互联网的新一代移动旅游电子商务

新一代的移动旅游电子商务基于移动互联网技术，采用基于面向服务的体系结构（Service-Oriented Architecture，SOA），遵循网络服务（Web Service）标准规范，结合智能移动终端和移动虚拟专用网络（Virtual Private Network，VPN）等技术形成第三代移动访问和处理技术，使旅游电子商务的安全性和交互能力有了极大的提高。随着现代信息技术的发展，第三代移动旅游电子商务系统不断发展融合了 3G 移动通信技术、云计算、数据挖掘、知识发现、身份识别和认证、基于位置服务（Location Based Service，LBS）等多种最新前沿信息技术，为旅游者提供安全、快速的现代化移动旅游电子商务环境和应用。

3. 移动旅游电子商务的内涵

我们可以从技术、商务和用户三方面来理解移动旅游电子商务：

首先，从技术角度来看，移动旅游电子商务是对传统旅游电子商务的一次重大技术创新。它采用手机、PDA、平板电脑等无线终端设备取代了传统电子商务中所必须的有线网络，通过无线通信技术进行在线的旅游商务活动。通过移动通信技术和互联网的有机结合，突破传统电子商务依赖网络设备所带来的时空限制，实现旅游信息随时随地的获取、传输、存储和利用，从而使旅游电子商务更加直接、高效和便捷。

其次，从商务层面上，移动终端设备和旅游商务活动主体（如旅游企业或旅游者）间往往存在对应关系，从而使电子商务活动的主体更加明确可信；同时由于移动终端设备具有便携贴身的特性，移动旅游电子商务的主体无需担心漫长的等待回应过程或是错过重要信息，使电子商务更加直接和高效；为旅游商务活动主体间方便、快捷、随时随地从事商务活动提供了有力支持和保障。

最后，站在旅游者的角度上，移动旅游电子商务为旅游供应商提供快速、便捷和多样的信息发布服务，使其旅游信息更有针对性，从而降低商业成本、提高商务效率；同时移动旅游电子商务能通过文字、图片、声音、视频等多种媒体将旅游产品和服务呈现在旅游者面前，为旅游者方便、快捷地查询旅游信息、购买旅游产品和预订旅游服务提供了高效可靠的平台，可以随时随地满足旅游者的多种需求，使旅游者自主化、实时化、个性化和智能化的旅游体验成为现实。

第二节 移动旅游电子商务

一、移动旅游电子商务的特点

移动旅游电子商务并不仅仅是传统旅游电子商务的扩展,两者有着显著的区别。例如,移动旅游电子商务要满足旅游者的移动性、位置相关性、可识别性和可信性以及移动终端的私人性,鉴于此,移动旅游电子商务具有如下特点:

1. 移动性

与传统基于电话预订和计算机网络的旅游电子商务不同,由于移动旅游电子商务终端可携带,其接入位置并不是固定不变的,而是随旅游者的活动地域而不断变化,具有很强的移动性,这是移动旅游电子商务区别于传统旅游电子商务的首要特征。

2. 方便性

移动终端既是通信工具,通过各种旅游移动应用,又可作为移动旅游信息查询台、移动导览设备,甚至是移动银行,旅游者可在任何时间、任何地点进行旅游电子商务交易,完成查询、预订、支付、转账等功能。

3. 及时性

在移动旅游电子商务过程中,旅游者需要通过随时随地的访问,来获取旅游信息,这要求快速的信息反馈;移动旅游电子商务服务商可将有针对性的旅游信息以推送方式,直接下发到旅游者的移动终端,使旅游者可以及时、快捷地获得所需要的旅游信息。

4. 灵活性

移动旅游电子商务在进行过程中,由于时空、地域随时会发生变化,旅游者对旅游信息和旅游服务的需求也会随时随地出现变化,这就要求移动旅游电子商务能适应这种变化,即时做出适应调整,并提供新的旅游信息和旅游服务。

5. 位置相关性

移动旅游电子商务中的移动终端大多具有定位功能,例如采用 GPS 定位技术或移动基站定位技术等,因此旅游服务提供商可以识别旅游者所处的位置,并能为其提供与该位置相关的旅游信息和旅游服务。

6. 可识别性

移动设备通常在生产时就分配了固定 ID(如 IMEI),或在入网过程中被分配固定资源（如手机号码）。通过对这些特征的识别，即可知晓旅游者的身份，从而可以提供区别化、个性化的旅游信息和服务。这就是移动旅游电子商务的可识别性。

7. 可信性

由于移动旅游电子商务具有可定位和可识别等特征，同时移动终端同旅游者之间存在对应关系，这使旅游者作为移动旅游电子商务的主体之一较传统旅游电子商务更明确，从而提高交易中信息的可信度。

8. 安全性

移动旅游电子商务由于可以定位和识别旅游者，同时移动终端又具有私人特征，势必会产生旅游者的隐私保护和财产安全问题。因此，移动旅游电子商务必须具有更高的安全性，支持旅游者可选的隐私及安全的设定，在保护旅游者隐私和财产安全的同时，最大化满足旅游者的需求。

9. 个性化

采用移动定位、身份识别、云计算和数据挖掘等现代信息技术，基于移动终端的个性化旅游产品和服务定制将成为现实，旅游企业通过针对不同旅游者的兴趣、偏好，可以设计和提供专有的旅游产品和服务，从而实现移动旅游电子商务的个性化服务。

二、移动旅游电子商务的分类

根据分析角度的不同，移动电子商务有多种分类方法：

1. 按使用对象分类

可分为旅游者移动电子商务和旅游企业移动电子商务。旅游者移动电子商务是指旅游者通过移动终端进行的旅游信息查询、旅游产品交易、旅游服务预订等服务，如订购机票和酒店、提供实时导航服务等。旅游企业移动电子商务是旅游企业利用移动终端开展与旅游相关的各种数据业务，进行电子商务活动。

2. 按提供服务类型分类

根据提供商务服务类型的不同，移动旅游电子商务又可分为内容提供型、信息消费型、资源整合型、辅助决策型、定位跟踪型、扫描收费型等。其中，前两种是目前使用较普遍的移动旅游电子商务类型，包括在旅游信息查询和在线预订等应用；而后两种则是移动旅游电子商务的最新热点应用，采用包括全球定位系统（Global Positioning System，GPS）、近距通信（Near Field Communication，NFC）和条码、二维码等技术提供移动旅游服务和旅游交易服务的功能。

3. 按用户需求分类

根据旅游者的需求，可把移动旅游电子商务分为搜索查询型、需求对接型、需求定制型、预约接受型等。随着旅游者需求的不断扩大,还将有更多的移动旅游电子商务类型出现。

三、移动旅游电子商务发展应用现状

目前,移动旅游电子商务处于研究和应用齐头并进的快速发展阶段,研究热点包括构建模型和系统应用,以期探索移动旅游电子商务研究和应用的有效方法。

在应用系统构建方面,以旅游目的地移动旅游电子商务为例,其系统就应包括信息处理系统、网络支撑系统、服务管理系统、形象展示系统和电子商务安全系统等要素。

在应用方面,众多移动旅游电子商务研究也达成了以旅游基础数据库和旅游资源信息库为基础,前端应用终端软件同后台管理系统相结合的系统应用共识。

随着研究的深入和移动旅游电子商务的不断发展,国内外出现了各种不同形式、提供多种服务的移动旅游电子商务应用。从移动旅游电子商务提供的内容上有旅游预订服务、信息服务和 LBS 等。例如,在预订方面,国内的携程网、去哪儿网等网站均推出了移动终端版本,可以方便地进行机票和酒店的查询预订;图 5.1 为携程无线的移动旅游电子商务应用界面。

图 5.1 携程无线的移动旅游电子商务应用

同时,在基于位置的服务方面,国内的大众点评网(图 5.2)等网站推出了基于 GPS 的在线旅游资源查询服务,包含为旅游者提供导航服务、最佳路径指示、基于位置的信息发布和基于位置的移动黄页等服务。

图 5.2　大众点评的移动旅游电子商务应用

随着旅游企业对移动旅游电子商务认识的不断加深和游客需求的日益增长，移动旅游电子商务已经成为旅游电子商务发展的必然趋势，相信更多移动旅游电子商务应用将如雨后春笋般大量涌现。

四、移动旅游电子商务发展趋势

1. 由于旅游电子商务中，旅游者除了游前可以用传统的电子商务查询预订外，在途旅游过程中的信息获取和产品、服务预订是更为巨大的实际需求。旅游电子商务的重心由传统的互联网电子商务向移动旅游电子商务偏移，PC 端与手机端将协同发展。

2. 移动旅游电子商务围绕用户数量、运营能力、旅游资源和模式创新四大焦点的竞争将日趋激烈。电信运营商在用户入口处具有用户数量的强大优势；传统旅游电子商务提供商具有运营方面的绝对实力；软件提供商在旅游企业资源的争夺上具有竞争力；而新兴移动旅游电子商务提供商，尽管实力有限，但对行业发展和为提供旅游者服务的专注，使模式创新成为其实现自身发展和最终突围的重要表现形式。

3. 品牌和服务成为推动产业发展的重要力量。随着智能手机、平板电脑、PDA 和移动计算机等硬件的普及和相关移动通信和网络技术的不断成熟，硬件和技术对移动旅游电子商务的推动趋弱，其发展将主要依赖其自身的品牌和服务，产业的发展将逐渐由技术驱动型向服务驱动型转变。

4. 基于位置服务 LBS、综合旅游信息服务等旅游运营与服务模式的创新将成为未来移动旅游电子商务平台发展的重要方向。使用移动终端的旅游者与 PC 端用户在旅游需求、网络访问行为和消费行为等方面存在明显差异，因此在 PC 端成熟的运营与服务模式并不能直接复制在移动旅游电子商务的服务中，这就需要根据旅游者特点及产业发展形势，不断进行模式的创新，要积极探索移动旅游电子商务同信息门户、SNS、手机博客以及基于位置服务（LBS）等模式的融合与创新。

5. 围绕手机支付和旅游创新服务的移动旅游电子商务产业链整合将继续深入。在手机支付方面，金融服务商、电信运营商、第三方支付等将进行更加密切的合作，合作形式将更加多样；在旅游信息服务及个性化旅游服务方面，移动旅游电子商务提供商和传统的互联网 CP、SP 将进行更密切的协作，服务形式将更加多样，产业链整合的形式将突破原有的界限、形式和格局，将由初期产业链上下游线链状合作方式，转化成多产业链主体和多层次协作的网状产业链合作形式，在旅游产业链整合的基础上，移动电子商务发展模式将不断创新。

6. 传统旅游电子商务提供商将引领移动旅游电子商务发展。这是由于电信运营商并不能在短期内将主导移动旅游电子商务的专业化团队建立起来，且利润小于其主营项目利润；软件提供商则无法在短期内获取传统旅游电子商务所具备的品牌优势；而新兴移动旅游电子商务提供商尽管具有较强的创新服务意识，但却受渠道、物流、配送等方面限制，而暂时还无法与传统旅游电子商务提供商进行抗衡。

第三节　移动旅游电子商务模式

一、移动旅游电子商务价值链

1985 年，哈佛大学教授迈克尔·波特提出了"价值链"的概念，指出价值链是一种组织企业业务活动的方法，企业实施这些活动对其销售的产品或服务进行设计、生产、促销、销售、运输和售后服务。对移动旅游电子商务而言，其价值链是运用移动通信等信息技术或移动运营服务扩展所创造的价值来满足游客需求的活动或行为，构成完整、动态或虚拟的价值实现链条。

移动旅游电子商务的价值链经历了三个发展阶段：

1. 基于模拟语音通话技术的价值链

该阶段从移动通信技术出现开始，以模拟技术为核心，以语音通话服务为主，并直接促成了呼叫中心的产生和发展。此阶段价值链由无线技术研发企业和机构、无线服务提供商、无线设备制造商、旅游服务提供商和终端移动用户构成。

2. 基于数字通信技术的价值链

从 20 世纪 90 年代初开始，数字移动通信技术快速发展，移动旅游电子商务价值链开始发生变化，传统的无线服务提供商分化为以移动通信基础设施服务为主的提供商和以无线服务为主的供应商，同时出现了专门提供应用开发的应用程序提供商，使旅游企业可以专注于旅游服务的内容，这些供应商和服务商协同为终端移动用户服务。

3. 现代移动旅游电子商务价值链

20 世纪末，以 3G 技术和无线网络为代表的现代移动通信技术取得突破，无线网络和传统互联网相结合，可以实现移动互联网的访问，并支持基于多媒体数据的各种服务。移动旅游电子商务价值链发生了重要变革，出现了互联网接入服务提供商、无线网络运营商、支付平台提供商和安全服务提供商等新的参与者，形成当今的现代移动旅游电子商务价值链。

新的价值链参与者促成新兴服务类型，现代移动旅游电子商务价值链所能提供的旅游服务更加丰富，随着即时查询预订、移动在线支付和 LBS 等旅游服务逐渐普及，参与者的职能和价值分配结构正在发生着相应的变化。

二、移动旅游电子商务商业模式

1. 按照交易涉及对象分类的移动旅游电子商务商业模式

同传统的旅游电子商务的商业模式类似，移动旅游电子商务按照交易涉及的对象可分为 B2B、B2C、C2C 和 C2B 等模式。

（1）B2B 模式

即旅游企业间的电子商务模式。包括基于移动互联网的旅游企业间网上旅游服务和产品交易、网上商务往来等。这种商业模式仅存在于旅游企业之间，可以加速旅游企业间信息资源的互通，提高协作效率，降低运营成本。

（2）B2C 模式

即旅游企业（包括旅游中间商）和消费者间的电子商务模式，旅游企业提供旅游产品或旅游服务，由消费者选择并完成交易的商务模式。其典型应用例如携程无线、手机去哪儿网、驴妈妈自助游等。

（3）C2C 模式

即旅游消费者间的电子商务模式，包括个人间基于移动互联网来提供旅游产品或旅游服务的旅游网上交易市场等新兴商务模式。例如"一呼"就是 C2C 模式的移动电子商务软件，使用者可以发布需求或是发布可提供的产品或服务，等待其他人来响应。

（4）C2B 模式

即旅游消费者对旅游企业的电子商务模式。C2B 模式的核心是通过聚合分散但数量庞大的用户，形成一个强大的采购集团，以此改变 B2C 模式中用户的弱势地位，使之享受到以大批发商的价格买单件商品的利益。C2B 的典型应用有各种团购网站推出的移动终端版本。

2. 按照市场主导分类的移动旅游电子商务模式

移动旅游电子商务发展尚处在初期，市场中还没有成熟的商业模式，但开展移动旅游电子商务服务能否成功将取决于四个关键性因素：用户基数、旅游电子商务服务品牌、旅游商户资源和旅游产业创新。与这四个要素相对应，按主导方式不同又可把移动旅游电子商务分为四种模式：由电信运营商主导的"通道+平台"的移动旅游电子商务服务模式、由传统旅游电子商务提供商主导的"品牌+运营"的移动旅游电子商务服务模式、由软件提供商主导的"软件+旅游服务"的移动旅游电子商务服务模式以及由新兴移动旅游电子商务提供商主导的"专注+创新"的移动电子商务服务模式。

（1）"通道+平台"的移动电子商务服务模式

电信运营商开展的移动电子商务中，可利用终端厂商和软件提供商在上游为其提供定制手机及内嵌的接入软件，增强了移动电子商务平台的入口建设。规模庞大的网络用户及潜在移动电子商务用户，可以吸引旅游企业和商家以入驻的方式丰富移动电子商务平台的旅游产品及内容。移动电子商务平台的建设方面，电信运营商负责平台内容、用户服务和交易服务，对入驻的旅游商户进行管理，并为消费者提供信誉保障。

（2）"品牌+运营"的移动旅游电子商务服务模式

传统旅游电子商务提供商主导的移动旅游电子商务主要采取了"品牌+运营"的服务模式，在这一服务模式下，传统旅游电子商务提供商原有的渠道、商品、配送及服务等后台服务体系均未发生本质变化，移动互联网可以看做是其 PC 端传统的旅游电子商务服务的手机端入口。在此模式下，传统旅游电子商务提供商通常会在用户接口处通过与终端厂商和软件提供商的合作，定制相关匹配的终端机，或者为手机终端设计用于进行移动旅游电子商务的特定应用程序。网络接入方面，电信运营商提供了基础网络服务，为移动旅游电子商务提供顺畅信息流的保障。

（3）"软件+服务"的移动电子商务服务模式

软件提供商利用原有的软件客户资源和移动旅游电子商务管理软件的优势，吸引移动旅游电子商务商户入驻其搭建的移动电子商务平台，通过整合这些旅游商户的资源，为旅游者提供旅游产品和旅游信息等服务。区别于电信运营商和传统旅游电子商务服务提供商主导的移动旅游电子商务，软件提供商主导的移动旅游电子商务平台除了向旅游者提供旅游产品和旅游服务外，主要面向旅游者提供基于位置信息服务等，该服务方式使由软件提供商主导的移动旅游电子商务呈现了有别于前两种的特点。

（4）"专注+创新"的移动旅游电子商务服务模式

新兴移动旅游电子商务提供商是在移动互联网发展过程中崛起的旅游电子商务服务提供者，由其主导的移动旅游电子商务服务模式，专注于对移动互联网的旅游电子商务服务，对旅游者需求和服务特点有较好的理解与把握。我国移动旅游电子商务发展的过程中，一些由新兴移动旅游电子商务提供商搭建的商务平台迅速崛起，在旅游服务与运营模式上不断创新，在移动旅游电子商务的竞争格局中，占据了重要位置。

3. 完整的移动旅游电子商务产业链

移动旅游电子商务模式高增值的特征，为商务管理和运营带来了革命性的变化。这些高增值特征不仅会在商业模式的构建中体现和反应出来，而且会在商务运营和管理实践中体现出来。表现为缩短商务流程，加快资金周转，加快物流速度和进程，从而降低管理费用和管理成本。

移动旅游电子商务参与者相互协作，多种移动电子商务模式并存，形成一个涵盖整个移动旅游电子商务的产业链，包括了参与者、平台、接口、服务和应用，如图 5.3 所示。

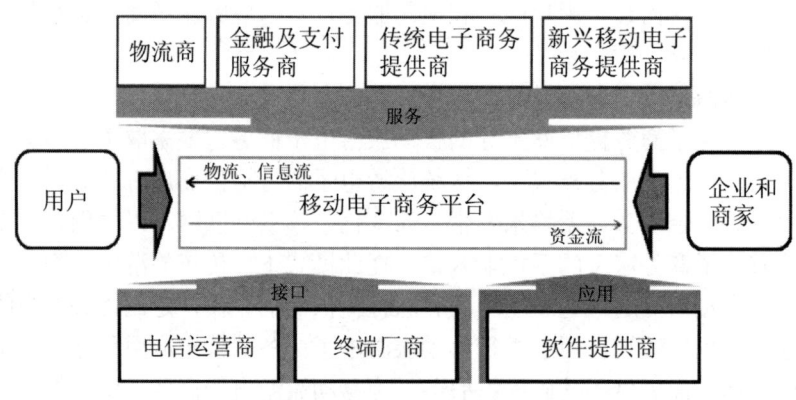

图 5.3　完整的移动旅游电子商务产业链

三、移动旅游电子商务盈利模式

移动旅游电子商务的盈利模式可以结合移动旅游电子商务价值链来分析。在移动旅游电子商务中，主要参与者有：旅游者、内容提供商、服务提供商、移动门户网站和移动网络运营商等。

1. 基本通信模式

通信（包括语音通信和数据通信），是旅游者对移动通信系统最基本的要求，也是移动旅游电子商务模式的原始模式。移动运营商提供通信网络和通信基站，实现旅游者之间或旅游者和旅游内容提供商以及旅游服务提供商间的沟通，移动运营商收取相应的费用，并从中实现盈利。

2. 信息服务模式

信息服务模式包括实时信息服务、基于位置信息服务、个性化的定制服务等，使旅游者能从不同的移动运营商和内容提供商的无线网站来获取旅游信息和旅游服务。在这种模式中，首先旅游者要缴纳费用订购某些旅游信息服务，然后内容提供商通过无线网络运营商提供的无线通信网络，将所订购的信息服务提供给旅游者。无线网络运营商通过传送信息或者服务内容获得传输的通信费，另外也可能包括以佣金形式与内容提供商分享利润分成。比如可按规定好的单位时间计费，或是按照旅游者获取信息或服务所产生的流量计费。

3. 广告模式

由于移动终端设备普遍存在屏幕小的弱点，要求广告具有高度的相关性和强记忆性，甚至，可以根据旅游者的偏好，把与旅游者所在地敏感关联的广告信息发给用户。在广告模式中，涉及广告客户、内容提供商、无线网络运营商和旅游者。广告客户通过旅游者购买其宣传的产品和服务实现盈利，同时广告客户付给内容提供商一定的费用，这笔费用再由内容提供商和网络运营商协商分配。

4. 实物销售模式

这种模式是旅游者通过无线互联网购买有形的旅游产品。为提高实物销售模式的安全性，增加了第三方机构，通常指支付平台和接入服务提供商。接入服务提供商接受来自服务提供商缴纳的按流量或者按时间计算的信息服务费。而接入服务商与无线网络运营商之间的付费则大多数按照带宽的大小或者按照时间计费，第三方机构根据协议与服务提供商收取佣金或者按交易的金额比例收取费用。

5. 虚拟社区模式

移动旅游虚拟社区为用户提供类似于传统网络虚拟社区的功能，如微博、聊天和同学录等。在这种虚拟社区模式里面，收入主要来自广告，即广告提供商支付给接入服务提供商广告费用，而旅游者在这个过程中，只需要根据自己的情况，支付给移动通信运营商一定数目的通信费即可。

第四节　移动旅游电子商务的组成

一、移动旅游电子商务中的支撑技术

移动旅游电子商务离不开众多现代信息技术的支撑。因此，现代信息技术是移动旅游电子商务发展的决定因素。这些支撑技术的特性决定了移动旅游电子商务的最终应用。这里简单介绍一下移动旅游电子商务中的支撑技术。

1. 无线应用协议（WAP）

无线应用协议（Wireless Application Protocol，WAP）是全球性的网络通信协议。WAP 使移动互联网有了一个通行的标准，其目标是将互联网的丰富信息及先进的业务引入到无线终端中。WAP 定义可通用的平台，把目前互联网上以超文本标记语言（Hypertext Markup Language，HTML）存储和显示的信息转换成用无线标记语言（Wireless Markup Language，WML）来描述的信息，并显示在移动终端的显示屏上。WAP 只要求移动终端和 WAP 代理服务器的支持，而不要求现有的移动通信网络协议做任何的改动，因而可以广泛地应用于 GSM、GPRS、CDMA、3G 等多种网络。

2. 短距离通信技术（NFC）

短距离通信技术（Near Field Communication，NFC），是指利用无线电波进行短距离通信的技术。目前应用最多的 NFC 是蓝牙技术。

蓝牙（Bluetooth）是一种支持设备短距离通信的无线电技术。能在包括移动电话、PDA、无线耳机、笔记本电脑、相关外设等众多设备之间进行无线信息交换。利用"蓝牙"技术，能够有效地简化移动通信终端设备之间的通信，也能够成功简化设备与互联网间的通信，从而使数据传输变得更加迅速高效，为无线通信拓宽道路。

除蓝牙技术之外，还有很多短距离通信技术，紫蜂（ZigBee）就是其中一种，它以距离短、低速率和低功耗的特点被广泛应用于无线传感网络。

3. 移动 IP 技术

移动 IP 技术（Mobile IP）建立在网际协议（Internet Protocol，IP）上，它是为了满足移动节点在移动中保持其连接性而设计的，可使移动节点以固定的网络 IP 地址，实现跨越不同网段的漫游功能，并保证基于网络 IP 的网络权限在漫游过程中不发生任何改变，是移动互联网的核心技术。同互联网发展相对应，移动

IP 现有两个版本，分别为 Mobile IPv4 和 Mobile IPv6。

4. 移动相关支撑技术

移动相关支撑技术包括现代移动通信技术、移动定位技术等，这部分内容将在后面的第十四章中做专门的介绍。

5. 移动支付和安全技术

移动旅游电子商务必须具有移动支付和相关的安全技术作为支撑，以保证移动旅游电子商务交易的安全、顺利进行。本章将在第六节中进行详细介绍。

6. 智能操作系统及应用开发技术

目前移动终端的发展日新月异，品种琳琅满目，具体包括：手机、平板电脑（PAD）、个人数字助理（PDA）、笔记本电脑、手持移动设备等。各种设备所采用的操作系统也各不相同，比较典型且用户较多的有：微软开发的 Windows 系列操作系统和 Windows Mobile/WinPhone 7 移动操作系统、苹果公司的 iOS 操作系统、Google 公司倡导的 Android 操作系统、诺基亚公司开发应用的 Symbian 操作系统以及广泛应用于 PDA 上的 Palm 操作系统等。每一种智能系统都有其专用的开发环境、需要采用其专有的开发技术、遵守其规范的开发流程，因此，智能操作系统及应用开发技术逐渐成为当今移动旅游电子商务应用的热点和焦点问题。

二、移动旅游电子商务的组成框架

尽管不同旅游企业的移动旅游电子商务系统会有所不同，但是它们都基于同样的共性支撑技术，因此具有相似的基本组成框架结构。

典型移动旅游电子商务的组成框架如图 5.4 所示，共分为四个功能层，具体是：无线网络设施、无线和移动中间件、应用基础设施和应用层。

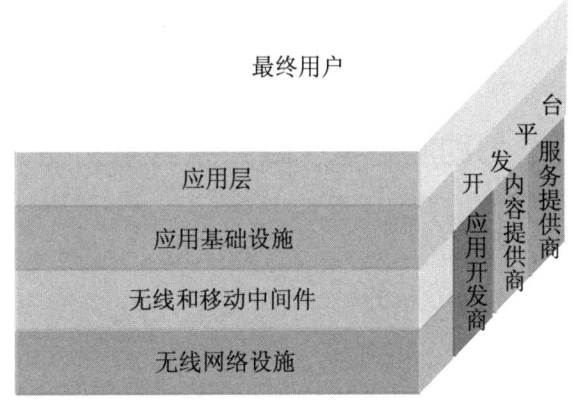

图 5.4　移动旅游电子商务的组成框架

1. 无线网络基础设施

无线网络基础设施是支撑移动旅游电子商务应用发展的重要技术支柱，包括网络需求及无线网络。无线网络基础设施是移动旅游电子商务的基础，它提供无线网络和网络标准，如：全球移动通信系统，"蓝牙"或"Wi-Fi"无线局域网，移动互联网络等。在移动旅游电子商务中，无线网络基础设施的资源和能力直接影响移动旅游服务的质量。

2. 无线和移动中间件

无线中间件和移动中间件是连接电子商务与不同的移动网络和操作系统的软件实现层，如 ExpressQ 和 WAP 等。ExpressQ 是一种移动消息接发中间件，可将非 IP 应用程序提供给移动用户，完成用户离开服务区时的信息存储和用户处于服务区时的信息转发。移动电子商务普通协议包括 WAP 和 i-Mode 协议等，其中，WAP 是开展移动电子商务的核心技术之一。通过 WAP，旅游者的移动终端可以随时随地、方便快捷地接入互联网，真正享受不受时间和地域约束的旅游产品和服务。

3. 无线应用基础设施

无线应用基础设施由移动服务提供商、旅游内容提供商、移动应用开发商等参与者共同构成，包含软件和硬件两部分内容。软件是指各种无线终端操作系统（如 iOS、Android、WinPhone7、Symbian 等）、界面及其开发环境，而硬件则是连接移动电子商务应用的移动设备。无线应用基础设施要同时兼顾两个方面：一是如何在可移动的设备上设计并实现充实且实用的服务界面；二是如何丰富和利用旅游者的移动终端的接口功能，实现多元化的移动旅游电子商务应用。

4. 移动旅游电子商务应用层

建立在无线应用基础设施（即开发平台）之上的应用层则为最终用户（即旅游者）提供移动旅游电子商务产品和服务。

第五节　移动旅游电子商务服务与交易过程

一、移动旅游电子商务服务

1. 信息查询服务

信息查询服务是移动旅游电子商务的基本服务。它建立在庞大的旅游基础数据库、旅游资源数字信息库和旅游知识库之上，利用搜索引擎，通过给定搜索条件进行旅游信息的查询。目前，除了广泛采用的文字查询，还支持语音查询、图片查询等多种查询服务。

2. 旅游信息移动推送服务

旅游信息移动推送服务，就是通过一定的技术标准或协议，在移动互联网上通过定期或不定期传送旅游者可能需要的旅游信息的服务。推送技术可以即时地将旅游者可能关心的旅游信息（比如天气、交通等）以短信、彩信等形式自动传送给旅游者，使旅游者第一时间就能了解到最需要的信息，减少旅游者在网络上的搜索时间。旅游信息移动推送服务还可以根据用户的兴趣来搜索、过滤信息，并能定期推给旅游者，有助于旅游者高效率地发掘有价值的旅游信息。同时，基于旅游信息推送服务的旅游产品和服务营销——广告推送也成为当前热门的应用之一。例如：可以推送景区门票的打折情况，酒店、餐饮的优惠活动，娱乐、景区的多媒体介绍，甚至可以直接推送旅游企业的手机端应用软件，使旅游者的出游更加方便快捷。

3. 旅游预订服务

同传统的旅游电子商务预订服务相比，移动旅游电子商务中旅游预订具有随时性、紧迫性、差异化等特征。在 PC 端进行的旅游预订，通常发生在游前规划阶段，此时旅行者有充分的时间挑选预订旅游产品和服务。但当旅游者一旦处于在途状态，由于一些原因需要进行游程变更时，就会产生强烈且紧迫的旅游产品服务预订需求。这种需求可能随时出现，并且会因人而异，而移动旅游电子商务的出现则为有效解决这一问题提供可能。通过移动旅游电子商务享受旅游预订服务，可以随时用移动终端方便、快捷地完成，在为旅游者提供方便的同时，也为旅游企业进行"最后一分钟营销"提供了平台。

4. 移动支付服务

移动支付也称为手机支付，就是允许旅游者使用其移动终端（通常是手机）对所消费的旅游产品或服务进行账务支付的一种服务方式，它是由移动运营商、移动旅游应用服务提供商（MASP）和金融机构共同推出的、构建在移动运营支撑系统上的一个移动数据增值业务应用。它包括手机银行和电子钱包等多种方式。手机钱包将为每个旅游者建立一个与其手机号码关联的支付账户，从而为旅游者提供了一个通过手机进行交易支付和身份认证的途径。而手机银行则通过网上银行，支持旅游者通过移动互联网进行支付，完成在线交易。

5. 旅游娱乐服务

藉由移动互联网和移动旅游电子商务平台，旅游者将可以下载相应的旅游软件，获取旅游娱乐咨讯，享受图片、声音、视频等多媒体旅游娱乐服务。

6. 个性化服务

移动旅游电子商务支持旅游者自助设计规划游程，能为旅游者提供多种个性化的定制服务，比如基于位置的服务（Location Based Service，LBS）、基于事件的服务（Events Based Service，EBS）和基于时间的服务（Time Based Service，TBS）等。

其中，LBS 是目前的前沿和热点领域，是指通过电信移动运营商的无线电通讯网络（如 GSM 网、3G 网）或外部定位方式（如 GPS）获取移动终端用户的位置信息（地理坐标，或大地坐标），在地理信息系统（Geographic Information System，GIS）平台的支持下，为用户提供相应服务的一种增值业务。具体包括：

（1）LBS 导航服务和最佳路径指示服务；

（2）个人位置和旅游供求信息动态发布服务；

（3）LBS 移动黄页。

二、移动旅游电子商务交易过程

1. 登录

要进行移动旅游电子商务交易，首先要用移动终端接入互联网，并登录移动旅游电子商务网站平台，这是一个必不可少的身份确认的过程。

2. 查询

确定要选择的旅游产品或服务类型，给定搜索条件（如订机票要给出乘机人是否成人、单程还是往返、出发日期、出发时刻、航空公司选择等）进行查询和浏览。

3. 生成订单

在查询到所需的旅游产品或服务之后，通常点击"立即购买"或类似功能的按钮，生成订单。

4. 变更

如果订单尚未支付或是临时出现意外，旅游者可以进入变更页面修改自己预订的旅游产品和旅游服务内容，如有需要可以重新生成订单。

5. 订单确认

订单生成后，旅游者需要核对订单信息是否正确。包括旅游者的个人信息是否准确、出发、到达时间、旅游产品或服务的类型、数量、价格等信息，核对无误后确认。

6. 移动支付

确认订单后，将进入移动支付环节。首先选择要采用的支付形式，进入官方正式的支付页面，输入相关支付信息并完成支付。

7. 交易完成

待支付完成，旅游供应商确认后，就可以将旅游产品或服务以某些形式发送给旅游者。例如机票预订成功会返回出票成功提示和电子票号等信息，酒店预订成功后会返回提示订房成功及保留时限等信息，景区和某些服务可能会返回一些确认码或是二维码图像作为门票和享受服务的凭证等。这时旅游者要注意保留相关信息，直至成功使用旅游产品或享用完购买的服务。

第六节　移动旅游电子商务支付与安全

一、移动电子支付

移动电子支付是指用户使用手机、掌上电脑、笔记本电脑等移动终端设备，通过短信、互动式语音应答、WAP、移动互联网等多种方式，对所消费的商品或服务进行账务支付、银行转账等的商务交易活动。

1. 移动电子支付的过程

（1）用户使用移动终端设备接入移动支付系统（Mobile Payment System，MPS）。

（2）MPS 将此次交易的要求传送给移动应用服务提供商（Mobile Application Service Provider，MASP），由 MASP 确定交易的金额，通过 MPS 通知用户。

（3）用户确认后，通过直接转账、电话账单等途径付费，完成支付。

2. 移动电子支付的特点

（1）随时随地性。移动支付可以不受地点和时间限制，用户可以通过移动终端在方便的时候、合适的地点进行支付。

（2）用户规模大。截至 2011 年 12 月，我国网民规模达到 5.13 亿，而其中手机网民规模达到 3.56 亿，占网民总数的 69.3%，我国网民的手机上网使用率正不断逼近传统台式电脑，形成庞大的用户规模。

（3）有较好的身份认证基础。由于手机号码具有唯一性，同传统电子商务相比，移动电子支付的用户身份认证更加真实准确，具有信用认证的基础。

3. 移动电子支付的分类

移动电子支付按照业务模式不同，可分为以下支付方式：

（1）手机代缴支付。手机代缴支付是指用户所支付的费用在移动通信费用的账单中统一结算，例如邮箱增值服务的手机代缴，水、煤、电、气等费用的手机代扣等。其特点是支付额度较小、支付时间、额度相对固定。

（2）手机钱包支付。这是一种综合了支付类业务的各种功能支付服务形式。它以银行卡账户作为资金支持，通过将银行账户和手机号码绑定，以手机为交易工具，通过多种方式完成支付。目前，国内移动运营商已推出该支付业务。

（3）手机银行支付。手机银行支付可以看成是网络银行的移动版本，是指通过移动通信网络将客户的手机连接至银行，通过手机界面直接进入各种金融业务的服务系统。目前，国内各大商业银行均已开通了手机银行支付功能，甚至针对不同的手机用户推出了适用各种智能手机操作系统的移动客户端。

（4）手机信用平台支付。手机信用平台支付通过移动网络运营商和信用卡发行商合作，将用户手机中的 SIM 卡等身份识别和认证技术同信用卡身份认证技术结合起来，以用户的信用为基础，实现一卡多用的功能。

二、移动电子商务安全

自出现电子商务以来，其安全问题就是人们始终关心的焦点，也是其发展中必须解决的关键问题。移动电子商务源于传统的电子商务，必然需要解决安全问题。同时，移动终端的特点在提供方便快捷的服务的同时，又带来新的安全问题。因此，移动电子商务的安全形势更加复杂、对解决方案和技术的要求更为严格。

1. 现存主要安全威胁

移动电子商务的安全威胁来自移动通信和服务提供的各个环节，主要包括：

（1）来自移动终端自身的安全威胁

- 移动终端设备的物理安全，如丢失、损坏等。
- 移动终端被攻击和数据破坏。
- SIM 卡被复制。
- RFID 被解密。
- 移动终端在线时遭受攻击。
- 手机病毒。

（2）无线通信网络带来的安全威胁

- 通信内容被获取或窃听。
- 网络漫游至攻击者的攻击范围。
- 针对无线通信标准的攻击。
- 合法身份被窃取和冒用。
- 无线通信数据的完整性。

（3）不良商家的欺诈行为造成潜在的安全威胁

传统交易中，交易双方是"面对面"完成交易；电子商务中，消费者也可通过互联网获得大量商家信息，减小被欺诈的风险；而移动电子商务中，消费者获得信息量很小，仅能通过简单的文字和图片介绍来了解商品信息，这种信息不对称使不良商家冒险施行欺诈，从而造成潜在的安全威胁。

（4）移动电子商务平台运营管理漏洞造成的安全威胁

移动电子商务平台属新兴事物，但其发展又极为迅速。这使得有些移动电子商务平台由于在运营、管理方面缺少经验，存在管理漏洞，从而造成安全威胁。例如：技术和程序控制的安全策略尚不完善，安全警示、安全措施和安全策略尚未实现良好的配合等。这需要在实际运营中不断修正完善。

（5）法律规范不完善造成的安全威胁

尽管国内已经出台了《电子商务签名法》等一系列规范传统电子商务的法律规范，但面对新兴的移动电子商务还未能出台相关法律法规，而由于移动电子商务的特殊性，传统电子商务的法律规范并不能很好地移植过来以适应移动电子商务交易。同时，通过法律手段解决移动电子商务交易各方的纠纷也是法律的真空区域，从而成为移动电子商务的安全威胁。

2. 移动电子商务安全威胁的表现形式

（1）假冒

假冒是指攻击者装扮成另一合法用户非法访问受害者的资源以获取某种利益或达到破坏的目的。要进行假冒攻击需要一些特殊的工具来处理协议数据单元，并且可能需要一些特定的访问权限。网络中的结点必须具有非法用户无法模仿的特征，并且能够正确处理合法用户的这些特征，保证系统安全。

（2）窃听

窃听是指攻击者通过对传输媒介的监听非法获取传输的信息，是对通信网络最常见的攻击方法。这种威胁完全来源于无线链路的开放性，但是由于无线网络传输距离受到功率与信噪比的限制，窃听结点必须与源节点距离较近，所以与以太网等典型有线网络相比，更容易发现外部窃听节点。

（3）非授权访问

非授权访问是攻击者违反安全策略，利用安全系统的缺陷非法占有系统资源或访问本应受保护的信息。所以，必须对网络中的通信单元增加认证机制，以防止非法用户使用网络资源。

（4）服务拒绝

服务拒绝是指入侵者通过某些手段使合法的网络实体无法获得其应有的网络服务。在移动电子商务中，这种威胁包括阻止合法用户连接的建立，或者，通过向网络或指定网络单元发送大量数据来破坏合法用户的正常通信。对于这种威胁，通常可采用认证机制和流量控制机制来防止。

(5) 其他风险

其他风险包括新病毒的风险、丢失数据、设备的丢失或被盗、机会窗口等。

3. 安全体系结构

为了解决移动电子商务的安全问题，人们提出了移动电子商务的安全体系结构。它是一个保证移动电子商务中数据安全的完整逻辑结构。

移动电子商务安全体系结构如图 5.5 所示，由五个部分组成：移动承载层、加密技术层、安全认证层、安全协议层、应用系统层。下层是上层的基础，为上层提供技术支持；上层是下层的扩展与递进。各层次之间相互依赖、相互关联构成统一整体，保证移动电子商务系统的安全。

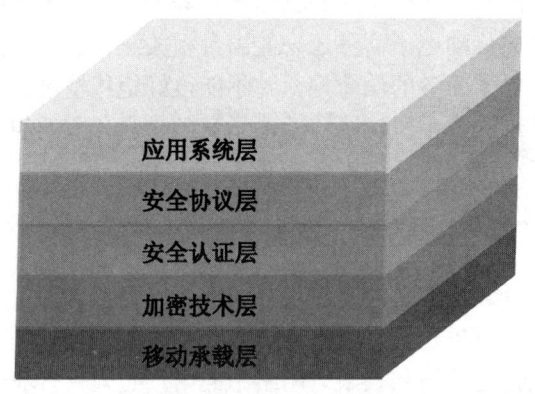

图 5.5　移动电子商务的安全体系结构

4. 安全控制与安全协议标准

针对移动电子商务的安全性问题，有许多安全技术可以降低移动电子商务的风险及易受攻击性。移动电子商务解决方案要求的安全控制，与用来保护传统电子商务环境中使用的企业网络外围设备以及 Web 应用的安全控制基本相同。这些控制方法将包括防火墙，内容/电子邮件过滤，防病毒，用户验证和鉴权、授权，策略管理，入侵检测，强化平台，安全的设备管理等技术。

目前，移动电子商务的支撑技术中已有很多安全协议与标准，包括：

（1）蓝牙标准（Bluetooth）

蓝牙标准有三种安全模式：无安全模式、服务层加强安全模式和链路层加强安全模式，蓝牙设备在特定的时候只能工作在某一种安全模式下。

（2）无线应用协议（WAP）

可以通过在 WAP 网关中设置 IP 控制内容加强安全性。其具体过程为：设置允许使用 WAP 网关的 IP 和该 IP 允许访问的服务提供商 SP；WAP 网关根据设置的 IP 控制内容对该用户请求判断该用户的 IP 是否为允许使用 WAP 网关的 IP，如不允许，则该 WAP 网关直接拒绝该用户请求；否则再判断请求访问的 SP 是否允许访问，如允许，则该 WAP 网关向该 SP 转发该用户请求，该 WAP 网关继续后续流程；否则该 WAP 网关拒绝该用户请求。

（3）无线公开密钥体系（Wireless Public Key Infrastructure，WPKI）

WPKI 是将互联网电子商务中 PKI 安全机制引入到无线网络环境中的一套遵循既定标准的密钥及证书管理平台体系，用它来管理在移动网络环境中使用的公开密钥和数字证书，有效建立安全和值得信赖的无线网络环境。

（4）IEEE 802.11

IEEE 最初制定的一个无线局域网标准，主要用于解决办公室局域网和校园网中，用户与用户终端的无线接入，业务主要限于数据存取，具有点对点模式和基本模式，可有效保证移动通信的数据安全。

【思考与实践】

思考题：
1. 什么是移动旅游电子商务？它的特点是什么？如何分类？
2. 移动旅游电子商务有哪些模式？
3. 简述移动旅游电子商务系统的组成结构。
4. 简述移动旅游电子商务系统的交易过程。
5. 什么是移动电子支付？移动电子商务的威胁有哪些？

实践题：
1. 详细分析携程网、e 龙网、去哪儿网移动旅游电子商务实现的功能和服务模式。

第六章　网上支付与网络银行

【学习导引】

　　网上支付是电子商务顺利发展的关键环节和基础条件，近年来，网上支付在世界各国发展迅速，不断为社会创造效益，并提高了交易的效率。网上支付作为 21 世纪的一种新兴业务，其较低的成本和方便、快捷的交易方式已越来越受到人们的重视。电子商务的迅猛发展要求网上支付系统必须得到进一步完善。本章将首先介绍电子支付的基本概念、特点，接着重点讲述电子支付工具——电子现金、银行卡、电子支票、电子钱包概念和应用，然后介绍网络银行的概念、特点、基本业务类型和第三方电子支付平台的相关知识。通过本章的学习，希望让学生对电子支付和网络银行有了全面的认知。

【教学目标】

　　1. 掌握网上支付的概念和含义。
　　2. 了解网上常用支付手段及其基本流程。
　　3. 认识和了解网络银行。
　　4. 认识和了解第三方支付平台。

【学习重点】

　　网上支付的概念
　　网上支付工具的概念及应用
　　网络银行及第三方支付平台

第一节 网上支付概述

一、网上支付的概念

网上支付（Internet Payment，也称为在线支付，Online Payment）是电子支付的一种形式。广义地讲，网上支付是以互联网为基础，利用银行所支持的数字金融工具，在购买者和销售者之间进行金融交换，从而实现从购买者到金融机构和商家之间的在线货币支付、现金流转、资金清算、查询统计等过程，以此为电子商务服务和其他服务提供金融支持。

二、网上支付系统的构成

网上支付需要多个要素的共同协作才能完成，其具体构成如下：

1. 网络交易平台

电子商务基于网络交易平台进行运作，网络交易平台需要支持网络支付工具，如电子支票、信用卡、电子现金等。

2. 电子商务交易主体

电子支付系统的主体包括商品买卖双方，也称为商家和客户。

3. 支付网关

支付网关是完成银行网络和因特网之间的通信和协议转换，进行数据的加解密，保护银行内部网络安全的一组服务器，它是互联网公用网络平台和银行内部金融专用网络平台之间的安全接口。一般而言，网上支付的信息必须通过支付网关处理后，才能进入银行内部的支付结算系统。

4. 银行系统

包括网络金融服务机构、商家银行和客户银行。客户银行又被称为发卡行，是指为客户提供资金账户和网络支付工具的银行，商家银行又被称为收单行，是指为商家提供资金账户的银行。

5. 认证中心是交易各方都信任的公正的第三方机构，当商家与用户进行网上交易时为各方颁发电子证书。在交易行为发生时，对电子证书和数字签名进行验证。

6. 法律和诚信体系

法律体系由国家及国际相关法律、法规予以支撑，而诚信体系则要依靠社会的共同促成和维护。

三、网上支付的基本流程

图 6.1 描述了网上支付的基本流程。

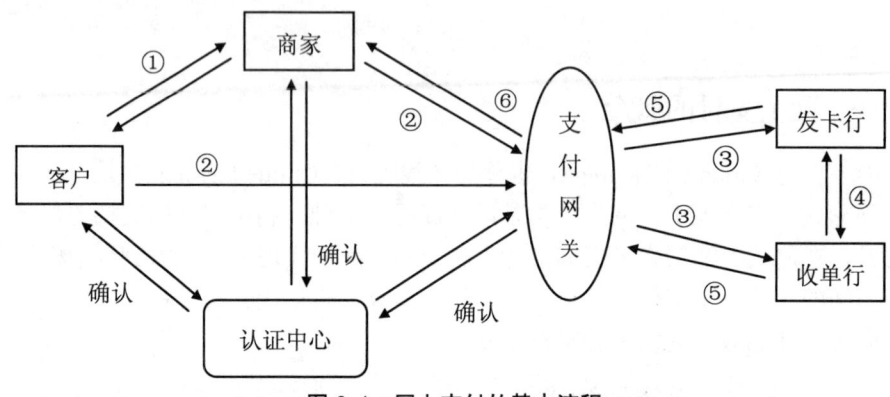

图 6.1 网上支付的基本流程

1. 支付开始：客户完成商品的订购，进入到支付环节，同时商家也收到消息，知道客户已经完成了商品的订购。

2. 支付申请：商家将自己的账号发送给支付网关，同时客户将自己的账号，需要转移的资金额度，资金转入账号等信息发送给支付网关。

3. 申请转交：支付网关对客户和商家的信息进行真实性、完整性和一致性的检测。

4. 确认信息无误后，分别将信息转入给商家银行和发卡银行。

5. 资金转移：客户银行向商家银行转移约定的款项，商家银行接受相应的款项，并相互确认。

6. 信息回馈：客户银行将资金已经转移的信息凭证发送给支付网关，商家银行则将收到资金转移的信息及凭证发送给支付网关。

7. 支付确认：支付网关将收到的资金转移信息提供给商家，商家接收到付款信息后，交付商品。

四、网上支付的特征

与传统的支付方式相比，网上支付具有以下特征：

1. 网上支付是通过数字流转来完成信息传输，其各种支付方式都是通过数字化的方式实现款项的转移。

2. 网上支付是基于开放的系统平台，是互联网、无线网等的通信媒介。

3. 网上支付对软、硬件设施的要求很高，一般要求有联网的计算机、相关的软件及一些配套设施。

4. 网上支付具有方便、快捷、高效、经济的优势。用户只要拥有一台上网的 PC 机,便可足不出户,在很短的时间内完成整个支付过程。支付成本低廉。网络支付可以完全突破时间和空间的限制,可以满足 24/7（每周 7 天,每天 24 小时）的工作模式,其效率之高是传统支付望尘莫及的。

五、电子支付的发展历程

电子支付经历了以下几个阶段,如图 6.2 所示:

图 6.2　电子支付的发展阶段

第一阶段：银行利用计算机处理银行之间的业务,办理结算。

第二阶段：银行计算机与其他机构计算机之间进行资金结算,如代发工资、代收电话费等业务。

第三阶段：银行利用网络终端向消费者提供各项银行业务,如消费者在（ATM）上进行存取款等操作。

第四阶段：利用银行销售终端向消费者提供自动扣款服务。

第五阶段：是电子支付可随时随地通过 Internet 进行直接的转账结算,形成电子商务环境,即网上支付。

六、网上支付的要求

1. 信息保密性。与传统支付方式相比,网上支付中的商务信息具有更严格的保密要求。

2. 交易者身份的确定性。因为通过网络相连,不能见面,很难直接确定对方的真实身份,需要网络系统能够提供方便而安全地确认对方身份的保障措施。

3. 不可否认性。商情都是瞬息万变的,交易一旦达成就不可否认,否则必然导致交易一方的利益受损和交易市场的紊乱。

4. 不可修改性。如果支付细节是可以被修改的,那结果比可以否认还要坏,支付细节必定是不可被修改的。

七、网上支付模式分析

依照不同的标准,网上支付可以分为不同类别。

按开展电子商务的实体性质,可划分为:

1. B2C 型网上支付方式。主要用于企业与个人、个人与个人进行网络交易时使用的网络支付方式,如:信用卡网络支付、IC 卡网络支付、数字现金支付、电子钱包支付及个人网络银行,特点是灵活、简单,适用于较小金额的网络交易支付结算。

2. B2B 型网上支付方式。主要用于企业与企业、企业与政府部门进行网络交易时使用的网络支付方式,如:电子支票网络支付、电子汇兑系统、国际电子支付系统 SWIFT 与 CHIPS、中国国家现代化支付系统、金融 EDI 以及最新的企业网络银行等。特点是安全性高,适用于较大金额的网络交易支付结算。

按网上支付金额的规模,可划分为:

1. 微支付。在 Internet 应用中,经常发生一些小额的资金支付,一般少于 5 美元。例如,Web 站点为用户提供有偿的搜索服务、下载一段音乐、下载一篇文章等。

2. 消费者级网上支付。在经济交往中,满足个人消费者和商业(包括企业)部门一般性支付需要的支付系统,亦称小额零售支付系统,通常满足价值大约在 5 到 500 美元之间的网络业务支付。如信用卡、小额电子支票等网络支付方式。

3. 商业级网上支付。价值大于 500 美元的业务,常表现为中大额资金转账系统,这是一个国家网络支付系统的主动脉。如金融 EDI、电子支票、中国国家现代化支付系统等。

按支付数据流的内容性质,可划分为:

1. 指令传递型网上支付方式。支付指令是指启动支付的口头或书面命令。支付指令的用户从不真正地拥有货币,而是由本人指示金融中介机构转拨资金。指令传递型网络支付方式也是如此,常见的有银行转拨指令支付(含有电子资金转拨的 EFT、CHIPS、SWIFT 等、电子支票、网络银行等)、信用卡支付等。

2. 电子现金传递型网上支付方式。客户把银行发行的电子货币保存在一张卡(比如智能卡)或其他储存介质中(如:PC 硬盘或手机记忆卡)的支付机制。常见的有智能卡支付、数字现金支付以及一些微支付等。

而按业务形态,我国网上支付大体上又可分为:银行或银联的电子支付平台;第三方支付服务商的电子支付平台及企业内部自行建设的电子支付平台。

尽管有诸多的电子支付平台可以提供网上支付业务,但目前在我国的电子商务中"网上交易、网下结算"仍占有相当大的比例。

第二节 网上支付工具

从世界各国发展网上支付所采用的支付工具和手段来看,主要有电子现金、银行卡、数字支票、电子钱包四种。

一、电子现金

1. 电子现金的概念

电子现金(E-Cash)又称为电子货币(E-money)、数字现金或数字货币(digital cash),是一种表示现金的加密序列数。它可以用来表示现实中各种金额的币值,电子现金以数字信息形式存在,通过互联网流通,但比现实货币更加方便、经济。电子现金的出现曾被给予厚望,人们希望它能取代纸币成为新的网上支付的主要手段,甚至有人认为,它能形成一种新的货币体系。然而,从20世纪80年代发展到现在,电子现金仍在小范围内使用,并没有预期中的广泛应用。

2. 电子现金的持有和使用

就电子现金的存在方式而言,现阶段主要有两种,一种是将电子现金存储在IC卡上,另一种则是以数据的形式存储在磁盘上。

(1) 智能(IC)卡形式的电子现金。

这种电子现金是将货币金额数值存储在智能(IC)卡中,当从卡内支出货币或向卡内存入货币时,改写智能卡内的余额。这种电子现金的使用通常分为两个阶段:

①智能卡使用专业的读卡器连接到银行,银行确认智能卡中的客户信息,银行将用户需要的电子现金存储到智能卡中。

②客户使用智能卡进行缴费,缴费时,由专业的读卡器从智能卡上划除缴费的金额。这样的支付通常并不涉及消费者的个人财务信息,匿名性较好。此外,由于支付时,并不和银行主体发生联系,这样的现金又称为具有离线处理特性的电子现金。

(2) 硬盘数据文件形式的电子现金

这种存储方式是指应用特定的加密序列数来表示各种金额大小的纸币或辅币,它需要特定的软件支持。由于其存储在硬盘上,便将其简称为硬盘数据文件形式的电子现金。

由于数字化的电子信息都具有可以复制的特点，这样的存储方式最大的问题在于如何防止现金的伪造，保证货币的唯一性。因此，这样的存储方式需要采取强力的安全技术措施，防止现金的重复使用。而检测现金的真伪性和唯一性常常都需要银行和发行机构的在线参与，这样的电子现金也称为在线型电子现金。图6.3 为电子现金使用流程图。

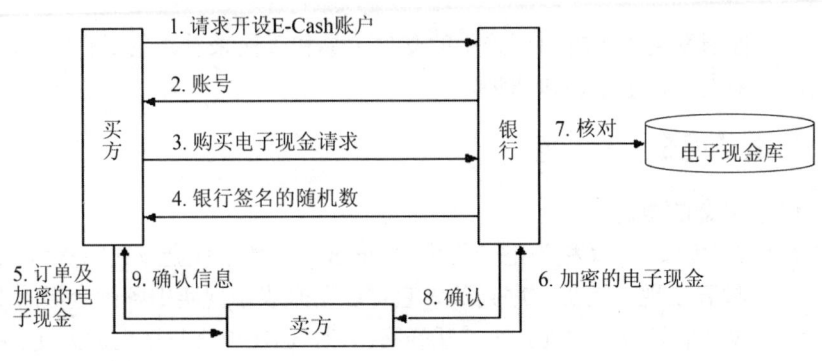

图 6.3　电子现金使用流程图

3. 电子现金的特点

电子现金主要具有如下特点：

（1）匿名性。虽然不能认为交易双方都对匿名有绝对的需要，但人们希望能够隐性地完成交易已是不争的事实。对银行卡等其他支付方式而言，在交易中有银行或者其他第三方的参与，无论买卖双方如何保密，这一交易过程中参与者的信息、资金来源与流向，都会有第三方知晓。而在电子现金的支付中，由于是直接支付，任何人都无法探知双方信息。

（2）不可追踪性。不可追踪是指除去交易双方的个人记录外，没有第三方记录了交易的发生和过程，连银行也无法分析和识别资金的流向。电子现金的缺点和纸币相似，电子现金遗失后，无法追回。

（3）可分解性。这是电子现金同真正通货的一个重要区别。可分解性是指可人为地决定支付单位的大小，电子现金的单位和价值都能独立于真实的货币进行定义。换言之，在一个确定的电子现金支付系统中，可定义一个电子现金的单位等价于人民币的 0.8 元。

（4）风险低。现实中的货币必须存放在一定的地点，同时在存放和运输过程中都要专业的人士看管，流通和保存的现金越多，其风险性也越大，安全方面的投资成本也越高。

（5）支付方便。电子现金的支付能力比目前流行的信用卡支付更强大。一是在金额的设定方面,不存在支付金额的最低设置;二是在支付范围上,信用卡的支付只能在其接收的商家内使用,而电子现金,理论上可以在任何地方流通。

(6) 节约用户成本。通过 Internet 传输电子现金的费用比通过普通银行系统支付更便宜。

4. 电子现金的不足之处

(1) 目前的使用量小:只有少数几家银行提供电子现金开户服务,也只有少数商家接受电子现金。

(2) 发行机构成本较高:电子现金对于硬件和软件的技术要求都较高,需要一个大型的数据库存储用户的交易和电子现金序列号,以防止重复消费。

(3) 存在货币兑换问题:由于电子货币仍以传统的货币体系为基础,因此各国银行只能以各国本币的形式发行电子现金,因此从事跨国贸易就必须要使用特殊的兑换软件。

(4) 监管难:电子现金具有无法跟踪的特性,如今后大规模使用,将给政府的监管、税收带来难题,亦可成为犯罪分子洗黑钱的途径。

电子现金系统介绍: Mondex 与 DigiCash

全世界已有几十种电子现金系统试验方案。其中最有名的是英国的 Mondex 和美国的 DigiCash。在 Mondex 系统中,采用的是智能卡存储的方式。而在 eCash 系统中,使用的则是硬盘存储的方式。Mondex 最初于 1990 年由英国国民西敏银行开发,后发展成为 British Telecom、National Westminster Bank 和 Midland Bank 三个公司的联盟;1996 年万事达国际组织(MasterCard International)买下了 Mondex 51%的股份,成为其最大的股东。Mondex 是少数电子现金系统中提供了完整系统的一个,从卡片直到后台管理。

最早的 Mondex 卡系统测试开始于 1995 年 7 月,在伦敦以西 120 公里、有着 18 万市民的斯温登小城。凡参加试验的人一律不用现金,不论到饭店用餐,还是购物、乘车,均采用 Mondex 卡进行支付,人们称它为 Mondex 电子货币。在此后的发展中,Mondex 系统得到了越来越多的金融机构的支持。现在的 Mondex 已经站稳了脚跟,足迹早已遍及欧美、澳洲以及中国香港、上海、新加坡等地区和国家,正在以当地的银行为据点,步步为营地开辟自己的根据地。

eCash 也是著名电子现金系统,该系统由 DigiCash 公司在 1996 年开发。与侧重于现场购物的 Mondex 不同,eCash 主要用于网上。但是 eCash 还没有得到众多银行的广泛支持。

1994 年 10 月开始,DigiCash 公司开始采用虚拟的货币 eCash 进行交易试验。在试验之前需在因特网上开设若干个店铺,凡愿参加试验者,都要把自己的数字商品带来，陈列于 Internet 上的店铺。当时已有约 150 家店铺在网上开业。到 1995 年底，参加试验的人数多达 6 万人，形成了一个大规模的电子交易网。1996 年，公司推出了正式的 eCash 电子现金系统，但到目前为止，也仅有几家银行支持其货币兑换业务，并且局限于美国境内。

二、银行卡

目前，基于银行卡的支付有四种类型：无安全措施的银行卡支付、通过第三方代理人的支付、简单银行卡加密、SET 银行卡方式。

1. 无安全措施的银行卡支付

买方通过网上从卖方订货，而银行卡信息通过电话、传真等非网上传送，或者银行卡信息在互联网上传送，但无任何安全措施，卖方与银行之间使用各自现有的银行商家专用网络授权来检查银行卡的真伪。这种支付方式具有以下特点：

（1）由于卖方没有得到买方的签字，如果买方拒付或否认购买行为，卖方将承担一定的风险；

（2）银行卡信息可以在线传送，但无安全措施，买方（即持卡人）将承担银行卡信息在传输过程中被盗取及卖方获得银行卡信息等风险。

2. 通过第三方代理人的支付

改善银行卡事务处理安全性的一个途径就是在买方和卖方之间启用第三方代理，目的是使卖方看不到买方银行卡信息，避免银行卡信息在网上多次公开传输而导致的银行卡信息被窃取。

第三方代理人支付方式的支付流程如下：

（1）买方在线或离线在第三方代理人处开账号，第三方代理人持有买方银行卡号和账号；

（2）买方用账号从卖方在线订货，即将账号传送给卖方；

（3）卖方将买方账号提供给第三方代理人，第三方代理人验证账号信息，将验证信息返回给卖方；

（4）卖方确定接收订货。

第三方代理人的服务具有以下特点：

（1）支付是通过双方都信任的第三方完成的；

（2）银行卡信息不在开放的网络上多次传送，买方有可能离线在第三方开设账号，这样买方没有银行卡信息被盗窃的风险；

（3）卖方信任第三方，因此卖方也没有风险；

（4）买卖双方预先获得第三方的某种协议，即买方在第三方处开设账号，卖方成为第三方的特约商户。

3. 简单加密银行卡支付

使用简单加密银行卡模式付费时,当银行卡信息被买方输入浏览器窗口或其他电子商务设备时,银行卡信息就被简单加密,安全地作为加密信息通过网络从买方向卖方传递。采用的加密协议有 SHTTP、SSL 等。下面以 CyberCash 公司的简单加密银行卡解决方案流程加以说明:

(1) CyberCash 用户从 CyberCash 卖方订货后,通过电子钱包将银行卡信息加密后传给 CyberCash 卖方服务器;

(2) 卖方服务器验证接收到的信息的有效性和完整性后,将买方加密的银行卡信息传给第三方——CyberCash 服务器;

(3) 第三方——CyberCash 服务器验证卖方身份后,将买方加密的银行卡信息转移到非 Internet 的安全地方解密,然后将买方银行卡信息通过安全专网传送到卖方银行;

(4) 卖方银行通过与一般银行之间的电子通道从买方银行卡发卡行得到证实后,将结果传送给第三方——CyberCash 服务器,CyberCash 服务器通知卖方服务器交易完成或拒绝,卖方通知买方。

4. SET 信用卡支付

SET 协议保障了 Internet 上信用卡支付的安全性,利用 SET 协议制定的过程规范,可以实现电子商务交易过程的机密性、认证性、数据完整性等安全要求。SET 提供商家和收单银行的认证,是目前用信用卡进行网上支付的国际标准。

三、电子支票

(一) 电子支票的概念

电子支票(Electronic Check)是一种借鉴纸张支票转移支付的优点,利用数字传递将钱款从一个账户转移到另一个账户的电子付款形式。电子支票主要用于企业与企业之间的大额付款。电子支票的支付一般是通过专用的网络、设备、软件及一整套的用户识别、标准报文、数据验证等规范化协议完成数据传输,从而可以有效保证安全性。

(二) 电子支票支付方式的特点和优势

1. 电子支票支付方式的特点

(1) 电子支票与传统支票工作方式相同,易于理解和接受。

(2) 加密的电子支票使它们比数字现金更易于流通,买卖双方的银行只要用公开密钥认证确认支票即可,数字签名也可以被自动验证。

(3) 电子支票适于各种市场,可以很容易地与 EDI 应用结合,推动 EDI 基础上的电子订货和支付。

（4）电子支票技术将公共网络连入金融支付和银行清算网络。

2. 电子支票支付方式的优势

（1）处理速度高。

（2）安全性能好。

（3）处理成本低。

（4）给金融机构带来了效益。

（三）电子支票的使用过程

（1）用户和商家达成购销协议选择用电子支票支付。

（2）用户在计算机上填写电子支票，电子支票上包含支付人姓名、支付人账户名、接收人姓名、支票金额等。用自己的私钥在电子支票上进行数字签名，用卖方的公钥加密电子支票，形成电子支票文档。

（3）用户通过网络向商家发出电子支票，同时向银行发出付款通知单。

（4）商家收到电子支票后进行解密，验证付款方的数字签名，背书电子支票，填写进账单，并对进账单进行数字签名。

（5）商家将经过背书的电子支票及签名过的进账单通过网络发给收款方开户银行。

（6）收款方开户银行验证付款方和收款方的数字签名后，通过金融网络发给付款方开户银行。

（7）付款方开户银行验证收款方开户银行和付款方的数字签名后，从付款方账户划出款项，收款方开户银行在收款方账户存入款项。

四、电子钱包

1. 电子钱包的概念

电子钱包（E-wallet），也称为数字钱包（Digital wallet），是用来存储电子货币并被顾客用来作为电子商务购物活动中常用的、尤其在小额购物或购买小商品时常用的一种支付工具。电子钱包有两种概念：一是纯粹的软件，主要用于网上消费、账户管理，这类软件通常是与银行账户或银行卡账户连接在一起的。二是小额支付的智能储值卡，持卡人预先在卡中存入一定的金额，交易时直接从储值账户中扣除交易金额。软件型电子钱包主要用于网络交易及支付，而智能卡型的电子钱包则类似于我们日常生活中使用的储值卡，可用于传统的购物环境。下文主要介绍通常用于网上支付的软件型电子钱包。电子商务活动中的电子钱包软件通常都是免费提供的，用户可以直接使用与自己银行账号相连接的电子商务系统上的电子钱包软件，也可以通过各种保密方式利用因特网上的电子钱包软件。在电子钱包内只能装电子货币。世界上有 VisaCash 和 Mondex 两大著名的电子钱包服务系统，其他电子钱包服务系统还有 MasterCardCash、EuroPay 的 Clip 和比利时 Proton 等，中国银行亦推出过自己的中银电子钱包系统。

使用电子钱包的顾客通常需要在银行开立账户。在使用电子钱包时，先安装相应的软件，然后利用电子钱包服务系统把自己账户里的电子货币输进去。进行收、付款时，用户只需在计算机上单击相应项目即可。系统中设有电子货币和电子钱包的功能管理模块，称为电子钱包管理器，用户可以用它来改变口令或保密方式，用它来查看自己银行账号上电子货币收付往来的账目、清单及其他数据。系统中还提供了一个电子交易记录器，顾客通过查询记录器，可以了解自己的购物记录。

2. 电子钱包的功能

（1）电子证书的管理：包括电子证书的申请、存储、删除等。

（2）安全电子交易：完全符合 SET 标准，交易时辨认用户的身份并发送交易信息。

（3）交易记录的保存：可保存每一笔交易记录，以备日后查询。

每次使用电子钱包都要进行身份确认，因此电子钱包持有者对自己的用户名及口令应严格保密，防止被他人窃取。

3. 电子钱包的分类

软件型电子钱包按照存储位置的不同，可以分为两类：服务器端电子钱包和客户端电子钱包。

服务器端电子钱包存储在商家服务器或电子钱包软件公司的服务器上。这种方式的优势在于使用时在线调用，不需要下载和安装。随时随地，都可以通过网络调用钱包。缺陷在于如果受到安全攻击，则客户信息会泄露给攻击者，即电子钱包被盗用。

客户端电子钱包则由消费者保存在自己的个人电脑上，早期的许多电子钱包都属于客户端类型。这样的方式实质上是把电子钱包的安全责任转移到了消费者身上，但它的缺点则在于使用不方便。如果在未安装电子钱包的计算机上进行购物，则无法使用电子钱包。

全球最大的综合性购物网站 Amazon.com 最早意识到需要简化购物时所填的各种信息，并因此推出了"1-click 购物"，这样大大地加快了购物者的结账过程。这样的措施得到了许多其他购物商们的效仿。到今天，已经成为了一种模式化的支付过程。这种方式我们称之为一次点击系统。

一次点击系统和电子钱包的最大区别在于：前者只适用于特定的商店，而后者在理论上适用于任何一家接受该种电子钱包的商店。一般电子钱包的服务提供商都会列出接受该电子钱包服务的商家名单。

4. 电子钱包的使用

在 Internet 上使用电子钱包进行网络支付，需要各参与方的合作。包括客户、商家以及银行都需要安装相应的电子钱包服务软件，同时，还需要第三方 CA 认证机构的参与。

以客户端型的电子钱包为例，说明其使用过程。

使用的前期准备工作：

① 客户通过网络下载电子钱包的客户端软件，并安装；

② 客户到电子钱包所支持的银行申请一张相应的信用卡；

③ 客户在电子钱包软件的客户端，设置电子钱包的用户名与密码，确保电子钱包的授权使用；

④ 客户往自己的电子钱包里添加对应的信用卡（也可以是电子现金、电子支票等其他电子货币），申请并且安装信用卡的数字证书。

电子钱包的支付流程：

① 客户使用计算机通过 Internet 连接商家网站；

② 客户确认订单后，如果商家支持该数字钱包的付账方式，则利用数字钱包进行网络支付；

③ 如果经发卡行银行确认后拒绝且不予授权，则说明客户从数字钱包中取出的这张信用卡余额不足，客户可以再从数字钱包里取出另一张信用卡或者使用另外一种电子货币进行支付；

④ 发卡行证明信用卡有效且经客户授权后，通过专用网络将资金从顾客信用卡转移至商家收单银行的账号里，完成支付结算，并且回复商家与客户。

⑤ 客户的数字钱包里存储了整个交易过程的记录。

第三节 网络银行

一、网络银行的概念

网络银行 E-Bank（Electronic Bank），又称网上银行、在线银行、电子银行或虚拟银行，是指银行利用通信和计算机网络技术，通过建立自己的 Internet 网站和 Web 网页，在 Internet 上为客户提供开户、销户、查询、对账、行内转账、跨行转账、信贷、网上证券、投资理财等银行金融服务项目，使客户可以足不出户就能够安全便捷地管理活期和定期存款、支票、信用卡及个人投资等。

网络银行有两种发展模式。一种是完全依赖于 Internet 发展起来的全新电子银行，这类银行的所有业务、交易和服务完全依赖于网络展开。另一种则是利用计算机网络、无线网络和 Internet 开展传统银行的金融业务与服务。实质上是传统银行利用 Internet 网络对自己业务的延伸与开拓。我国目前所有的网络银行都是采取类似于后者的运作方式。

二、网络银行的优势与特点

网络银行随着 Internet 的普及和电子商务的发展而崛起，并且经过十多年的发展，已经成熟起来。它依托于传统的银行业务，却又带来了不可忽视的变革，极大地拓展了传统的电子银行业务功能。无论是在运行机制，还是服务功能上，网络银行相对于传统银行都有着极大的改变和扩充，具有独特的优势及特色。

（1）时空的无限化

网络银行不存在分支机构，其运作和地理位置无关。网络银行依托于 Internet，而 Internet 没有时间和地域限制，因而在理论意义上，网络银行可以开展跨国界的金融服务，如果没有法律的限制，消费者可以在任何时间及全球的任何一个地方享受网络银行的金融服务。诚如中国农业银行网银的广告语：只要您开机，我们就开门。网络银行可以在任何时间（Anytime）、任何地点（Anywhere），以任何方式（Anyhow）为客户提供不受时空限制的服务，因此也被称为"3A"银行。

（2）服务的智能化

传统银行的运作主要借助于硬件设施和员工的工作为客户提供金融服务。而网络银行的运作主要依靠软件系统开展业务。相对于传统银行，网络银行能提供更全面、高效、迅速的服务。消费者只需要访问金融机构的网站，就可以在获得授权的情况下办理各种业务。

（3）运作方式的全新化

网络银行采用电子手段支持自身的运作，带来了全新的运作方式——业务和办公流程的无纸化运营。运作方式的变化为银行带来了明显的经济效应，最直接的体现就是运营成本的降低。国外的统计数据显示，实体银行网点每一笔交易所需的费用为 1.07 美元，电话银行为 0.45 美元，ATM 自助银行为 0.27 美元，而网络银行每笔交易的成本只是 0.01 美元。

三、网络银行的基本业务

网上银行可以在网上为客户提供 24 小时的实时服务，包括：

（1）商业银行传统服务：如转账结算、汇兑、代理公共收费（水费、电费、电话费等）、发放工资、查询个人账户等。

（2）商业银行新增业务：如证券清算（即完成证券公司与交易所之间，证券公司各营业部之间，及保证金账户与储蓄账户之间的资金清算业务）、外币业务、信息咨询、消费信贷（如住房按揭）等。

（3）在线支付：这将成为网上银行网上金融服务最重要的一部分。在网上进行的交易将全部通过网上银行支付，包括商户对顾客（B2C）商务模式下的购物、订票、证券买卖等零售交易，也包括商户对商户（B2B）商务模式下的网上采购等批发交易，以及金融机构间的资金融通和清算。

（4）新的业务领域：鉴于网上信息传递的全面性、迅速性和方便性，网上银行还可以开辟多种新业务。比如集团客户通过网上银行查询各子公司的账户余额和交易信息；在签订多边协议的基础上实现集团公司内部的资金调度与划拨（由于这种调动几乎是实时的，因而可以大大提高各分公司及整个集团公司的资金利用率）；提供财务信息咨询、账户管理等理财服务；还可以进行网上国际收支申报；发放电子信用证；开展数据统计工作等。

四、网络银行的风险与监管

（一）网络银行面临的风险

网络银行面临的风险可分为两类：基于网络信息技术导致的技术风险和基于网络金融业务特征导致的业务风险。

1. 网络银行的技术风险

技术方面的风险主要包括：

（1）技术选择风险。网络银行业务的开展必须选择一种成熟的技术解决方案来支撑。在技术选择上存在着选择失误的风险，这种风险既来自于选择的技术系统与客户终端软件的兼容性，也来自于选择了技术相对落后的方案。

（2）系统安全风险。网络的业务及大量风险控制工作均由软件系统完成，所以，电子信息系统的技术和管理安全就成为网络运行的最大风险。这种风险既来自计算机系统停机、磁盘列阵破坏等不确定因素，也来自网络外部的数字攻击，以及计算机病毒破坏等因素。

（3）外部技术支持风险。由于网络技术的高度知识化和专业化，或出于降低营运成本考虑，网络银行往往要依赖外部市场的服务支持来解决内部的技术或管理难题。这种做法适应了网络银行发展的要求，但由于外部技术支持者可能不具备满足网络银行要求的足够能力而无法提供高质量的金融服务。

2. 网络银行的业务风险

网络银行的业务风险主要包括操作风险、市场信号风险和法律风险。

(1) 操作风险。这类风险可能来自于网络银行安全系统和其产品的设计缺陷，也可能来自于网络银行客户的疏忽，商业银行职员在业务上的误操作，也可能导致网络银行严重的业务风险。操作风险主要涉及网络银行账户的授权使用、网络银行的风险管理系统、网络银行与客户间的信息交流、真假电子货币的识别等领域。例如，网络银行改变了传统的以图章为支付指令的结算手段，采用数字签名方式对支付指令的有效性进行确认。由于网络的"虚拟性"，数字签名的可靠性完全取决于银行安全控制系统的严密与否。

(2) 市场信号风险。信息的非对称性可能导致网络银行面临不利选择和道德风险，这一风险被称为市场信号风险。由于网络银行无法在网上鉴别客户的风险水平而处于不利的选择地位，网上客户可能利用他们的隐蔽信息和隐蔽行动做出对自己有利但损害网络银行利益的决策等。另外，在虚拟的金融市场上，网上客户不了解每家银行提供的服务质量究竟是高是低，多数客户会按照他们对网络银行提供服务的平均质量来确定预期购买价格。结果，高质量的网络银行反而可能被低质量的网络银行排挤出网上市场。

(3) 法律风险。网络银行的法律风险源于违反相关法律规定、规章和制度，以及在网上交易中有关权利与义务的规定多不清晰，缺乏相应的网络消费者权益保护管理规则及试行条例。网络银行在我国还处于起步阶段，政府尚未有配套、完备的法律、法规与之相适应，金融立法框架主要基于传统金融业务，使银行在开展业务时无法可依。即使各国有相关的法律、法规，但网络是跨越国界的，各国之间有关金融交易的法律、法规存在差异，在网络银行的跨国交易业务中，难免产生国与国之间法律问题上的冲突。目前国际上尚未就网络银行涉及的法律问题达成共同协议，也没有一个仲裁机构，客户与网络银行很容易陷入法律纠纷之中。因此，利用网络提供或接受金融服务，签订经济合同就会面临在有关权利与义务等方面的相当大的法律风险，容易陷入不应有的纠纷之中，结果是使交易者面对着关于交易行为及其结果的更大的不确定性，增大了网络金融的交易费用，甚至影响网络金融的健康发展。

(二) 网络银行的监管

要有效控制网络银行带来的新风险，必须针对各种风险的特征建立起国家、行业、企业三层次的网络银行监管系统，互相支持，互为补充，达到对风险强有力的预测、控制、化解的作用。

1. 国家层面的网络银行风险控制

国家层面的网络银行风险控制，具体是指在宏观层次上的风险防范与控制，旨在为网络银行的健康发展提供良好的环境和平台。具体来说：

(1) 大力发展先进的、具有自主知识产权的信息技术。目前我国在金融电子化业务中使用的计算机、路由器等软、硬件系统大部分由国外引进,而且信息技术相对落后,因此增大了我国网络银行发展的安全风险和技术选择风险。因此,应大力发展我国先进的信息技术,提高计算机系统的关键技术水平,在硬件设备方面迅速缩小与发达国家之间的差距,提高关键设备的安全防御能力。

(2)加强防范和控制网络银行风险的制度建设。我国目前已初步制定关于网上证券交易、计算机使用安全保障等方面的法规,但还远不能适应网络发展的要求。应借鉴外国经验,在网络金融发展的初期及时制定和颁布有关法律法规,如在电子交易合法性、电子商务的安全保密、禁止利用计算机犯罪等方面加紧立法,修改(《中华人民共和国合同法》、《中华人民共和国商业银行法》等)法律条文中不适合网络金融发展的部分。另外,建立完善的社会信用制度是减少金融风险,促进金融业规范发展的制度保障。没有完善的社会信用体系,人们就会减少经济行为的确定性预期,网络金融业务的虚拟性会使这种不确定性预期得到强化,不利于网络金融的正常发展,也会增大法律调节的障碍和成本。

(3)加强网络银行风险控制的国际协调与合作。网络金融业务环境的开放性、交易信息传递的快捷性强化了国际金融风险的传染性。对网络银行的监管需要不同国家金融监管当局的密切合作和配合,形成全球范围内的网络银行监管体系。对网络银行的监管包括对借用网络银行方式进行非法避税、洗黑钱等行为的监管;对利用网络银行方式进行跨国走私、非法贩卖军火武器及贩卖毒品等活动进行监管;对利用网络银行方式非法攻击其他国家网络银行的电脑黑客网站,以及其他国际犯罪活动进行监管;对利用网络银行方式传输不利于本民族文化和伦理道德观念的信息进行监管等。

2. 行业层面的网络银行风险控制

行业层次即在中观层次的风险防范和控制,主要是中央银行对网络银行的各种风险进行监控。具体来讲:

(1)及时调整和转变传统的监管思路和监管理念。应当清醒地认识到网络银行的诞生对中央银行传统监管方式带来的挑战:其一,网络银行的发展打破了传统的金融区域界限和行业界限,使得金融业务综合化发展的趋势不断加强;其二,网络的无界性使一项金融业务的开通能迅速普及到一家银行的各个分支机构(网络终端),这将宣告传统监管方式下金融业务的市场准入实行分区域、按行业逐一严格审批的传统监管方式成为历史,金融监管部门面临的将是金融业务"一通百通"的局面。

(2)严控网络银行的市场准入。现阶段,在审批过程中应把握:①严格制度建设。网络银行的公示、信息披露、内部控制和系统设计等制度性安排,必须严格审批。但对网络银行的硬件设施配备、技术投入、人员配置不宜干预过多,应当给银行以适当的弹性空间使其根据自己的实际情况进行筹划投资,避免因行政干预造成不必要的资源浪费。②重风险防范、化解机制,网络银行的设立或新业务的开展,必须具备完善的风险识别、鉴定、管理、风险弥补和处置方案。

3. 企业层面的网络银行风险控制

企业层面的网络银行风险控制是指各网络银行在各自经营活动中对风险的防范和控制。

(1) 透彻研究国家的法律法规,必须强化内部监控,防范违规行为和电脑犯罪,避免因法律的不确定性带来的法律风险。

(2) 加强日常安全管理,对网络银行技术方案进行科学缜密的论证,以避免出现大的技术选择错误。

(3) 在经营过程中对网上金融消费者进行跟踪和信用登记,尽量避免与信用等级低的客户发生业务关系,降低信用风险。

(4) 在经营活动中严格按照信誉至上的准则办事,树立良好的银行信誉。

(5) 切实加强银行员工的教育培训,着力开发人力资源,建设一支适应时代发展要求的高素质队伍。

(6) 加强银行信息系统的基础建设,促进网络银行的发展。应大力加强对银行电子化信息系统的基础建设,特别是要加强全国计算机网络的建设,实现银行内部计算机管理,促进银行电子化的发展。

第四节　第三方支付

一、第三方支付的概念

所谓第三方支付,是指一些和国内外各大银行签约,并具备一定实力和信誉保障的第三方独立机构提供的交易支持平台。它通过与银行的商业合作,以银行的支付结算功能为基础,向政府、企业、事业单位及个人提供中立的、公正的个性化支付结算与增值服务。

作为目前电子支付的重要组成部分——第三方支付平台在整个电子支付的发展中起到了重要作用。第三方支付平台是商家与消费者之间一个公共的、可信任的中介,一方面连接银行,处理资金结算、客户服务、差错处理等一系列工作;另一方面又连接着非常多的商户和消费者,使客户的支付交易能顺利接入。它满足了电子商务中商家和消费者对信誉和安全的要求。由于第三方支付平台的存在,银行不需要直接面对最终用户，大大减少服务成本，提高了处理速度和效率，支付平台提供统一的应用接口使商家不必为自成体系的多家银行连接，减少开发和维护的成本，降低交易取消、交易延迟、支付失败、信用欺诈的风险，提高商家网站交易成功率，提高了交易效率进而提高竞争力，并且由于第三方支付平台的努力，推动了专业分工，促进了电子商务产业发展。

二、我国第三方支付发展概况

我国第三方支付行业的产生，是由电子商务的资金流动需求推动的。2004年，C2C电子商务异军突起，作为国内最大C2C交易平台的淘宝网，为了规范虚拟世界中的交易行为，推出了支付宝。互联网在线交易中的信任问题，通过第三方支付企业的介入得到了有效解决。支付宝迅速成为我国第三方支付行业的领跑者。腾讯也随即依托QQ的强大用户基础，推出了第三方支付平台财付通。2005年以后，网购市场和第三方支付行业在相互推动下呈几何式增长。资料显示，目前，我国大大小小的支付企业共300余家。据艾瑞咨询数据显示，2011年第二季度中国支付行业网上支付业务交易规模达到4566亿元，同比增长117.6%。在市场份额上，2011年一季度，支付宝占据了45.5%的市场份额，财付通占20.3%，银联网上支付、快钱、汇付天下、易宝支付等多家企业瓜分了剩余的市场份额。

但是，蓬勃发展的第三方支付产业背后，也存在不少硬伤。盈利模式单一、支付费率价格战、资金监管缺陷等也为行业发展蒙上阴影。中国第三方电子支付以靠向商户收取服务费方式作为主要盈利模式，而该模式主要依赖大型的电子商务网站。目前，行业中领先的第三方电子支付公司依靠淘宝网、腾讯、卓越网、京东商城等维持运转，而一些中小型的电子支付公司由于客户数量小，业务模式单一，变成了淫秽网站收取会员资金的通道。甚至有的支付公司自建钓鱼网站诈骗客户资金。一些盗版商在进行非法交易过程中，也使用第三方支付企业提供的服务。第三方支付公司的另一条主要盈利点，就是对通过自己平台资金往来的企业收取一定比例的手续费。随着越来越多的第三方支付企业介入线上线下支付领域，价格战不断上演。尤其值得关注的问题是，中国的互联网第三方支付平台交易量越来越大，涉及的用户越来越多，形成了巨额的沉淀资金，其中，不仅包括大量现金，还有电子货币。规模巨大的沉淀资金安全一直为外界所关注。以支付宝为例，每天的沉淀资金已经以十亿计。巨额的第三方支付沉淀资金如无有效监管与流动性管理，可能引发支付风险与道德风险，给洗钱、诈骗、逃税等非法活动可乘之机。

2010年6月，中国人民银行正式对外公布《非金融机构支付服务管理办法》，对国内第三方支付行业实施正式的监管。根据相关规定，非金融机构提供支付服务需要按规定取得《支付业务许可证》，成为支付机构，而2011年9月1日成为第三方支付机构获得许可证的最后期限，逾期未取得的企业将不得继续从事支付业务。2011年5月26日下午，中国人民银行公布了首批取得《支付业务许可证》的企业，在首批申请的32家企业中，只有27家企业及单位拿到许可证，其中支付宝、银联商务、财付通、快钱等较正规平台悉数获得许可证。而联动优势电子商务、上海得仕企业、上海富有金融、上海畅购企业、上海杉德电子商务五家申报企业没有获得牌照。牌照发放意味着第三方支付企业被正式纳入金融监管体系中。电子支付的应用发展方向不应再停滞于简单的收款和付款，更应该着眼于促进经济结构的转型，提升社会整体运行效率，为传统企业电子商务化运营、产业升级奉献力量。同时，未来的第三方支付将不只是一个单纯资金交易的平台。第三方支付机构所能提供的诸如信用卡还款、公共事业费缴纳、爱心捐助等增值服务，将在不知不觉中改变人们的消费习惯甚至是生活方式。

三、第三方网上支付的种类

目前国内第三方网上支付的模式可分为支付网关模式（简单支付通道模式）和平台账户模式两种。支付网关模式只是一个很简单的通道，把银行和用户连起来，买家通过第三方支付平台付款给卖家，从而实现网上在线支付。这种方式提供的实际应用价值相对有限，而且并不十分方便。平台账户模式又可分为监管型账户支付模式和非监管型账户支付模式（纯账户支付模式）。监管型账户支付模式是指买卖双方达成付款的意向后，由买方将款项划至其在支付平台上的账户，待卖家发货给买家，买家收货后通知第三方支付平台，第三方支付平台于是将买方划来的款项从买家的账户中划至卖家的账户。这种模式的实质是以支付公司作为信用中介，在买家确认收到商品前，代替买卖双方暂时保管货款，例如：阿里巴巴的"支付宝"。非监管型账户支付模式是指对买卖双方均在第三方支付平台内部开立账号，第三方支付公司负责按照付款方指令将款项从其账户中划付给收款方账户，以虚拟资金为介质（付款人的账户资金需要从银行账户充值）完成网上款项支付，使支付交易只在支付平台系统内循环。此类模式有代表性的第三方支付平台是99Bill（快钱）。

而按经营模式划分，第三支付平台又分以下三种：第一种是依附于某些电子商务业务而产生，将支付和相应的电子商务业务紧密结合在一起。如支付宝和淘宝网、PayPal和易趣、财付通和拍拍网都是这样的类型。第二种则是和银行开展合作，培育市场，如中国银联及中国邮政推出的在线支付业务——网汇通。最后一种是专业经营的第三方支付平台公司，如快钱、网银在线等。

四、基于第三方支付平台的电子商务交易流程

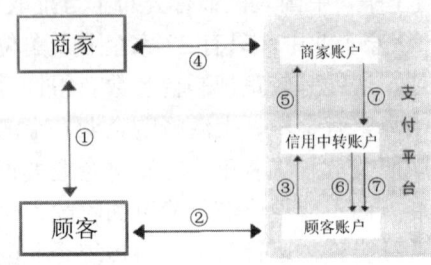

图 6.4 基于第三方支付平台的电子商务交易流程

基于第三方支付平台的电子商务交易流程如图 6.4 所示，简介如下：

① 消费者在商家网站上选购物品，讨价还价，并最终确定购买物品，从商家那里得到自己的订单号；

② 消费者选择第三方支付平台作为交易中介，登陆网络银行或使用电子钱包，进入顾客个人账户，选择一个银行卡（借记卡或信用卡）；

③ 消费者将货款转账于支付平台的"信用中转账户"，并设定商家发货的期限；支付平台的"信用中转账户"收到消费者的货款后，将通过一定手段如电子邮件或短信的方式通知商家在消费者规定的期限内发货，如果在一定的期限内商家并未按要求将消费者购买的物品发出，则执行第 6 步流程，支付平台通过电子邮件或短信等相关手段通知消费者所订购货物发货未成功，并询问消费者货款是退回消费者账户还是暂存于支付平台；

④ 商家通过支付平台提供的查询功能查询消费者的支付情况，如果查询到消费者已将相关货款转入"信用中转账户"或收到支付平台的货款已到"信用中转账户"的通知，商家发出消费者所订商品，并对自己已发出的相关物品进行登记，以备消费者查询；

⑤ 支付平台如果收到商家确已将消费者所订购物品发出的有效证明，则将相关的货款从"信用中转账户"转入"商家账户"，完成支付后将在第一时间将支付信息通知商家，并把商家的发货细节信息以及将货款已付的消息通知消费者；

⑥ 如果商家在一定期限内并未将消费者所定的物品按要求发出，则消费者支付的货款将从"信用中转账户"转回消费者账户，此操作完成后，支付平台将在第一时间内通知消费者交易失败的信息；

⑦ 退货程序的启动，如果确实发现商家所发出物品严重与订单不符，消费者应与支付平台交涉，如果确实查证属实，则由支付平台先行从商家的违约保证金

中对消费者进行赔付,并通知商家此结果,随后启动对商家信用治理的流程。

【思考与实践】

思考题:
  1. 什么是网上支付?
  2. 网上支付工具有哪几种?它们的特点有哪些?
  3. 网络银行的服务内容有哪些?
  4. 简述基于第三方支付平台的电子商务流程。

实践题:
  1. 在网上申请一个个人网络银行账号,详细了解网络银行功能和服务内容。
  2. 申请一个支付宝账号,掌握利用支付宝进行电子商务的流程。
  3. 在网上下载一个电子钱包,安装并掌握电子钱包的使用方法。

第七章 旅游产品网络营销

【学习导引】

企业在市场中的生存状况很大程度上取决于企业的营销策略。传统旅游企业要想取得竞争优势，必须调整经营理念、组织形式和经营方式，充分利用强大的互联网，探索更具竞争力的网络营销模式，扩大企业的竞争优势和发展空间。近年来，旅游产品网络营销得到了快速发展。网络媒体具有传播范围广、交互性强、针对性强、受众数量可准确统计、实时、灵活、成本低以及强烈的感官性冲击等特性。而旅游业在互联网上进行营销，具有如下优势：营销方法多样、可衡量控制、非常适合精准营销，旅游网络还具有引导和"教育"的作用。

【教学目标】

1. 了解旅游产品营销的内容和特点。
2. 了解旅游产品网络营销工具。
3. 掌握旅游产品网络营销的方法。

【学习重点】

网络营销的内容和特点
旅游产品网络营销工具
旅游产品网络营销方法和途径
旅游产品网络营销策略

第一节 旅游产品网络营销概述

随着计算机网络技术与电子商务的迅速发展，网络营销对旅游企业经营的作用越来越大。旅游产品作为一种特殊的服务产品，因其具有生产消费同步、远距离异地消费、消费者无法对产品预先感知等特点，所以非常适合用户进行网上查询、浏览、购买和服务，这是旅游企业网络营销的基础。

一、旅游产品网络营销的概念

网络营销是企业通过互联网络，利用数字化的信息和网络媒体等新的方式、方法和理念实施各种营销活动的总称。网络营销以现代营销理论为基础，由传统营销注重以推销产品为中心的"4P"（即产品（Product）、价格（Price）、渠道（Place）、促销（Promotion））转向注重以满足客户需求为中心的"4C"（即客户（Customer）、成本（Cost）、方便性（Convenience）、沟通（Communication））。

旅游产品网络营销就是旅游企业借助互联网，对旅游产品进行一系列的宣传和推广，并通过与潜在旅游者在网络上直接沟通的方式，实现旅游产品营销目标的活动。

二、旅游产品网络营销的内容与特点

1. 旅游产品网络营销的内容

（1）网上市场调研。旅游企业要充分利用互联网了解顾客需要、市场机会、竞争对手、行业潮流、分销渠道以及战略合作伙伴等方面的情况。

（2）网上消费者行为分析。旅游企业可以基于网络对网上消费者行为进行分析。

（3）网络营销策略制定。旅游企业根据网络环境、自身情况、对手情况，制定和采取相应的网络营销策略。

（4）网上产品和服务策略。旅游企业根据旅游者的网上需求，设计不同的网上产品，根据网络环境，制定合适的服务策略。

（5）网上价格营销策略。根据市场需求，旅游企业设计合适的网上旅游产品和服务的价格组合。包括网络旅游产品的价格策略和网下产品的价格策略。

（6）网上渠道选择与直销。旅游企业选择网上的营销渠道，可以选择OTA代理产品也可以选择直销。

（7）网上促销与网络广告。旅游企业通过网上促销和网络广告，开拓或扩大旅游企业产品市场。

（8）网络营销管理与控制。网络营销管理的内容相当繁多，每一项网络营销职能均包含多种具体的网络营销管理内容，在不同的阶段，网络营销管理的任务和实现手段也会有一定的差别，需要采取不同的方式和方法进行管理和控制。

2. 旅游产品网络营销的特点

网络营销建立在互联网基础上，以互联网技术为手段。旅游产品网络营销继承了网络营销的特点：

（1）交互性

现代互联网为旅游企业和旅游者提供了实时交互的平台，旅游企业通过互联网络向潜在的旅游消费者发布丰富生动、即时的旅游产品信息和相关资料，进行网上市场调查，产品设计调查，产品测试与消费者满意调查，售后服务等营销活动，这些活动都可以实时交互；旅游消费者可以理智地选择旅游产品，做出购买的决策，甚至提出自己对旅游产品个性化的要求。因此，在网络中旅游企业和旅游消费者的信息沟通是相互的、即时的。交互性要求在旅游产品网络营销过程当中以顾客为导向、顾客有选择旅游产品的权利、处在中心地位，而旅游企业或旅游产品处在被选择的地位。

（2）跨时空

通过互联网进行旅游产品交易，旅游企业突破了地域、距离、营业时间和国别的限制，以低廉的价格进行全球营销；旅游消费者也突破了地域和距离上的制约。

（3）个性化

旅游产品网络营销具有鲜明的个性化特征，促销和交易方式与旅游消费者是一对一、理性、消费者主导的。当今旅游市场已经以买方为主导，这也促使旅游企业充分考虑旅游消费者的个性化需求，并通过一定的方式与旅游消费者建立长期良好的关系。

（4）整合性

互联网络上的旅游产品营销可从旅游产品商品信息的收集、发布到收款以及售后服务一气呵成，因此也是一种全程的营销渠道，因此，网络营销具有整合的特点。另一方面，旅游企业可以借助互联网络将不同的传播营销活动进行统一设计规划和协调实施，如网上广告和电视广播广告相结合、发送电子邮件和邮政信件相结合、以统一的传播渠道向旅游消费者传达信息、避免传播不一致性产生的消极影响、提高整体营销的效果，这就是通常所称的网上网下间的整合。

（5）经济性

在互联网上无论是存储信息、处理信息、发布信息、获得信息、渠道费用、还是与传统方式进行比较，其成本都是非常低廉的。因此，网络技术的应用使旅游企业营销活动和旅游消费者购买旅游产品有了降低成本的可能。首先，旅游企业利用网络既可以加强与合作商之间的协作联系，也可以容易地扩大合作商的范围至全球范围，降低旅游企业的成本；其次，旅游产品网络营销的直销性降低了传统营销的迂回性以及多层次流通的损耗和费用；另外，旅游产品网络营销在市场调查，宣传促销，经营管理等方面也降低了费用，一方面是由于减少了印刷与邮递成本，另一方面，也由于网络的作用从而提高了效能。

（6）高效性

旅游产品网络营销的高效性主要表现在网络海量的数据存储能力，快速准确的数据处理和传输能力，信息的可测量性和交互能力。同时，现代银行电子支付技术的完善，使整个交易过程更加简单、高效，适宜于电子商务和旅游产品网络营销的发展。另一方面，现在的旅游企业竞争必须是高效能的，必须对市场需求做出快速反应，及时更新旅游产品或调整价格，及时有效了解并满足旅游消费者的需求，这些都要求旅游企业必须在高效的平台上运作。

（7）成长性

随着互联网络基础建设的逐渐完善，互联网技术的慢慢普及，互联网络正在成为一种功能强大的营销工具，它同时兼有促销、电子交易、顾客服务、以及市场信息分析与提供的多种功能。它所具备的一对一营销能力，符合个性化营销与直接营销的未来趋势，随着互联网技术的进一步发展，网络营销具有巨大的成长空间。

（8）技术性

旅游产品网络营销是建立在以高技术作为支撑的互联网络的基础上的，它包括网络通讯技术、信息处理技术、多媒体技术、数据库技术、人工智能技术等计算机硬件和软件技术，极大地丰富了网络营销的手段和表现形式。旅游产品网络营销的技术性要求旅游企业必须有一定的技术投入和技术支持，改变传统的组织形态，提升信息管理部门的功能，引进营销与电脑技术兼备的复合型人才，增强市场的竞争优势。

（9）可测试性

明确掌握营销的效果，是旅游企业调整、改进营销管理决策的基础。旅游产品网络营销的互动性、网络的可追踪特性和计算技术及数据库技术的发展，决定了网络营销的效果是可测试的，网络营销的可测试性在准确性和成本方面是传统营销不可比拟的。

（10）智能性

由于网络营销本身的高技术性，必然促进企业决策系统、专家系统、数据挖掘、商业智能等各种优化方法的使用，使网络营销的手段逐步智能化，使网络营销的手段再上一个台阶。

第二节　旅游产品网络营销工具

网络技术的发展，为网络营销提供了丰富的网络营销工具。网络营销工具服务于一切与实现营销目标有关的网络营销活动，其目的是促使网络营销开展得效率更高，效果更好。旅游产品网络营销工具包括网站、搜索引擎、电子邮件、BBS、新型社会网络（博客、微博、即时通信、facebook）、RSS、视频服务网络（YouTube）等。

一、网站

网站是旅游企业在互联网上进行旅游企业形象宣传和旅游产品推广的平台。网站不但对旅游企业的形象是一个良好的宣传，还可以通过网络直接帮助企业实现旅游产品的销售。旅游企业网站的作用是展现旅游企业形象，加强客户服务，完善旅游业务，还可以与潜在客户建立联系。

二、搜索引擎

搜索引擎是指根据一定的策略，运用特定的计算机程序从互联网上搜集信息，在对信息进行组织和处理后，为用户提供检索服务，将用户检索到的相关信息展示给用户的系统。搜索引擎包括全文索引、目录索引、元搜索引擎、垂直搜索引擎、集合式搜索引擎、门户搜索引擎与免费链接列表等。百度和谷歌等是搜索引擎的代表。

三、电子邮件

电子邮件是一种用电子手段提供信息交换的通信方式，是 Internet 应用最广的服务，通过网络的电子邮件系统，用户可以随时随地用非常低廉的价格，以非常快速的方式，与世界上任何一个角落的网络用户联系，这些电子邮件可以是文字、图像、声音等各种形式。同时，用户可以得到大量免费的新闻、专题邮件。

四、新型社会网络

1. 博客

博客，又译为网络日志、部落格或部落阁等，是一种由个人管理、不定期张贴个人文章的网站。博客上的文章通常根据张贴时间，以倒序方式由新到旧排列。

许多博客专注在特定的专题上提供评论或新闻，其他则专注在个人的日记。博客结合了文字、图像、网站的链接及其他与主题相关的媒体。能够让读者以互动的方式留下意见，是许多博客的重要特点。大部分的博客内容以文字为主，有一些专注在艺术、摄影、视频、音乐等主题的博客大多采用多媒体方式展示。博客是社会媒体网络的一部分。

2. 微博

微博，即微博客（MicroBlog）的简称，是一个基于用户关系的信息分享、传播以及获取平台，用户可以通过 WEB、WAP 以及各种客户端组建个人社区，以 140 字左右的文字容量更新信息，并实现即时分享。最早也是最著名的微博是美国的 twitter。国内比较知名的微博有新浪微博、腾讯微博、搜狐微博、网易微博。微博是一种通过关注机制分享简短信息的广播式的社交网络平台。图 7.1 为新浪微博首页。

图 7.1　新浪微博首页

3. 即时通信

即时通信（IM）是指能够即时发送和接收互联网消息等的通信业务。现阶段即时通信不再是一个单纯的聊天工具，它的功能日益丰富，逐渐集成了电子邮件、博客、音乐、电视、游戏和搜索等多种功能，发展成了集交流、资讯、娱乐、搜索、电子商务、办公协作和企业客户服务等为一体的综合化信息平台。

4. facebook

Facebook 是三个哈佛大学的学生于 2004 年创办的一个社会化网络站点，是一个旨在使学生相互联络、分享照片、认识新朋友的网站，目前已成为全球最大的社交网站。Facebook 克服用户隐私问题的困扰，在广告、搜索、支付、视频、音乐、应用平台、分享平台、手机应用等方面全面布局，成为最重要的互联网企业之一。

五、RSS

RSS 是一种起源于网景的推技术，是一种描述和同步网站内容的格式。将用户订阅的内容传送给他们的通讯协同格式，目前广泛用于网上新闻服务、blog 和 wiki，是目前使用最广泛的 XML 应用。使用 RSS 订阅能更快地获取信息，网站提供 RSS 输出，有利于让用户获取网站内容的最新更新。网络用户可以在客户端借助于支持 RSS 的聚合工具软件，在不打开网站内容页面的情况下阅读支持 RSS 输出的网站内容。

六、YouTube

YouTube 是世界上最大的视频分享网站，网站借由 Flash Video 来播放各式各样由上传者制成的影片内容，包括电影剪辑、电视短片、音乐录像带，以及其他上传者自制的业余影片，如 VLOG、原创影片等。大部分 YouTube 的上传者是个人上传，但也有一些媒体公司如哥伦比亚广播公司、英国广播公司、VEVO 以及其他团体上传自家公司的所录制的影片。

YouTube 作为当前行业内最为成功、实力最为强大、影响力颇广的在线视频服务提供商，YouTube 的系统每天要处理上千万个视频片段，为全球成千上万的用户提供高水平的视频上传、分发、展示、浏览服务。通过强有力的技术支持，YouTube 提供了对多种格式视频内容的支持，对上传文件规格的规定也较为宽松，容量不超过 2G，且长度不超过 15 分钟的视频在这里都是被允许的，目前正逐步开放允许上传超过 15 分钟的视频。

第三节 旅游产品网络营销方法和策略

一、旅游产品网络营销方法分类

网络营销职能的实现需要通过一种或多种网络营销方法，按照旅游企业是否建立网站来进行分类，可以将旅游产品网络营销方法分为无站点网络营销和基于旅游企业网站的网络营销。

无站点网络营销是指旅游企业没有建立自己的网站，也可以利用一定的方法开展网络营销，这种网络营销方式称为无站点网络营销。主要包括信息发布（供求信息平台、网上分类广告、在线黄页服务、网络社区营销）和在线销售（网上拍卖、网上商店营销）。

常用的基于网站的网络营销方法除包括无站点网络营销的内容外，还包括网站推广、网络品牌、顾客关系、顾客服务、销售促进、在线销售，还有搜索引擎营销、网站资源合作、病毒性营销、网络广告、许可 E-mail 营销和网络会员制营销等。如图 7.2 所示。

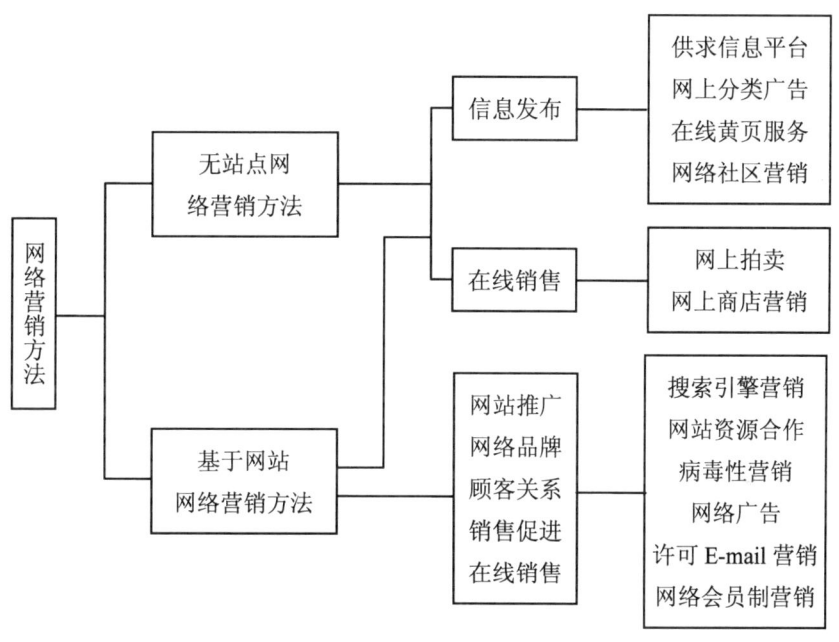

图 7.2　网络营销方法

二、网络市场调研

1. 网络市场调研的概念

市场调研是指为了提高产品的销售决策质量和解决存在于产品销售中的问题而系统地、客观地、有目的地识别、收集、整理、分析和处理营销信息的工作。

网上调研就是利用互联网发掘和了解顾客需要、市场机会、竞争对手、行业潮流、分销渠道以及战略合作伙伴等方面的情况，Internet 是实现这些目标的良好平台。

2. 网络市场调研的分类

根据采用调查方法不同，可以分为网上问卷调查法、网上实验法和网上观察法，最常用的是网上问卷调查法。网上问卷调查法是将问卷在网上发布（或通过电子邮件发送），被调查对象在网上填写问卷，完成问卷调查。按照调查者组织调查样本的行为，网上调查可以分为主动调查法和被动调查法。主动调查法，即调查者主动组织调查样本，完成统计调查的方法。被动调查法，即调查者被动地等待调查样本造访，完成统计调查的方法。

按网上调查采用的技术可以分为站点法、电子邮件法、随机 IP 法和视讯会议法等。

3. 网络市场调研的优势

与传统的市场调研相比较，网络市场调研虽然存在不少的问题，但其优势是非常突出的，主要表现在以下几个方面：

（1）互动性。这种互动不仅表现在消费者对现有产品的发表意见和建议，更表现在消费者对尚处于概念阶段产品的参与，这种参与将能够使企业更好地了解市场的需求，而且可以洞察市场的潜在需求。

（2）网络调研的及时性。网络的传输速度快，一方面调研的信息传递到用户的速度加快，另一方面用户向调研者的信息传递速度也加快了，这就保证了市场调研的及时性。

（3）网络调研的便捷性和经济性。无论是对调查者还是被调查者，网络调查都很便捷。对于反馈回来的数据，调查者通过数据库可以快速便捷地进行整理和分析。这种方便性和快捷性大大地降低了市场调研的人力和物力耗费。

4. 网络市场调研的步骤

旅游产品网络市场调研一般包括以下几个步骤：

（1）明确调研内容与确定调研目标。明确网络调研内容并确定调研的目标。

（2）制定调研计划。制定出详细的调研计划。具体来说，要确定调研内容、抽样方案、调研方法、调研手段、调研数据处理方法、调研任务分解与时间安排以及财务预算。

（3）收集信息。调研人员通过网络市场调研主页、电子邮箱、新闻组或者搜索引擎收集调研信息。

（4）分析信息。收集到的信息只有进行整理和分析后，信息才会变得有用。分析一般使用交叉列表分析技术、概况技术、综合指标分析和动态分析等技术。

（5）撰写调研报告。报告不能是数据和资料的简单堆砌，要把与市场营销决策有关的主要调查结果罗列出来，并遵循组织结构、格式和文笔流畅的写作原则。

5. 网络市场调研计划书

网络市场调研计划书包括项目背景、研究目的、研究思路、调研方法、调研内容、项目报价、执行时间、项目团队、公司优势、调研主体内容和调研结果等。重点在研究思路、调查方法、调查内容、调研主体内容和调研结果等部分。

三、网络广告与广告联盟

1. 网络广告的概念

网络广告是利用网站上的文字信息、图片、文本链接和多媒体手段，在互联网上刊登或发布广告，即企业把广告信息通过网络传递到互联网用户的一种高科技广告运作方式。简单的说就是在网络上做的广告。

2. 网络广告的特点

网络广告除了具有一般传统广告的特点之外还具有以下特点：

（1）交互性强。网络广告突破了传统广告信息流动单向性的局限，实现了供求双方信息流的双向互动。

（2）信息量大。网络广告本身包含的信息量比传统广告大，并且，通过网络广告链接，用户可以从厂商的相关站点中得到更多、更详尽的信息。

（3）传播广泛。网络广告可以通过互联网把广告信息全天候、不间断地传播到世界各地。网络广告传播的广泛性体现在两个方面：广告传播的范围广泛和网络广告信息受众广泛。

（4）灵活便捷。网络广告的制作、发布及管理灵活便捷，广告类型和表现形式多种多样。

（5）易统计性。可以详细地统计一个网站各网页被浏览的总次数、每个广告被点击的次数，还可以详细、具体地统计出每个访问者的访问时间和 IP 地址。提供网络广告发布的网站可以建立用户数据库，数据库里的数据可帮助广告主统计和分析市场，根据广告目标受众的特点，有针对性地投放广告，并根据用户特点作定点投放和跟踪分析。

（6）经济实惠。网络广告成本比传统广告更为低廉。

3. 网络广告的种类

网络广告的形式多种多样，按展示形式分，有以下种类：

（1）旗帜广告。旗帜广告也叫横幅广告、条幅广告。它是以图像的形式来表现广告的内容，并在图像中用极简练的文字表现广告的主题。

图 7.3 旗帜广告

（2）按钮型广告。按钮型广告是网络广告中运用最早、最常见的形式之一，一般尺寸比较小，常见的有 JPEG、GIF、Flash 三种格式。按钮广告要求浏览者自己点选才能看到有关的广告内容，缺乏主动性。

图 7.4　按钮式广告

（3）文字链接广告。文字链接广告采用文字标识的方式，点击后可以链接到相关网页。这种广告形式简单、价格低、效果较好，通常运用于分类栏目中。

《海口进出》散客当地参团精品路线	更多
（全景游）三亚"蜈支洲，非2，猴岛，南山"五天四晚五 HOT	980元/人
（无自费）海南三亚五天"分界洲+非2+南山"五星品质 HOT	860元/人
（贵宾线）海南三亚五天四晚蜈支洲，南山，猴岛.非2贵 HOT	1260元/人
（天天特价）海南三亚南山.非诚勿扰2.分界洲.免税店	730元/人
（无自费双岛游）海南三亚"蜈支洲，呀嗒哒，大小洞天，HOT	850元/人
（无自费景点）海南三亚四天三晚"蜈支洲.南山.分界洲 HOT	550元/人
（无自费景点）海南三亚三天二晚"蜈支洲.南山.分界洲 HOT	500元/人
海南三亚二天一晚南山，天涯四星常规游	330元/人

图 7.5　文字链接广告

（4）巨型广告。与旗帜广告相比，巨型广告的版面比较大，一般占屏幕显示的 1/3。较大的版面蕴含了更加丰富的信息。

图 7.6　巨型广告

（5）移动广告。移动广告是一种可以在屏幕上移动的小型图片广告，它的设计出发点是为了避免旗帜广告、按钮广告等比较呆板的缺点，更主动和有效地吸引浏览者的注意。图 7.7 为海洋财富网首页上的长岛旅游度假网的移动广告。

图 7.7　海洋财富网的移动广告

（6）弹出式广告。弹出式广告是指随着网页页面打开的时候会自动弹出一个新窗口来展示网络广告内容。

图 7.8　弹出式广告

（7）分类广告。网上的分类广告与报纸杂志中的分类广告类似，是一种由专门提供广告信息服务的站点提供的发布广告的形式。

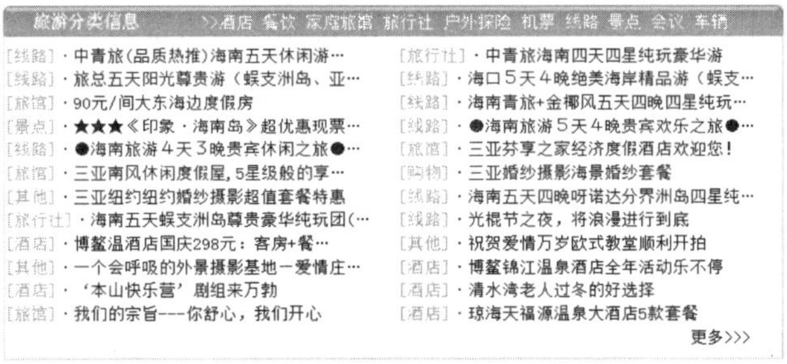

图 7.9　分类广告

（8）主页型广告。将企业要发布的信息按类别制作成主页，放置在企业自己或网络信息服务商的站点上。图 7.10 为海南呀诺达雨林旅游区主页上做的宣传该旅游区荣膺国家 5A 级旅游景区的广告。

图 7.10　海南呀诺达雨林旅游区

（9）电子邮件广告。电子邮件广告是指利用电子邮件或电子杂志发布广告。

4. 网络广告的发布途径

网络广告的发布有多种途径，最主要包括：

（1）主页形式。主页形式是企业在 Internet 上进行广告宣传的主要形式。在互联网上建立自己的主页，是企业树立形象、宣传产品的良好工具，是企业信息化建设的必然趋势。许多企业都拥有自己的网站，而主页是一个网站中最重要的网页，也是访问最频繁的网页，一般网络广告都放置在主页最显眼的地方。如图 7.11 所示是天涯海角游览区的主页。

图 7.11 天涯海角游览区

（2）网络服务商（ICP）。大型门户网站，如新浪、搜狐、网易、海南在线等网站，具有非常大的访问量，是发布网络广告的一个重要途径。如图 7.12 所示，在海南在线网站的首页上可以看到"甘什岭槟榔谷原生态黎苗文化旅游区"的广告。

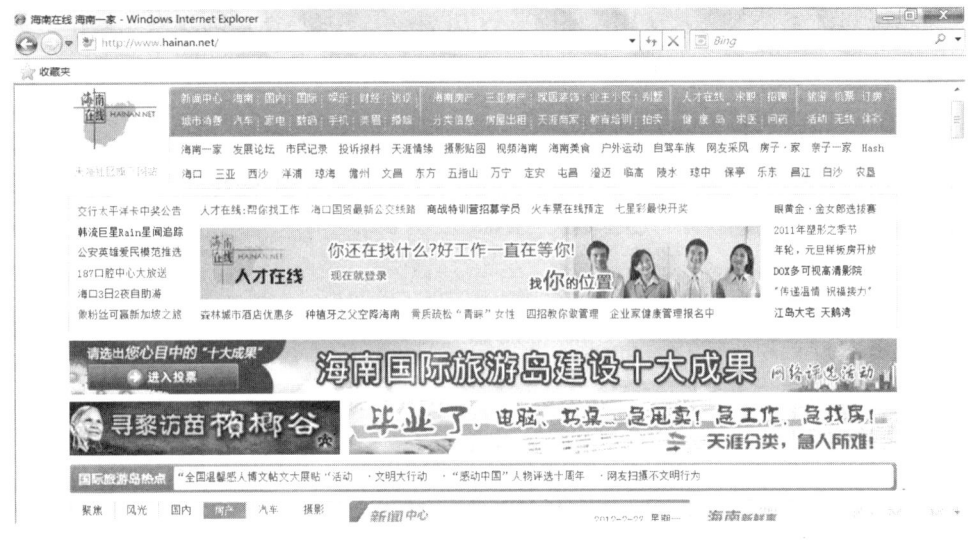

图 7.12 海南在线网站首页

（3）专类销售网。登录专类销售网，能更容易地搜索到自己所需商品的型号、规格、生产企业、价格等信息。如图 7.13 所示，是风光订房网首页，是专门进行全国各地酒店的预订网站。

图 7.13　风光订房网首页

（4）企业名录。"企业名录"是指一些专业的数据库营销公司，通过专业的营销手法，整理/编辑一系列按行业、地区的企业名单。通常以 mdb、xls 等数据库格式保存。目的在于快速找到目标客户，提高销售精准度。直接把客户最想要的产品资料信息，送到客户手中。如图 7.14 所示，是乐途旅游网的海南旅行社企业名录，用户根据自己的需要，可以直接通过链接，进入相应企业的主页上。

图 7.14　海南旅行社企业名录

（5）电子邮件广告。电子邮件广告是以电子邮件为传播载体的一种网络广告形式，电子邮件广告有可能全部是广告信息，也可能在电子邮件中穿插一些实用的相关信息，可能是一次性的，也可能是多次的或者定期的。利用 E-mail 发布广告信息，操作简单、费用低廉。E-mail 广告的表述，要符合读者追求的品位。公司名称、详细地址以及联系方式一定要清楚。为提高电子邮件的广告效果，可以提供一些免费的产品或服务，来吸引接受者进行信息反馈。对不愿接收邮件的客户，应提供取消接收 E-mail 广告的功能。

（6）电子杂志广告。电子杂志广告由专业人员精心编辑制作，有着内容和信誉的充分保障，是一种非常好的媒体表现形式，它兼具了平面与互联网的特点，且融入了图像、文字、声音、视频、游戏等相互动态结合来呈现给读者，而且还有超链接、及时互动等网络元素，具有很强的时效性、可读性和交互性，而且还不受地域和时间限制，无论您在全球的任何地方，电子杂志都可以带给用户最新最全的信息。由于电子杂志是网民根据兴趣与需要主动订阅，所以此类广告更能准确有效地面向潜在客户。

（7）虚拟社区/电子公告栏（BBS）。BBS 互联网使用者经过互动后，产生的一种社会群体和人际关系网络。虚拟社区是一群人借电子媒体相互沟通所形成的一种新的社会现象。虚拟社区的形式包括了早期的电子公告栏、讨论区，还有近期出现的博客等。在虚拟社区/电子公告栏中发布网络广告也可面向一定的客户群体。

（8）新闻组（Newsgroup）。新闻组也是一种常见的 Internet 服务，它与公告牌相似。不同的用户通过一些软件可连接到新闻服务器上，阅读其他人的消息并可以参与讨论。新闻组是一个完全交互式的超级电子论坛，是任何一个网络用户都能进行相互交流的工具。人人都可以订阅它，成员可以在其上阅读大量的公告，也可以发表自己的公告，或者回复他人的公告。新闻组是一种很好的讨论与分享信息的方式。对于一个企业来说，选择在与本公司产品相关的新闻组上发表自己的公告将是一种非常有效的、传播自己信息的渠道。

5. 网络广告策略

网络广告策略是网络营销策略之一，也是企业最常用的促销产品、宣传企业、推广站点的手段。常用的网络广告策略包括：

（1）定位策略。网络广告定位是指网络广告宣传主题定位，就是根据不同市场环境，如：不同区域、不同受众、不同时间，确定不同产品和服务及诉求的重点。

（2）市场策略。将市场科学细分，针对不同细分市场，确定在目标市场的最佳广告策略。

（3）心理策略。心理策略是指根据消费者购买过程中不同阶段的心理特征，进行网络广告宣传，从而引导消费者认知产品直到实现购买。

（4）时间策略。时间策略是在不同时间，实施不同策略。

（5）导向策略。导向策略是指通过网络广告诱导公众接受网络广告信息的策略。

（6）表现策略。表现策略有很多种形式，其中以写实、实证、对比、衬托、夸张、渲染、悬念、娱乐、幽默、象征和定格较为常见。

6. 网络广告规划

网络广告策划是根据互联网的特征及网络人群的特征，从全局角度所展开的一种运筹和规划。在有限的广告信息体上，对整个网络广告活动加以协调安排，广告设计、广告投入、广告时间，广告空间安排等各个具体环节做到充分考虑并精益求精。广告商对广告自我检测，不断改进，胸有成竹地执行各个环节。

网络广告策划在本质上仍然属于广告策划的一种，因此，在实施过程中的环节与传统广告有很多相同的做法。具体可以将网络广告策划分成筹备阶段、设计制作阶段、测试评估阶段、实施阶段。

网络广告能否获得成功取决于网络广告的策划，在实施网络广告营销策划过程中，需要注意以下步骤：

（1）从网络营销的角度策划广告。

（2）网络广告的设计。包括使用具有吸引力的词汇，广告词要精悍、明了，文字与图形、色彩、动画要协调。

7. 广告联盟

广告联盟通常指网络广告联盟，是目前最为普遍的网络广告模式。其定位方式简单，传播渠道快捷，结算方式即时、明确，深受广告业主和个人站长们的欢迎。正是这一特殊的原因，世界著名搜索引擎服务商 Google 首先踏入了这一领域，并依靠其强大的品牌优势和覆盖范围迅速占领了大规模的市场。国内广告联盟平台借助 Google 的经验，也得到了很快速的发展。国内信誉比较好的广告联盟是百度联盟、谷歌 ADsense 还有阿里巴巴。如图 7.15 为百度联盟首页。

广告联盟是按效果付费的，可以有效的控制广告费，实现广告费用与广告效果挂钩，这样可以使用低营销成本而且保障广告效果。广告主可以根据联盟会员的网站排名及拥有的潜在受众选择适合自己广告的网站；而联盟会员也可根据自己网站的风格选择适合的网络广告，双方都扩大了自己的选择余地。广告主凭借自己在联盟会员网站上的链接和旗帜广告吸引目标市场的大部分潜在用户，达到更广的网络覆盖面以及品牌强化。商家可以集中精力进行产品开发、销售服务等主营活动，从而大大提高了工作效率。强大的联盟营销管理平台具有跟踪记录、分析记录，并使用这些记录分析来为产品开发和营销策略提供科学决策依据的功能。资费行为是建立在准确的数据记录基础上的，所有费用都是在联盟营销管理平台上统一结算，无需人工操作提供中间联盟营销管理平台的服务商就可以为广告双方提供许多额外的增值服务，包括：有价值的市场营销报告。

图 7.15 百度联盟首页

广告联盟的计费方式包括以下几种模式：

（1）CPM（按弹窗付费）：主要在网站的首页面投放，即当用户打开会员网站的时候，会员网站自动弹出广告商的宣传页面。

（2）CPC（按点击付费）：是一种按广告的点击来计费的模式。将广告图片以各种方式投放到会员网站上，当用户点击该广告时才计算费用。

（3）CPV（按展示付费）：是一种按照实际广告显示量来计费的广告模式，即当用户访问了会员网站时，广告商的广告将被展示出来，此广告就按此收费。

（4）CPA（按行为付费）：是指将广告以弹窗、图片等各类广告模式投放到会员网站，按广告回应的有效注册数来计费的广告模式。

（5）CPS（按销售付费）：是指销售成功后才支付佣金。用户通过广告图片访问广告商的网站，客户对产品产生消费后，广告商按比例给联盟和站长提成的一种广告行为。

四、网站推广

1. 网站推广方法

网站的推广可以说是网站建设中尤为重要的一个环节，网站推广的主要方法有：

（1）搜索引擎推广方法。利用搜索引擎、分类目录等具有在线检索信息功能的网络工具进行网站推广。

(2) 电子邮件推广方法。以电子邮件为主要的网站推广手段，常用的方法包括电子刊物、会员通讯、专业服务商的电子邮件广告等。

(3) 资源合作推广方法。通过网站交换链接、交换广告、内容合作、用户资源合作等方式，在具有类似目标网站之间实现互相推广的目的，其中最常用的资源合作方式为网站链接策略，利用合作伙伴之间网站访问量的资源进行合作，互为推广。

(4) 信息发布推广方法。将有关的网站推广信息发布在其他潜在用户可能访问的网站上，利用用户在这些网站获取信息的机会实现网站推广的目的，适用于这些信息发布的网站包括在线黄页、分类广告、论坛、博客网站、供求信息平台、行业网站等。

(5) 病毒性营销方法。病毒性营销方法并非传播病毒，而是利用用户之间的主动传播，让信息像病毒那样扩散，从而达到推广的目的，病毒性营销方法实质上是在为用户提供有价值的免费服务的同时，附加上一定的推广信息，常用的工具包括免费电子书、免费软件、免费 Flash 作品、免费贺卡、免费邮箱、免费即时聊天工具等可以为用户获取信息、娱乐等带来方便的工具和内容。

(6) 快捷网址推广方法。合理利用网络实名、通用网址以及其他类似的关键词网站快捷访问方式来实现网站推广。

(7) 网络广告推广方法。网络广告是常用的网络营销策略之一，在网络品牌、产品促销、网站推广等方面均有明显作用。

(8) 论坛推广。将网站上的各种文章做成链接形式，并分类放好，一次贴在各个论坛上。

(9) 综合网站推广方法。利用多种专用性、临时性的网站推广，如有奖竞猜、在线优惠卷、有奖调查、针对在线购物网站推广的比较购物和购物搜索引擎等，有些甚至采用建立一个辅助网站进行推广。

2. 网站推广策划计划

网站推广策划计划是网络营销计划的重要组成部分。制定网站推广计划本身也是一种网站推广策略，合理的网站推广计划是网站推广策略中必不可少的内容。

与完整的网络营销计划相比，网站推广计划比较简单。在实施网站推广策划过程中，需要注意以下步骤：

(1) 确定网站推广的阶段目标。如在网站发布后 1 年内实现每天独立访问用户数量、与竞争者相比的相对排名、在主要搜索引擎的表现、网站被链接的数量、注册用户数量等。

(2) 在网站发布运营的不同阶段所采取的网站推广方法不同。如果可能，最好详细列出各个阶段的具体网站推广方法,如登录搜索引擎的名称、网络广告的主要形式和媒体选择、需要投入的费用等。

(3)网站推广策略的控制和效果评价。如阶段推广目标的控制、推广效果评价指标等。对网站推广计划的控制和评价是为了及时发现网络营销过程中的问题,保证网络营销活动的顺利进行。

五、搜索引擎营销

搜索引擎营销是基于搜索引擎平台的网络营销,利用人们对搜索引擎的依赖和使用习惯,在人们检索信息的时候尽可能将营销信息传递给目标客户。搜索引擎营销追求最高的性价比,以最小的投入,获得最大的来自搜索引擎的访问量,并产生商业价值。

1. 搜索引擎营销的方法

搜索引擎营销的主要方法:

(1)竞价排名。竞价排名只有在网站付费后才能出现在搜索结果页面,付费越高者排名越靠前;竞价排名由客户为自己的网站购买关键字排名,按点击率计费。客户可以通过调整每次点击付费价格,控制自己在特定关键字搜索结果中的排名,并可以通过设定不同的关键词捕捉到不同类型的目标访问者。

图 7.16 为百度搜索引擎中的竞价情况,用户可以通过竞价为自己的网站购买关键字排名。"海南酒店"关键字目前在百度搜索引擎中排名前三名的出价分别为 2.43、1.33 和 1.19。用户可以根据自己的实际情况对某个关键字提出自己的价格,出价的高低将决定你的网站在百度中搜索这个关键字时的排名。

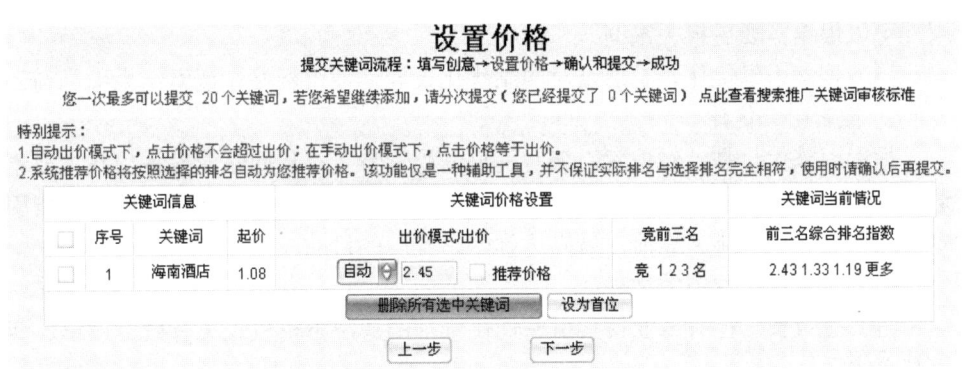

图 7.16 百度关键字竞价

根据各网站出价的不同,以"海南酒店"为关键字,在百度网站推广排序,排名前几名的网站如图 7.17 所示。

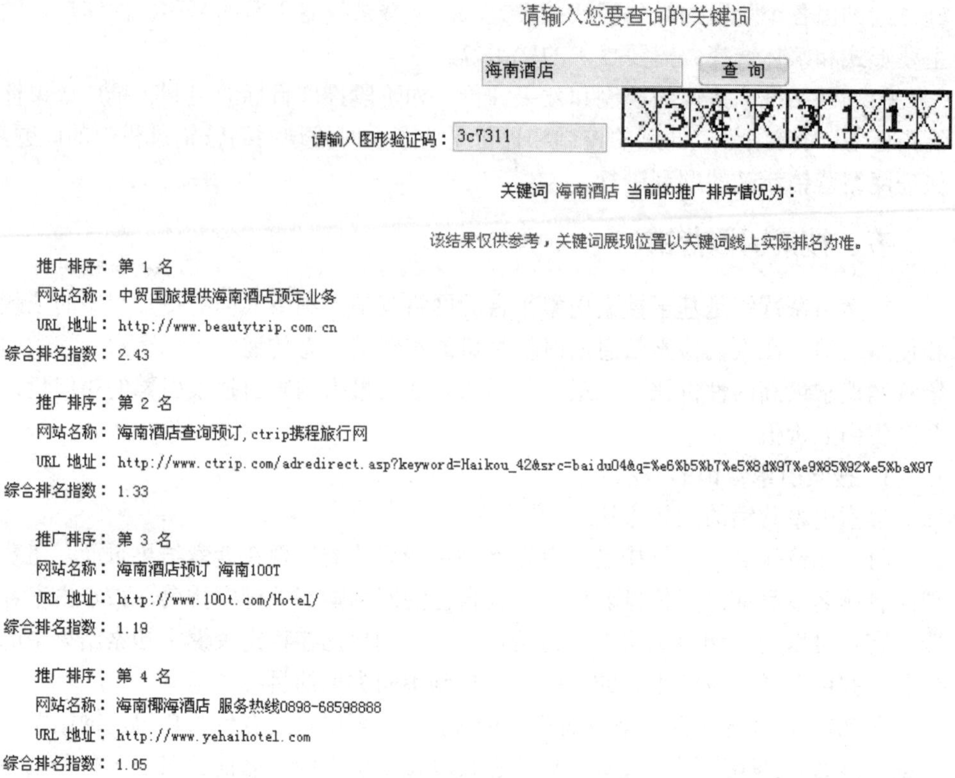

请输入您要查询的关键词

海南酒店　　查询

请输入图形验证码：3c7311　　3¢<31 1

关键词 海南酒店 当前的推广排序情况为：

该结果仅供参考，关键词展现位置以关键词线上实际排名为准。

推广排序：第 1 名
网站名称：中贸国旅提供海南酒店预定业务
URL 地址：http://www.beautytrip.com.cn
综合排名指数：2.43

推广排序：第 2 名
网站名称：海南酒店查询预订,ctrip携程旅行网
URL 地址：http://www.ctrip.com/adredirect.asp?keyword=Haikou_42&src=baidu04&q=%e6%b5%b7%e5%8d%97%e9%85%92%e5%ba%97
综合排名指数：1.33

推广排序：第 3 名
网站名称：海南酒店预订 海南100T
URL 地址：http://www.100t.com/Hotel/
综合排名指数：1.19

推广排序：第 4 名
网站名称：海南椰海酒店 服务热线0898-68598888
URL 地址：http://www.yehaihotel.com
综合排名指数：1.05

图 7.17　百度网站推广排序情况

（2）购买关键词广告。在搜索结果页面显示广告内容，实现高级定位投放，用户可以根据需要更换关键词。

（3）搜索引擎优化。是通过对网站优化设计，使得网站在搜索结果中靠前。

2. 搜索引擎优化

搜索引擎优化是针对搜索引擎对网页的检索特点，让网站建设各项基本要素适合搜索引擎的检索原则，从而使得搜索引擎收录尽可能多的网页，并在搜索引擎自然检索结果中排名靠前，最终达到网站推广的目的。

搜索引擎优化营销的优势：

（1）时效长。在有专业搜索引擎优化维护的情况下可以长久有效，一年、两年甚至永远。

（2）效果好。网站流量提升、注册用户增多，这些都是可以精确量化的，而不像广告，效果难以准确评估。

（3）性价比。搜索引擎优化比竞价排名和广告便宜很多。

（4）用户体验。增强网站友好度，增强品牌美誉度。

3. 搜索引擎营销策划

搜索引擎优化对于任何一家网站来说，要想在网站推广中取得成功，搜索引擎优化都是至为关键的一项任务。

在实施搜索引擎优化营销策划过程中，需要注意以下步骤：

（1）关键词的研究并选择。把需要做的关键词都列表出来，分析用户习惯的关键词并作出选择。

（2）全面的网站诊断和建议。在建立了全面的关键词列表后，接着对网站进行全面诊断，使网站更符合搜索引擎的排名要求。

（3）搜索引擎和目录的提交。把网站提交到目录和搜索引擎中。

（4）月搜索引擎排名报告和总结。每月对网站搜索引擎排名进行评价总结，衡量自然搜索引擎优化是否成功，通过搜索引擎来检查先前制定的关键词。

（5）季度网站更新。每季度对网站进行更新，结合搜索引擎的算法，将附加的产品关键字推广出去。

六、电子邮件营销

是在用户事先许可的前提下，通过电子邮件的方式向目标用户传递价值信息的一种网络营销手段。E-mail 营销有三个基本因素：用户许可、电子邮件传递信息、信息对用户有价值。

电子邮件营销有以下几种基本形式：

（1）文本标志。E-mail 最通常的方式是文本标志，文本标志一般放置在新闻邮件或经许可的 E-mail 中间。这些文本标志也可以设置一个网址，直接链接到某个主页或提供产品或服务的特定页面。

（2）标志广告。HTML 格式的 E-mail 和新闻邮件可以设置与一般网页上所显示一样的标志广告，在特定目标受众的 HTML 格式的 E-mail 和新闻邮件中放置标志广告，这些目标受众是事先征得许可的。

（3）其他方式。随着 E-mail 营销的不断发展，现在出现了一些更有吸引力的其他方式，这些方式有时是由广告主和第三方撰写的 E-mail，其中一些营销方案中设有奖励或奖金计划。

七、病毒营销

病毒营销是通过用户的口碑宣传，像病毒一样传播和扩散信息，利用快速复制的方式传向数以千计、数以百万计的受众。病毒式营销已经成为网络营销最为独特的手段，被越来越多的商家和网站成功利用。

1. 病毒营销的基本形式

病毒营销的基本形式包括：

（1）口头传递。最普遍的口头传递病毒营销方式是"告诉一个朋友"或"推荐给朋友"，这也是大部分网站使用的方法。但对其他大型内容的网站，这种方法是不够的。使用率主要取决于所推荐内容的类型和用户群特点。这种病毒营销可以低成本并快速执行，其效果还可以通过引入竞赛机制和幸运抽签得以增强。

（2）传递下去。对大部分 E-mail 用户，这是一个很受欢迎的活动。通过一些有趣的东西在朋友之间传递，这种滚雪球效果可以轻松创建起一个分销渠道，在几小时之内，到达成百上千的人们那里，而起始不过是一封电子邮件。

（3）以服务为基础。最成功的以服务为基础的病毒营销先驱是 Hotmail。一开始他们很少举办促销活动，但在它们发出的每封邮件底端都使用一个收尾线，该收尾线包括一个短小的玩笑以及他们的网址。

2. 病毒营销的策划

病毒营销对于企业来说是一种低成本、效果很好的广告手段，运用得好，往往可以起到事半功倍的效果。在实施病毒式营销策划过程中，需要注意以下步骤：

（1）制作足以吸引人主动传播的东西，作为网络广告病毒。包括趣味性的内容、以情动人、以利诱人、炒作热点话题和提供有价值的参考资料。

（2）找准病毒营销的载体。载体包括视频、文字、图片、软件、游戏、动漫。

（3）寻找可以大量传播而且很容易被"传染"的病毒营销渠道。大型的网络平台是病毒营销的首选，因为这样的平台访问量大，访问者的传播能力强。这样的平台能显著加强传播效果。

（4）快速完成第一阶段的传播。病毒传播是以几何级数的方式成倍递增的，基数越大，传播速度越快。

（5）选择传播能力强的那一群人作第一阶段的传播。最先传播的应该是一小部分传播力和影响力都很强的人，这群人包括论坛的版主、博客的站长和新闻资讯的编辑等。

八、网络促销

网络促销是指利用计算机及网络技术向虚拟市场传递有关商品和劳务的促销信息，以引发消费者消费需求，唤起购买欲望和促成购买行为的各种活动。

1. 网络促销的基本形式

网络营销促销的形式可分为以下几类：拉销、推销和链销。

（1）拉销。也叫引销，是企业通过一定方式吸引消费者访问自己的 Web 站点，让消费者浏览促销产品网页，为消费者做出购买决策并实施购买行为打下基础，进而实现产品销售。

（2）推销。网络营销中，推销就是企业主动向消费者提供产品信息和服务信息（如向经过选择的因特网用户发送 E-mail，在邮件中介绍商品和服务信息），让消费者了解、认识企业的产品和服务，以达到促使其产生购买欲望的目的。

（3）链销。是企业先对一小部分消费者提供优质商品和劳务，然后让他们把自己的满意度和认可感通过因特网的交互功能介绍给其他消费者，从而培养潜在的客户。使消费者的满意程度增大是企业开展网络链销的前提。

2. 网络促销的策划

在实施网络促销策划过程中，需要注意以下步骤：

（1）确定网络促销对象。网络促销对象是针对可能在网络虚拟市场上产生购买行为的消费者群体提出来的。包括产品的使用者、产品购买的决策者和产品购买的影响者。

（2）设计网络促销组合。由于企业的产品种类不同，销售对象不同，使用不同的促销方法，针对不同的产品种类和销售对象，采用多种网络促销的组合方式。

（3）制定网络促销预算方案。针对确定的促销组合，制定详细的网络促销预算方案。这里要注意，首先，必须明确网络促销的方法及组合的办法。其次，需要确定网络促销的目标。是树立企业形象、宣传产品，还是宣传售后服务。第三，要明确网络促销的影响对象。

（4）评价网络促销效果。网络促销的实施过程中，必须对已经执行的促销内容进行评价，衡量一下促销的实际效果是否达到了预期的促销目标。

九、会员制营销

网络会员制是通过利益关系和电脑程序将无数个网站连接起来，将商家的分销渠道扩展到地球的各个角落，同时为会员网站提供了一个简易的赚钱途径。是一种有效的网络营销方式，现在实施会员制计划的企业数量众多，几乎已经覆盖了所有行业，而参与这种计划的网站更是不计其数。现在几乎所有的大型电子商务网站都采取了网络会员制营销模式（网络联盟），旅游网站也在发展自己的网络会员制联盟体系，通过联盟会员网站为自己带来大量访问量和销售量。

网络会员制营销需要注意以下几点：

（1）按效果付费，节约广告主的广告费用。广告主的广告投放在加盟会员网站上，与投放在门户网站不一样，一般不是按照广告显示量支付广告费用，而是根据用户浏览广告后所产生的实际效果付费，如点击、注册、直接购买等，这样不会为无效的广告浏览支付费用，因此网络广告费用更为低廉。

（2）为广告主投放和管理网络广告提供便利。大量中小型网站，尤其是某些领域的专业网站，用户定位程度很高，广告价值也很高，但因网站访问量比较分散，广告主几乎无法选择这些网站投放广告，这无论是对于广告主还是网站主来说都是损失。

（3）扩展网络广告的投放范围，提高网络广告投放的定位程度。相对于传统的大众媒体，定位性高一直是网络广告理论上的优势，但在传统门户网络广告投放的模式下，实际上很难做到真正的定位，即使选择某个相关的频道，或者某个专业领域的门户网站，也无法做到完全的定位，基于内容定位的网络广告则真正做到了广告内容与用户正在浏览的网页内容相关，更为重要的是，这种定位性很高的网络广告可以出现在任何网站上，从而拓展了网络广告的投放范围。

（4）扩展商家的网上销售渠道。网络会员制最初就是以网上销售渠道的扩展取得成功而受到肯定，其应用向多个领域延伸并且都获得了不同程度的成功，直到现在，网络会员制营销模式仍然是在线销售网站拓展销售渠道的有效策略之一。

（5）为加盟会员网站创造流量转化为收益的机会。对于加盟的会员网站来说通过加盟网络会员制计划获得网络广告收入或者销售佣金，将网站访问量转化为直接收益。

（6）丰富加盟会员网站的内容和功能。有时网站增加点广告内容能发挥意想不到的作用，不仅让网页内容看起来更丰富，也对用户获取更多信息提供了方便，尤其是当网络广告信息与网站内容相关性较强时，广告的内容便成为网页信息的扩展。

（7）利用了病毒性营销的思想，联盟会员主动进行推广。病毒性营销的价值是巨大的，一个好的病毒性营销计划远远胜过投放大量广告所获得的效果。

十、基于新型社交网络的营销（博客、微博、即时通信、facebook 等）

1. 博客营销

博客营销是利用博客开展网络营销。

博客营销的策略：

（1）选择博客托管网站、注册博客账号。选择功能完善、稳定，适合企业自身发展的博客系统平台，并获得发布博客文章的资格。

（2）建设优秀的博客。在营销的初始阶段，用博客来传播企业信息首要条件是拥有具有良好写作能力的博客，因此企业的博客营销需要以优秀的博客为基础。

（3）企业坚持长期利用博客。不断地优化博客内容，这样才能发挥其长久的价值和应有的作用，吸引更多的读者。

（4）协调个人观点与企业营销策略之间的分歧。从事博客写作的是个人，但网络营销活动是属于企业营销活动。个人所写的东西即要反映企业需求，又要保持自己的特色。

(5) 建立自己的博客系统。当企业在博客营销方面开展得比较成功时,则可以考虑使用自己的服务器,建立自己的博客系统,向员工、客户以及其他外来者开放。

2. 微博营销

随着微博的火热,催生了相关的营销方式,就是微博营销。旅游企业可以在提供微博服务的平台注册,不断更新微博内容,并同大家交流,集中于大家所感兴趣的话题,以达到营销的目的。旅游企业进行微博营销可以从以下几种类型入手:

(1) 官方微博:以企业名称注册官方微博,主要用于发布官方信息。微博的内容是官方的,内容较为正式,可以在第一时间发布旅游企业最新动态,对外展示企业品牌形象,使微博成为一个低成本的官方媒体。

(2) 企业领袖微博:领袖微博是以企业高管的个人名义注册个性化的微博,其最终目标是成为行业的"意见领袖",能够影响目标用户的观念,在整个行业中的发言具有一定号召力,通过提高企业高管形象来提升企业的影响力。

(3) 客服微博:与旅游企业的客户进行实时沟通和互动,实现深度的交流,提升旅游产品服务的品质。缩短了旅游企业对客户需求的响应时间。

(4) 旅游产品微博:可以实时更新旅游产品的最新动态,对于危机能实时监测和预警,出现负面信息后能快速处理,及时发现消费者对旅游产品的不满并在短时间内快速应对。如遇到企业危机事件,可通过微博进行及时的正面引导。

(5) 市场微博:通过微博组织市场活动,打破地域人数的限制,实现互动营销。

旅游企业进行微博营销,需要使用以下技巧:

1) 账号认证:企业微博账号、企业领袖、高管的账号、行业内有影响力人物的账号先获得多方认证。获得认证的好处是:形成较权威的形象,信息可被外部搜索引擎收录,更易于传播。

2) 内容发布:微博的内容信息尽量多样化,最好每篇文字都带有图片、视频等多媒体信息,这样具有较好的浏览体验;内容尽量包含合适的话题或标签,以利于微博搜索。发布的内容要有实用价值,例如提供旅游产品特价或优惠信息、限时内的旅游产品打折活动,可以带来不错的传播效果。

3) 内容更新:微博信息要有规律地进行更新,每天五至十条信息,要抓住高峰发帖时间更新信息。

4) 积极互动:多参与转发和评论,主动搜索旅游行业相关话题,主动去与用户互动,并定期举办有奖活动,提供免费奖品鼓励,能够带来快速的粉丝增长,并增加其忠诚度。

5）标签设置：合理设置标签，会让用户迅速找到你的微博。

6）获取高质量的粉丝：关注旅游行业名人或知名机构；善用"找朋友"的功能，提高粉丝的转发率和评论率。发布的内容主题要专一，内容要附带关键字或网址，以利于高质量用户搜索到。

7）创建微群：通过创建微群可以聚合对特定旅游产品感兴趣的用户，通过微群让更多的微群成员更加方便地参与交流，实现对微群成员直接营销。

3. RSS 营销

RSS 营销是指利用 RSS 传递营销信息的网络营销模式。RSS 营销的特点决定了其比邮件列表营销具有更多的优势。目前 RSS 营销的应用在国内还不广泛，对于 RSS 营销方法和一般规律的研究也有待深入。

要想提升 RSS 源订阅数量，提高 RSS 营销效果，可以：

（1）把 RSS 信息源提交到 RSS 搜索引擎及 RSS 分类目录中。RSS 搜索引擎及分类目录通常对信息源进行分类，将 RSS 提交到相关主题目录下，这样不仅能够直接增加 RSS 曝光度，还为网站增加链接广度。

（2）RSS 启蒙介绍。让访问者了解 RSS 的使用方法、订阅 RSS 的好处，网站有必要为此专门做一个页面来介绍 RSS 及使用方法。

（3）定制 RSS 图标。提供 RSS 订阅的网站一般放一个醒目的小图标，有的网站认为这个小图标千篇一律吸引力不够，可以考虑做一个有网站自身特色的、醒目的 RSS 订阅图标，链接到 RSS 页面。

（4）网站公告。网站一旦提供 RSS 订阅，可以发布一个新闻公告，让访问者知道你提供哪方面内容的 RSS 信息源。

（5）邮件通讯。在发给客户的许可性 E-mail 邮件中，将 RSS 通知也包含进去，或许不少邮件订阅者会考虑采用 RSS 订阅。

（6）博客通知。别忘记在博客中通知 RSS 源订阅。

4. 即时通信营销

即时通讯工具是开展网络营销的必备工具，是进行在线客服、维护客户关系等的利器，有了即时通讯工具，可以实现与客户零距离、无延迟、全方位的沟通，特别是企业网站或电子商务网站，即时通讯工具的合理利用，既可以与客户保持密切联系、促进良好关系，也可以有效促进销售。

即时通讯工具分类如下：

通用即时通讯工具：以 QQ、MSN 等为代表，这类 IM 应用范围广，使用人数多，并且捆绑服务较多，如邮箱、博客等。由于应用人数多，使得用户通过好友关系组成一张庞大的关系网。通用即时通讯工具属于网络营销利益主体外第三方运营商提供的服务，具有寡头垄断地位，进入门槛高，后来者难以与已经成熟的市场主导者抗衡。

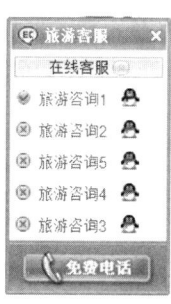

图 7.18　某旅游网站的 QQ 在线客服

专用即时通讯工具：以阿里旺旺、慧聪发发、移动飞信、联通超信、电信灵信等为代表，这类即时通讯工具主要应用于专门的平台和客户群体，如阿里旺旺主要应用阿里巴巴及淘宝、口碑等阿里公司下属网站，移动飞信则限于移动用户之间，这类 IM 与固有平台结合比较紧密，拥有相对稳定用户群体，专用性较强，但由于应用人数主要是自身平台的使用者，所以在应用范围、用户总量方面有一定限制。

嵌入式即时通讯工具：如 53 客服等在线客服软件，这里即时通讯工具主要特点是嵌入网页中，不需要安装客户端软件，直接通过浏览器就能实现沟通。这类软件适合企业网站的使用，需配备特定的客服人员，满足用户需求，是传统客服、客服热线功能的延伸和拓展，较多应用于中小企业。

因为即时通讯成本低廉，用户能够和企业进行即时的交流，非常适用于顾客服务与顾客关系。如果企业 IT 基础架构成熟，可以将即时通讯工具与 OA、ERP、CRM 等系统融合。如果要节约成本，也可以直接采用腾讯 QQ、微软 MSN、Tom-_Skype 等，这些通讯工具已经提供程序接口，可以与企业网站进行捆绑，成为员工交流以及对外交流的平台。

十一、其他网络营销方法

除了以上的网络营销方法外，还存在着其他的网络营销方式。

1. 分类广告。也叫分类信息，是在网上分类信息平台发布广告。它实现了精确的广告投放和极高的用户定位。查分类的都是最具潜力的消费者，以查字典的方式迅速获取所需的信息，相对于其他网络营销方法而言，分类广告周期往往是最短的，实现了"瞬时营销"。

2. 实效广告。这是对传统互联网广告的一种修订，仍然是传统的互联网广告形式，但是现在以实际效果或者用户有效动做来作为计费单位。

3. 体验营销。体验营销网站融入了娱乐营销、趣味营销、知识营销、悬念广告、精准营销、整合营销、RSS 营销、事件营销、主动营销等，创造出了倍受推崇的"发财网络营销模式"。像这种将各种营销方式进行整合和重组，也是 Web2.0 营销的特色之一。

4. 移动营销。移动营销是指利用移动通信终端为主要传播平台，直接向目标受众定向和精确地传递个性化即时信息，通过与消费者的信息互动达到市场营销的目标。移动营销是基于定量的市场调研、深入的目标消费者研究，全面地制定营销战略，运用和整合多种营销手段，来实现旅游产品在市场上的营销目标。它包括多种形式，如短信回执、短信网址、彩铃、彩信、声讯、流媒体等。

十二、旅游产品网络营销策略

网络营销策略是企业在特定的网络营销环境和条件下，为达到一定的营销目标而制定的综合性的、具体的网络营销策略和活动计划。

在以消费者为导向的电子商务时代，旅游产品网络营销应采取整合营销，这才能满足旅游消费者个性化需求和利润最大化两个目标。有效的网络营销策略将有利于旅游产品缩短营销渠道、顺利进入市场。但旅游产品网络营销策略并不是一成不变的，它随着客源结构、旅游者需求和旅游产品调整等的变化而发生相应的改变。一般的旅游产品网络营销策略如下：

1. 产品策略

产品策略是指企业制定经营战略时，首先要明确企业能提供什么样的产品和服务去满足消费者的要求，也就是要解决产品策略问题。

在传统旅游产品网络营销中，旅游消费者与旅游企业在旅游产品设计与开发过程中基本上是分离的，旅游消费者只是被动地接受和反应，无法直接参与旅游产品概念形成、设计和开发环节。在基于互联网的旅游产品网络营销中，旅游业经营者所面临的是旅游消费者需求和购买行为的全新变化以及各个旅游目的地和旅游企业之间的激烈竞争，因此，在网上所提供的产品和服务要有针对性。在产品形态、产品定位和新产品开发方面应体现互联网的特点，要以网上旅游消费者为中心的新的思维方式，随时听取顾客的意见，并及时反馈，根据旅游消费者的需求来设计和开发产品，强化网上旅游消费者的主权，保证产品最大限度地满足旅游消费者的个性需求。

具体的旅游产品策略有：

（1）提供旅游产品信息策略。在网上开辟专区，对旅游企业提供的旅游产品信息进行发布，尽量做到全面、详实，并及时更新；建立"虚拟展厅"，通过多媒体技术把无形产品有形化,并建立相应的导航系统,使浏览者能很快地找到自己所需要的旅游产品。

(2)为网上浏览者创建虚拟社区。在社区中,旅游消费者不但发布大量他们的相关信息并及时更新,而且主动创建社区。通过这些信息,旅游企业可以了解旅游消费者旅游需求和市场趋势,寻求新的市场机会,明确产品定位,开发新产品。

(3)方便查询策略。在网站上设计友好的界面,通过交互式的咨询,适时向浏览者提供有关旅游产品和服务信息;提供网上自助服务系统,一旦在线浏览者遇到困难,可在网上自己寻求帮助。

(4)网络产品参与策略。设立旅游消费者意见专栏和自我设计区,征求旅游消费者对网上所提供的旅游产品和他们所购买的旅游产品的意见和建议,了解他们对旅游产品的看法和个性化要求,为旅游消费者提供定制化的产品和服务。

2. 服务策略

服务策略是企业在充分认识满足消费者需求的前提下,为充分满足消费者需要在营销过程中所采取的一系列活动。在网络营销中,服务作为产品的附加利益,是构成产品营销的一个重要组成部分,服务策略在企业营销管理中的地位和作用也日益重要。因此,提供良好的网上售前、售中、售后服务是实现旅游产品网络营销的一个重要环节,也是提高客户满意度和树立旅游企业良好形象的一个重要方面。

具体的服务策略有:

(1)利用网络的优势,详尽地提供旅游产品和服务的信息,方便浏览者获取所需资料。

(2)设立在线问答论坛,方便顾客及时寻求帮助。在论坛中旅游企业可以实时与浏览者交流,同时也为浏览者之间提供相互交流的平台,有利于吸引更多的潜在客户,扩大旅游企业的顾客群。

(3)编制旅游消费者邮件列表,方便旅游消费者了解旅游产品的最新动态及购买、消费产品时应注意的问题,加强与旅游消费者的联系。

3. 价格策略

价格策略是指企业通过对顾客需求的估量和成本分析,选择一种能吸引顾客、实现市场营销组合的价格策略。对有需求的旅游消费者来说,价格不是决定其购买旅游产品的唯一因素,却是一个很重要的参考因素。

具体的旅游产品价格策略有:

(1)个性化定价策略。旅游消费者只要输入他们的旅游目的地、愿意支付的机票价位、饭店客房标准、用餐、租车等价格标准,网络就帮助他们去寻找,完全根据每个旅游消费者的个性化需求来实现,让旅游消费者能以自己满意的价格去旅游。

（2）制造转换壁垒以使定价最优化。通过网络旅游企业能够收集旅游消费者的详细个人信息，包括旅游消费者的购买习惯、喜好，甚至愿意为某个旅游产品支付的最高极限。这样，旅游企业提供的旅游产品和价格都能够较好地适应具体的旅游消费者。许多旅游消费者也非常喜欢这样的个人认知，因为他们因此可以得到更好的服务。这样的个性化制造了旅游消费者的转换壁垒，使竞争对手很难仅仅通过价格优势吸引他们。

（3）提供价格查询。在自己的网站上就为旅游消费者客观、准确地提供同类旅游产品或相关产品的不同旅游企业的价格目录，方便旅游消费者的查询，为他们提供个性化服务。

（4）开发自助调价和智能议价系统，取消菜单式定价。自助调价系统可根据季节、市场需求、促销状况等因素的变化自动调整价格水平，智能议价系统则给旅游消费者提供一个网上议价的平台，满足旅游消费者的心理需要，提高他们的参与积极性。

（5）设立价格讨论区。对新推出的旅游产品，可以通过价格讨论区了解旅游消费者能普遍接受的价格，为制定和调整价格决策提供依据。通过与旅游消费者对旅游产品价格的讨论，可以合理地制定出产品和服务的价格。

4. 渠道策略

营销渠道就是商品和服务从生产者向消费者转移过程的具体通道或路径。目前网络营销的渠道主要有网络直销和网络中间商渠道。

渠道营销策略是整个营销系统的重要组成部分，它对降低企业成本和提高企业竞争力具有重要意义，是规划中的重中之重。它对降低企业成本和提高企业竞争力具有重要意义。

旅游企业对网络营销渠道策略的选择将直接影响到其他的营销决策。它同产品策略、价格策略、促销策略一样，也是旅游企业是否能够成功开拓市场、实现销售及经营目标的重要手段。

旅游产品网络营销渠道是借助互联网将旅游产品从旅游企业转移到旅游消费者的中间环节。它不但为旅游消费者提供旅游产品信息，方便旅游消费者选择，而且要方便旅游消费者购买，当然交钱和消费不一定同时进行。

具体可采取的策略有：

（1）设立旅游产品展示区。将产品图像进行电脑技术设计，通过主体形象的声、影、形、色等虚拟的产品橱窗展现在上网用户面前，让旅游消费者体验网上虚拟旅游。

（2）建立虚拟社区，发展会员网络。这是旅游电子商务营销中一个最重要的渠道。通过会员制，促进旅游者相互间的联系和交流，以及旅游消费者与旅游企业的联系和交流，培养旅游消费者对旅游企业的忠诚，并把旅游者融入到旅游电子商务营销的整个过程中，使会员网络的每一个成员都能互惠互利。

（3）建立双渠道营销网络。我们在进行电子商务营销时可以采取直销的方式。网络直销的优势是显而易见的：它能促成产需直接交流，旅游企业可直接从网上搜集到旅游市场真实的第一手资料，大大降低了旅游企业的生产和营销成本；旅游企业能够以较低的价格出售自己的旅游产品，旅游消费者也能够买到大大低于市场现货价格的产品；旅游营销人员可以利用网络工具，如电子邮件、公告牌等，随时根据用户的愿望和需要，开展各种形式的促销活动，迅速扩大产品的市场占有率；旅游企业能够通过网络及时了解旅游消费者对产品和服务的意见和建议，并针对这些意见和建议提供服务，解决疑难问题，提高产品质量，改善经营管理。

（4）通过 E-mail、电话、传真等确认网上旅游消费者的订单。并在网站上给出一个专门设置的免费订货电话，为那些从网上了解产品后决定"离线"购买的旅游消费者服务。

（5）提供多种付款方式。在选择结算方式时，应考虑到目前网络营销实际发展的情况，尽量提供多种方式方便旅游消费者选择。

企业将合适的产品，在适当地点、以适当的价格出售的信息传递到目标市场，一般是通过两种方式：一是人员推销，即推销员和顾客面对面地进行推销；另一种是非人员推销，即通过大众传播媒介在同一时间向大量顾客传递信息，主要包括广告、公共关系和营业推广等多种方式。这两种推销方式各有利弊，起着相互补充的作用。此外，目录、通告、赠品、店标、陈列、示范、展销等也都属于促销策略范围。一个好的促销策略，往往能起到多方面作用，如提供信息情况，及时引导采购；激发购买欲望，扩大产品需求；突出产品特点，建立产品形象；维持市场份额，巩固市场地位等等。

5. 促销策略

网络促销是指利用现代化的计算机网络技术向虚拟市场传递有关产品和服务的信息，以启发需求，引起消费者的购买欲望和购买行为的各种活动。

促销策略是市场营销组合的基本策略之一。促销策略是指企业如何通过人员推销、广告、公共关系和营业推广等各种促销方式，向消费者或用户传递产品信息，引起他们的注意和兴趣，激发他们的购买欲望和购买行为，以达到扩大销售的目的。

促销是旅游企业拓展市场的重要方法和手段。因特网的出现，又使得促销在方式、手段上都发生了深刻的变化。根据当前旅游业的特点，我们在进行电子商务促销时可采取的策略有：

（1）精心设计网页，加强网络站点推广。网页是旅游目的地和旅游企业与旅游代理商和旅游消费者直接打交道的"门面"，直接影响着旅游目的地和旅游企业的形象。

（2）网络广告促销策略。网络广告促销是指通过信息服务商进行广告宣传，开展促销活动。

（3）E-mail 促销。由于 E-mail 具有廉价性、快捷性和简单性，因而 E-mail 促销被认为是最有效和最有发展潜力的网络促销方式。

（4）病毒式促销。病毒式促销一般具有以下特征：通过动画、笑话、故事等形式调动人们对附加信息的兴趣，趣味性强，简单难忘；在价格、产品质量、售后服务等方面具有极大的诱惑力，能够吸引网民积极向自己的亲戚或朋友推荐；信息形式简单，易于传播或扩散。

（5）网络公共关系促销。在网络上开展公共关系活动有多种形式，可以通过站点宣传推广网站，通过蓄意制造有价值的事件吸引公众注意力，通过活动策划组织能让网民有兴趣参与能造成一定社会影响的活动等。

（6）网上抽奖促销。这是网上应用较广泛的促销形式之一，是大部分网站乐于采用的促销方式。旅游消费者或网上浏览者通过填写问卷、注册、购买旅游产品或参加网上活动等方式获得抽奖机会。

（7）赠品促销。这种促销方式通过鼓励人们经常访问网站或通过网站购买旅游产品以获得更多的旅游优惠信息来提高网站的访问量和知名度，旅游营销人员能根据旅游消费者索取赠品的热情程度来分析、总结营销效果和产品或服务本身的反应情况等。

（8）积分促销。这种促销方式在网络上更易操作，它可通过编程和数据库来实现，并且结果可信度高。积分促销的奖品一般应是价值较高的奖品，旅游消费者通过在网上多次购买旅游产品来增加积分，以获得奖品。

【思考与实践】

思考题：

1. 网络营销的内容是什么？
2. 网络营销有什么样的特点？
3. 网络营销有哪些工具和方法？
4. 网络营销策略都有哪些？

实践题：

1. 在搜狗、百度和谷歌免费注册自己选定页面，分析自己选定页面 PR 值与网页设计的质量。

2. 注册一个博客,在博客上发表至少一篇文章,制定一个自己博客的推广计划。

3. 选择一个电子商务平台,创建一个网上商店,设计网络广告方案,推广自己的网上商店。

4. 针对一个旅游电子商务网站,设计一个综合网络营销方案。

第八章 旅游电子商务安全、法律、法规保障体系

【学习导引】

　　旅游电子商务的发展给人们的工作和生活带来了新的尝试和便利，但并没有像人们想象的那样普及和深入，一个很重要的原因就是旅游电子商务的安全和保障体系，旅游电子商务的安全和保障体系已经成为阻碍旅游电子商务发展的巨大障碍。美国密执安大学的一个调查机构对23 000名因特网用户的调查显示，超过60%的人由于担心电子商务的安全问题而不愿进行网上交易。任何个人、企业或商业机构以及银行都不会使用一个不安全的系统进行商务交易。

　　本章将系统论述电子商务面临的安全威胁、电子商务的安全需求、旅游电子商务安全技术及旅游电子商务法律、法规保障体系。

【教学目标】

　　1. 掌握电子商务的安全的要素。
　　2. 掌握数字签名、数字认证的原理及特点。
　　3. 掌握电子商务的安全协议 SSL 和 SET 协议。
　　4. 了解旅游电子商务的法律、法规、标准及诚信体系。

【学习重点】

　　电子商务安全的要素
　　数字签名的特点
　　数字认证的原理
　　电子商务的安全协议 SSL 和 Set 协议
　　电子商务的法律法规
　　旅游电子商务的标准
　　旅游电子商务的诚信体系

第一节　旅游电子商务安全概述

一、电子商务安全威胁

随着电子商务在全球范围内的快速发展，电子商务中的网络安全问题日渐突出。根据中国互联网络信息中心（CNNIC）发布的"中国互联网络发展状况统计报告（2007/1）"，2007年12月，中国网民网络购物比例是22.1%，购物人数规模达到4640万，而网上购物行为与网上支付、网上银行等网上金融活动息息相关。因此网户最关心的是交易的安全可靠性。由此可见，电子商务中的网络安全和交易安全问题是实现电子商务的关键所在。

1983年10月24日美国著名的计算机安全专家、AT&T贝尔实验室的计算机科学家Rober Morris在美国众议院科学技术会议运输、航空、材料专业委员会上作了关于计算机安全重要性的报告，从此计算机安全成了国际上研究的热点。现在随着互联网络技术的发展，网络安全成了新的安全研究热点。网络安全就是如何保证网络上存储和传输的信息的安全性。但是由于在互联网络设计之初，只考虑方便性、开放性，使得互联网络非常脆弱，极易受到黑客的攻击或有组织的群体的入侵，也会由于系统内部人员的不规范使用和恶意破坏，使得网络信息系统遭到破坏，信息泄露，财产遭到损失。

电子商务中的安全隐患可分为如下几类：

1. 信息的截获和窃取。如果没有采用加密措施或加密强度不够，攻击者可能通过互联网、公共电话网、搭线、电磁波辐射范围内安装截收装置或在数据包通过的网关和路由器上截获数据等方式，获取机密信息，或通过对信息流量和流向、通信频度和长度等参数的分析，推出有用信息，如消费者的银行账号、密码以及企业的商业机密等。

2. 信息的篡改。当攻击者熟悉了网络信息格式以后，通过各种技术方法和手段对网络传输的信息进行中途修改，并发往目的地，从而破坏信息的完整性。这种破坏手段主要有三个方面：篡改——改变信息流的次序，更改信息的内容，如购买商品的出货地址；删除——删除某个消息或消息的某些部分；插入——在消息中插入一些信息，让收方读不懂或接收错误的信息。

3. 信息假冒。当攻击者掌握了网络信息数据规律或解密了商务信息以后，可以假冒合法用户或发送假冒信息来欺骗其他用户，主要有两种方式：一是伪造电子邮件，虚开网站和商店，给用户发电子邮件，收订货单；伪造大量用户，发电子邮件，穷尽商家资源，使合法用户不能正常访问网络资源，使有严格时间要求的服务不能及时得到响应；伪造用户，发大量的电子邮件，窃取商家的商品信息和用户信用等信息。另外一种是假冒他人身份，如冒充领导发布命令、调阅密件；冒充他人消费、栽赃；冒充主机欺骗合法主机及合法用户；冒充网络控制程序，套取或修改使用权限、通行字、密钥等信息；接管合法用户，欺骗系统，占用合法用户的资源。

4. 交易抵赖。交易抵赖包括多个方面，如发信者事后否认曾经发送过某条信息或内容；收信者事后否认曾经收到过某条消息或内容；购买者做了订货单不承认；商家卖出的商品因价格差而不承认原有的交易。

二、电子商务安全需求

电子商务面临威胁的出现，导致了对电子商务安全的需求，也是真正实现一个安全电子商务系统所要求做到的各个方面，主要包括机密性、完整性、认证性、不可抵赖性和有效性。

1. 机密性。电子商务作为贸易的一种手段，其信息直接代表着个人、企业或国家的商业机密。传统的商业贸易都是通过邮寄封装的信件或通过可靠的通信渠道发送商业报文来达到保守机密的目的。电子商务是建立在一个较为开放的网络环境上的（尤其 Internet 是完全开放的网络），维护商业信息机密是电子商务全面推广应用的一个重要保障。因此，要预防信息的非法存取和信息在传输过程中被非法窃取。机密性一般通过加密技术对传输的信息进行加密处理来实现。

2. 完整性。电子商务简化了贸易过程，减少了人为的干预，同时也带来维护贸易各方商业信息的完整性、一致性的问题。由于数据输入时的意外差错或欺诈行为，可能导致贸易各方信息的差异。此外，数据传输过程中信息的丢失、信息重复或信息传送的次序变化也会导致贸易各方信息的不同。贸易各方信息的完整性将影响到贸易各方的交易和经营策略，保持贸易各方信息的完整性是电子商务应用的基础。因此，要预防对信息的随意生成、修改和删除，同时要防止数据传送过程中信息的丢失和重复并保证信息传送次序的一致。完整性一般可通过提取信息消息摘要的方式来获得。

3. 认证性。由于电子商务交易系统是建立在网络的基础上，企业或个人通常都是在虚拟的网络环境中进行交易，所以对个人或企业实体进行身份性确认成了电子商务中非常重要的一环。对人或实体的身份进行鉴别，为身份的真实性提供保证，即交易双方能够在网络环境中（相互不见面的情况下）确认对方的身份。这意味着当某人或实体声称具有某个特定的身份时，鉴别身份服务将提供一种可靠的方法来验证其声明的正确性，一般都通过证书中心 CA 和证书来实现。

4. 不可抵赖性。电子商务可能直接关系到贸易参与各方的商业交易，如何确定要进行交易的贸易各方正是进行交易所期望的贸易方这一问题是保证电子商务顺利进行的关键。由于商场的千变万化，交易达成后是不能否认的，否则，必然给交易的另一方造成商业利益的损失。在传统的纸面贸易中，贸易双方通过在交易合同、契约或贸易单据等书面文件上手写签名或印章来鉴别贸易伙伴，确定合同、契约、单据的可靠性并预防抵赖行为的发生。这也就是人们常说的"白纸黑字"。在无纸化的电子商务方式下，通过手写签名和印章进行贸易方的鉴别已是不可能的。因此，要在交易信息的传输过程中为参与交易的个人、企业或国家提供可靠的标识。不可抵赖性主要通过对发送的消息进行数字签名来获取。

5. 有效性。电子商务以电子形式取代了纸张，那么如何保证这种电子形式的贸易信息的有效性则是开展电子商务的前提。电子商务作为贸易的一种形式，其信息的有效性将直接关系到个人、企业或国家的经济利益和声誉。因此，要对网络故障、操作错误、应用程序错误、硬件故障、系统软件错误及计算机病毒所产生的潜在威胁加以控制和预防，以保证贸易数据在确定的时刻、确定的地点是有效的。

第二节　旅游电子商务安全技术

随着 Internet 的迅猛发展，电子商务已经逐渐成为人们进行商务活动的新模式。越来越多的人通过 Internet 进行商务活动。电子商务的发展前景十分诱人，而其产生安全问题也变得越来越突出，因此如何建立一个安全、便捷的电子商务应用环境，对商业信息提供足够的安全保护，已经成为商家和用户必须面对的话题。

电子商务的一个重要技术特征是利用 IT 技术来传输和处理商业信息。旅游商务交易安全则紧紧围绕传统商务在互联网络上应用时产生的各种各样的安全问题，在计算机网络安全的基础上，如何保障旅游电子商务过程的顺利进行。即实现电子商务的保密性、完整性、可鉴别性、不可伪造性和不可抵赖性。常用的电子安全技术包括：数据加密技术、数字简明技术、数据信封和数字时间戳、数字证书和 CA 认证中心。

一、数据加密技术

数据加密技术是网络中最基本的安全技术，主要是通过对网络中传输的信息进行数据加密来保障其安全性，这是一种主动安全防御策略，用很小的代价即可为信息提供相当大的安全保护。

1. 加密的基本概念

"加密"，是一种限制对网络上传输数据的访问权的技术。原始数据（也称为明文，plaintext）被加密设备（硬件或软件）和密钥加密而产生的经过编码的数据称为密文（ciphertext）。将密文还原为原始明文的过程称为解密，它是加密的反向处理，但解密者必须利用相同类型的加密设备和密钥对密文进行解密。

加密的基本功能包括：

（1）防止不速之客查看机密的数据文件；

（2）防止机密数据被泄露或篡改；

（3）防止拥有特权的用户查看私人数据文件；

（4）使入侵者不能轻易地查找一个系统的文件。

数据加密是确保计算机网络安全的一种重要机制，虽然由于成本、技术和管理上的复杂性等原因，目前尚未在网络中普及，但数据加密的确是实现分布式系统和网络环境下数据安全的重要手段之一。目前使用的比较多的加密方法主要有使用相同密钥的对称加密和使用公开密钥的非对称加密两种。

2. 对称加密算法

对称加密采用了对称密码编码技术，它的特点是文件加密和解密使用相同的密钥，即加密密钥也可以用作解密密钥，这种方法在密码学中叫做对称加密算法。即发送方和接收方使用相同的对称密钥对明文进行加密和解密运算。在电子商务中，贸易双方采用相同的加密算法作为共享的专用密钥。在进行加密和解密时双方都必须知道密钥，在双方首次通信把密钥发送给对方时，很容易造成密钥的窃听和泄漏，这就对密钥的管理和保密工作都带来较大的困难。对称加密算法使用起来简单快捷，密钥较短，且破译困难，除了数据加密标准（DES）外，另一个对称密钥加密系统是国际数据加密算法（IDEA），它比 DES 的加密性好，而且对计算机功能要求也没有那么高。IDEA 加密标准由 PGP（Pretty Good Privacy）系统使用。

常用的采用对称密码术的加密方案有 5 个组成部分（如图 8.1 所示）

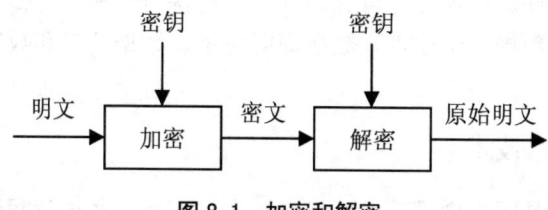

图 8.1　加密和解密

（1）明文：原始信息。

（2）加密算法：以密钥为参数，对明文进行多种置换和转换的规则和步骤，变换结果为密文。

（3）密钥：加密与解密算法的参数，直接影响对明文进行变换的结果。

（4）密文：对明文进行变换的结果。

（5）解密算法：加密算法的逆变换，以密文为输入、密钥为参数，变换结果为明文。

对称加密算法在电子商务交易过程中存在几个问题：

（1）要求提供一条安全的渠道使通讯双方在首次通讯时协商一个共同的密钥。因为是在互联网上，双方不可能直接地面对面进行协商，所以双方可能需要借助于电话和电子邮件等其他相对不够安全的手段来进行协商出共同的密钥。

（2）密钥的数目难于管理。因为对于每一个合作者都需要使用不同的密钥，很难适应现代化程度比较高的社会中大量的信息交流。

（3）对称加密算法一般不能提供信息完整性的鉴别。它对发送者和接受者的身份无法验证。

（4）对称密钥的管理和分发工作是一件具有潜在危险的和繁琐的过程。对称加密是基于共同保守秘密来实现的，采用对称加密技术的贸易双方必须保证采用的是相同的密钥，保证彼此密钥的交换是安全可靠的，同时还要设定防止密钥泄密和更改密钥的程序。

3. 非对称加密算法

1976年，美国学者Dime和Henman为解决信息公开传送和密钥管理问题，提出一种新的密钥交换协议，允许在不安全的媒体上的通讯双方交换信息，安全地达成一致的密钥，这就是"公开密钥系统"。相对于"对称加密算法"，这种方法也叫做"非对称加密算法"。

与对称加密算法不同，非对称加密算法需要两个密钥：公开密钥（public key）和私有密钥（private key）。公开密钥与私有密钥是一对，如果用公开密钥对数据进行加密，只有用对应的私有密钥才能解密；如果用私有密钥对数据进行加密，那么只有用对应的公开密钥才能解密。因为加密和解密使用的是两个不同的密钥，所以这种算法叫作非对称加密算法。

非对称加密算法实现机密信息交换的基本过程是：

（1）甲方生成一对密钥并将其中的一把作为公用密钥向其他方公开；

（2）乙方获得甲方的公用密钥并使用该密钥对机密信息进行加密后再发送给甲方；

（3）甲方再用自己保存的另一把专用密钥对经过加密的信息进行解密。甲方只能用其专用密钥解密由其公用密钥加密后的任何信息。

非对称加密算法的保密性比较好，它消除了最终用户交换密钥的需要，但加密和解密花费时间长、速度慢，它不适合于对文件加密而只适用于对少量数据进行加密。

案例 1 RSA 加密算法

RSA 加密算法是最常用的非对称加密算法，它是第一个比较完善的公开密钥算法，它既能用于加密，也能用于数字签名。该算法于 1977 年由美国麻省理工学院 MIT（Massachusetts Institute of Technology）的 Ronal Rivest，Adi Shamir 和 Len Adleman 三位年轻教授提出，并以三人的姓氏 Rivest，Shamir 和 Adlernan 的首个字母来命名。该算法经受住了多年深入的密码分析，虽然密码分析者既不能证明也不能否定 RSA 的安全性，但这恰恰说明该算法有一定的可信性，目前它已经成为最流行的公开密钥算法。

RSA 的安全基于大数分解的难度。其公钥和私钥是一对大素数（100 到 200 位十进制数或更大）的函数。从一个公钥和密文恢复出明文的难度，等价于分解两个大素数之积。

RSA 的公钥、私钥的组成，以及加密、解密的公式可见于表 8.1：

表 8.1

公钥 KU	n: 两素数 p 和 q 的乘积（p 和 q 必须保密）
	e: 与 (p-1)(q-1) 互质
私钥 KR	d: e^{-1} (mod (p-1)(q-1))
	n:
加密	$C \equiv m^e \bmod n$
解密	$m \equiv C^d \bmod n$

算法描述：

（1）选择一对不同的、足够大的素数 p、q。

（2）计算 n=pq。

（3）计算 f(n) = (p-1)(q-1)，同时对 p、q 严加保密，不让任何人知道。

（4）找一个与 f(n) 互质的数 e，且 1<e<f(n)。

（5）计算 d，使得 de≡1 mod f(n)。这个公式也可以表达为 d ≡e^{-1} mod f(n)。

这里要解释一下，≡是数论中表示同余的符号。公式中，≡符号的左边必须和符号右边同余，也就是两边模运算结果相同。显而易见，不管 f(n) 取什么值，符号右边 1 mod f(n) 的结果都等于 1；符号的左边 d 与 e 的乘积做模运算后的结果也必须等于 1。这就需要计算出 d 的值，让这个同余等式能够成立。

（6）公钥 KU=（e，n），私钥 KR=（d，n）。

（7）加密时，先将明文变换成 0 至 n-1 的一个整数 M。若明文较长，可先分割成适当的组，然后再进行交换。设密文为 C，则加密过程为：$C \equiv M^e \pmod{n}$。

（8）解密过程为：$M \equiv C^d \pmod{n}$。

实例 2

现在，通过一个简单的例子来理解 RSA 的工作原理。为了便于计算。在以下实例中只选取小数值的素数 p、q，以及 e，假设用户 A 需要将明文"key"通过 RSA 加密后传递给用户 B，过程如下：

（1）设计公私密钥（e，n）和（d，n）

令 p=3，q=11，得出 n=p×q=3×11=33；f（n）=（p-1）(q-1)=2×10=20；取 e=3，（3 与 20 互质）则 e×d≡1 mod f（n），即 3×d≡1 mod 20。d 怎样取值呢？可以用试算的办法来寻找。试算结果见表 8.2：

表 8.2

d	e×d=3×d	（e×d）mod（p-1）(q-1) =（3×d）mod 20
1	3	3
2	6	6
3	9	9
4	12	12
5	15	15
6	18	18
7	21	1
8	24	3
9	27	6

通过试算我们找到，当 d=7 时，e×d≡1 mod f（n）同余等式成立。因此，可令 d=7。从而可以设计出一对公私密钥，加密密钥（公钥）为：KU =（e，n）=（3，33），解密密钥（私钥）为：KR =（d，n）=（7，33）。

（2）英文数字化

将明文信息数字化，并将每块两个数字分组。假定明文英文字母编码表为按字母顺序排列数值（如表 8.3 所示），则得到分组后的 key 的明文信息为：11，05，25。

表8.3

字母	a	b	c	d	e	f	g	h	i	j	k	l	m
码值	01	02	03	04	05	06	07	08	09	10	11	12	13
字母	n	o	p	q	r	s	t	u	v	w	x	y	z
码值	14	15	16	17	18	19	20	21	22	23	24	25	26

（3）明文加密

用户加密密钥(3，33)将数字化明文分组信息加密成密文。由 $C \equiv M^e \pmod{n}$ 得到相应的密文信息为：11，31，16。

（4）密文解密

用户 B 收到密文，若将其解密，只需要将相应的密文信息数值代入公式 $M \equiv C^d \pmod{n}$ ，计算可得到明文信息为：11，05，25。根据上面的编码表将其转换为英文，我们又得到了恢复后的原文"key"。

当然，实际运用要比这复杂得多，由于 RSA 算法的公钥私钥的长度（模长度）要达到 1024 位甚至 2048 位才能保证安全，因此，p、q、e 的选取、公钥私钥的生成，加密解密模指数运算都有一定的计算程序，需要依靠计算机高速运算来完成。

总的来说，对称密钥加密技术与非对称密钥加密技术都有着各自的优缺点：对称密钥加密技术加密和解密速度快，适合于大数据量的加密，但密钥管理困难，分发和存储比较复杂；非对称密钥加密技术解决了密钥管理问题，但算法相对复杂，加密和解密速度慢，只适合于小数据量的加密。在实际应用中，经常采用两者相结合的方式，即对大块数据加密时采用对称密钥加密技术，而对小数据量信息加密时采用非对称密钥加密技术。

二、数字签名技术

数字签名在 ISO7498-2 标准中定义为："附加在数据单元上的一些数据，或是对数据单元所作的密码变换，这种数据和变换允许数据单元的接收者用以确认数据单元来源和数据单元的完整性，并保护数据，防止被人（例如接收者）进行伪造。"美国电子签名标准（DSS，FIPS186-2）对数字签名作了如下解释："利用一套规则和一个参数对数据计算所得的结果，用此结果能够确认签名者的身份和数据的完整性。"按上述定义 PKI，可以提供数据单元的密码变换，并能使接收者判断数据来源及对数据进行验证。

数字签名是一种确保数据完整性和原始性的方法。数字签名可以提供有力的证据，表明自从数据被签名以来数据尚未发生更改，并且它可以确认对数据签名的人或实体的身份。数字签名实现了"完整性"和"认可性"这两项重要的安全功能,而这是实施安全电子商务的基本要求。

当数据以明文或未加密形式分发时,通常使用数字签名。在这种情况下,由于消息本身的敏感性无法保证加密,因此必须确保数据仍然保持其原来的格式,并且不是由冒名者发送的。因为在分布式计算环境中,网络上具有适当访问权的任何人,无论是否被授权都可以很容易读取或改变明文文本。

数字签名主要是为了证明发件人身份,就像我们看到的某文件签名一样。但现在要说的签名是采取电子数字签名的方式。这种签名还可以防止别人仿签,因为经过加密过的签名会变得面目全非,别人根本不可能看到真正的签名样子。具体地讲,数字签名可以通过下列步骤来描述,如图8.2所示:

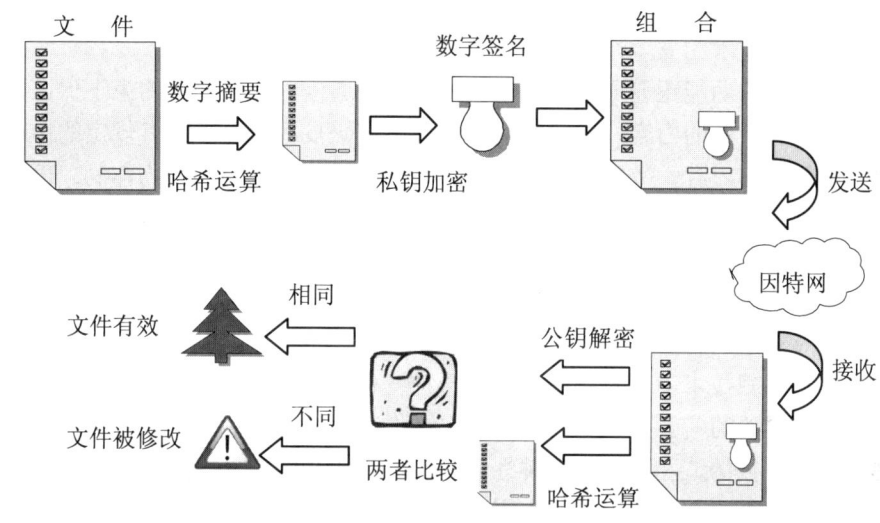

图 8.2 数字签名原理

(1) 发信者在发信前使用哈希算法求出待发信息的数字摘要。

(2) 发送者使用公开密钥技术,利用自己的私钥对这个数字摘要(而不是待发信息本身)进行加密形成一段信息,这段信息称为数字签名。

(3) 发信时将这个数字签名信息附在待发信息后面,通过互联网,一起发送给收信者。

(4) 收信者收到包含有数字签名的信息后,一方面用发信者的公钥对数字签名部分进行解密,得到一个摘要 H。

(5) 另一方面,收信者把收到的信息本身用哈希算法求出另一个摘要 H',再把 H 和 H'相比较,如果相同,说明发送的信息和接收到的信息是一致而真实的,数字签名有效,否则收到的信息不是发送方所发送的真实的信息,签名无效,在发送信息的过程中信息被人篡改了。

数字签名使收信者可以确定文件确实是由发送者发送的，并且签名所采用的私钥只有发送者自己保管，其他人无法做出一样的签名。从而发送者不能否认信息是他发送的，所以数字签名解决了发送信息的完整性和不可否认性的问题。

三、数字信封和数字时间戳

数字信封是用加密技术来保证只有规定的特定收信人才能阅读信的内容。在数字信封中，信息发送方采用对称密钥来加密信息，然后将此对称密钥用接收方的公开密钥来加密（这部分称为数字信封）之后，将它和信息一起发送给接收方，接收方先用相应的私有密钥打开数字信封，得到对称密钥，然后使用对称密钥解开信息。这种技术的安全性相当高。

数字信封的功能跟普通信封的功能相似，普通信封在法律的约束下保证只有收信人才能阅读信的内容，而数字信封则采用密码技术保证了只有规定的接收人才能阅读信息的内容。数字信封中采用了对称密码体制和公钥密码体制。信息发送者首先利用随机产生的对称密码加密信息，再利用接收方的公钥加密对称密码，被接收方的公钥加密后的对称密码被称之为数字信封。在传递信息时，信息接收方若要解密信息，必须通过自己的私钥对数字信封进行解密，才能得到对称密码，才能利用对称密码解密所得到的信息。这样就保证了数据传输的真实性和完整性。

数字时间戳技术就是数字签名技术一种变种的应用。在电子商务交易文件中，时间是十分重要的信息。在书面合同中，文件签署的日期和签名一样均是十分重要的防止文件被伪造和篡改的关键性内容。对于成功的电子商务应用，要求参与交易各方不能否认其行为。这其中需要在经过数字签名的交易上打上一个可信赖的时间戳，从而解决一系列的实际和法律问题。由于用户的计算机系统的时间很容易改变，由该时间产生的时间戳不可信赖，因此需要一个权威的第三方来提供可信赖的且不可抵赖的时间戳服务。

CA 作为一个权威的、可信赖的、公正的第三方，其时间戳服务就是将经过 CA 签名的一个可信赖的日期和时间与特定电子数据绑定在一起，为服务器端和客户端应用提供可信的时间证明，图 8.3 就是数字时间戳工作示意图。

数字时间戳的工作流程：

- ◆ 用户对文件数据进行 Hash 摘要处理；
- ◆ 用户提出时间戳的请求，Hash 值被传递给时间戳服务器；
- ◆ 时间戳服务器对哈希值和一个日期/时间记录进行签名，生成时间戳；
- ◆ 时间戳数据和文件信息绑定后返还，用户进行下一步网上交易作。

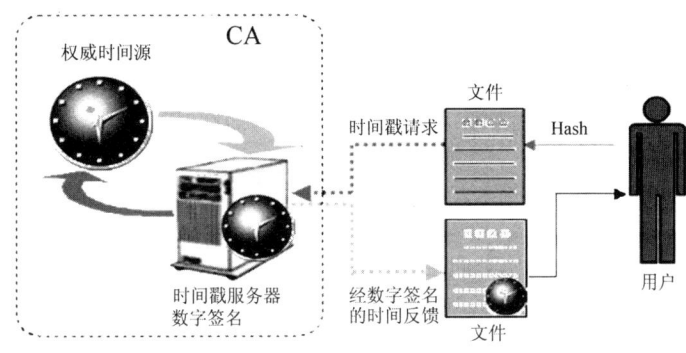

图 8.3 数字时间戳工作示意图

四、数字证书

数字证书是一种权威性的电子文档，由权威公正的第三方机构，即 CA 中心签发的证书。它以数字证书为核心的加密技术可以对网络上传输的信息进行加密和解密、数字签名和签名验证，确保网上传递信息的机密性、完整性。

CA 认证中心对申请者提供的信息进行验证，然后通过给申请者颁发数字证书来确认申请者的身份，保证在网上进行电子商务的安全性。这样，在网上进行电子商务活动时，参与电子商务活动的各方有了自己的"身份证"，从而打消了对对方身份真伪的疑虑。

在网上进行电子商务活动时，参与电子商务的各方都需要使用数字证书来表明自己的身份，并使用数字证书来进行有关的交易操作。通俗地讲，数字证书就是个人或单位在 Internet 上的身份证。数字证书主要包括三方面的内容：证书所有者的信息、证书所有者的公开密钥和数字证书颁发机构（数字证书认证中心）的签名等。

一个标准的 X.509 数字证书包含以下一些内容：
◆ 证书的版本信息；
◆ 证书的序列号，每个证书都有一个唯一的证书序列号；
◆ 证书所使用的签名算法；
◆ 证书的发行机构名称（命名规则一般采用 X.500 格式）及其用私钥的签名；
◆ 证书的有效期；
◆ 证书使用者的名称及其公钥的信息。

随着 Internet 的普及、各种电子商务活动和电子政务活动的飞速发展，数字证书开始广泛地应用到各个领域之中，目前主要包括：发送安全电子邮件、访问安全站点、网上招标投标、网上签约、网上订购、安全网上公文传送、网上缴费、网上缴税、网上炒股、网上购物和网上报关等。

根据数字证书使用者的不同，目前的数字证书类型主要包括：个人数字证书、单位数字证书、单位员工数字证书、服务器证书、VPN 证书、WAP 证书、代码签名证书和表单签名证书。

五、CA 认证中心

CA 机构，又称为证书授证（Certificate Authority）中心，作为电子商务交易中受信任的第三方，承担公钥体系中公钥合法性检验的责任。CA 中心为每个使用公开密钥的用户发放一个数字证书，数字证书的作用是证明证书中列出的用户合法拥有证书中列出的公开密钥。CA 机构的数字签名使得攻击者不能伪造和篡改证书。它负责产生、分配并管理所有参与网上交易的个体所需的数字证书，因此是安全电子交易的核心环节。

一般情况下，数字认证中心（CA）负责发行数字证书时，必须证实个人或组织身份和密钥所有权，因为证书是由社会上公认的公正的第三方发行。如果它发行的证书造成不恰当的信任关系，则第三方认证中心就要承担责任。

CA 认证中心的职能：

（1）证书的申请，申请方式有离线申请方式和在线申请方式。
（2）证书的审核，可离线审核，也可采用在线审核。
（3）证书的发放，有离线方式发放和在线方式发放。
（4）证书以及持有者身份认证查询，利用 CA 服务器，用户在线查询证书的生成境况，也可在线认证证书持有者。因此，CA 必须保证 24 小时×365 天在线提供服务，并要有足够的带宽，以保证查询的速度。
（5）证书的归档。
（6）证书的撤销，CA 认证中心根据持有者的应用情况，可在数字证书的有效期内将其吊销，并公示于众。
（7）证书的更新，主要有人工密钥更新、自动密钥更新。
（8）证书废止列表的管理功能（CRL）。
（9）CA 的管理功能。
（10）CA 自身密钥的管理功能。

五、安全技术的综合应用

人们在电子商务的活动过程中，往往要采取多种手段来加强电子交易的安全性，如数字摘要、数字签名、数字时间戳、数字证书和认证中心。现有假设持证人甲向持证人乙传送数字信息,为了保证信息传送的真实性、完整性和不可否认性,需要对要传送的信息进行数字加密和数字签名及相关的验证,其过程如下:

(1)甲用户从认证中心下载乙用户的数字证书,这个证书包含乙用户的公钥和认证中心的数字签名。

(2)甲用户使用哈希函数对数字证书作出摘要。

(3)甲用户使用认证中心的公钥对数字证书进行解密获得摘要,并与上一步所获得的摘要进行比较,如一致,则从认证中心获得的乙用户的公钥是可信赖的。

(4)甲用户准备好要传送的数字信息(明文)。

(5)甲用户对数字信息进行哈希(hash)运算,得到一个信息摘要。

(6)甲用户用自己的私钥(SK)对信息摘要进行加密得到甲的数字签名,并将其附在数字信息上。

(7)甲用户随机产生一个加密密钥(DES 密钥),并用此密钥对要发送的信息进行加密,形成密文。

(8)甲用户用乙的公钥(PK)对刚才随机产生的加密密钥进行加密,将加密后的 DES 密钥连同密文一起传送给乙用户。

(9)乙用户从认证中心获得甲用户的数字证书,并如同(2)、(3)步骤对其进行认证。

(10)乙用户收到甲用户传送过来的密文和加过密的 DES 密钥,先用自己的私钥(SK)对加密的 DES 密钥进行解密,得到 DES 密钥。

(11)用户用 DES 密钥对收到的密文进行解密,得到明文数字信息,然后将 DES 密钥抛弃(即 DES 密钥作废)。

(12)乙用甲的公钥(PK)对甲的数字签名进行解密,得到信息摘要。

(13)乙用相同的 hash 算法对收到的明文再进行一次 hash 运算,得到一个新的信息摘要。

(14)乙将收到的信息摘要和新产生的信息摘要进行比较,如果一致,说明收到的信息没有被修改过。

第三节 安全协议和标准

目前电子商务中有两种安全认证协议被广泛使用,即安全套接层 SSL(Secure Sockets Layer)协议和安全电子交易 SET(Secure Electronic Transaction)协议。

SSL(Secure Sockets Layer)协议最先是由著名的 Netscape 公司开发的,现

在被广泛用于 Internet 上的身份认证与 Web 服务器和用户端浏览器之间的数据安全通信。

一、安全套阶层协议

SSL 安全协议最初是由 Netscape Communication 公司设计开发的，又叫"安全套接层（Secure Sockets Layer）协议"，主要用于提高应用程序之间的数据安全系数。SSL 协议的整个概念可以被总结为：一个保证任何安装了安全套接字的客户和服务器间事务安全的协议，它涉及所有 TCP/IP 通信应用程序间的隐私与完整性。因特网的超文本传输协议（HTTP）使用 SSL 来实现安全通信。

SSL 安全协议主要提供三方面的服务：

◆ 用户和服务器的合法性认证

认证用户和服务器的合法性，使得它们能够确信数据将被发送到正确的客户端和服务器上。客户端和服务器都是有各自的识别号，这些识别号由公开密钥进行编号，为了验证用户是否合法，安全套接层协议要求在握手交换数据时进行数字认证，以此来确保用户的合法性。

◆ 加密数据以隐藏被传送的数据

安全套接层协议所采用的加密技术既有对称密钥技术，也有公开密钥技术。在客户端与服务器进行数据交换之前，交换 SSL 初始握手信息，在 SSL 握手信息中采用了各种加密技术对其加密，以保证其机密性和数据的完整性，并且用数字证书进行鉴别，这样就可以防止非法用户进行破译。

◆ 保护数据的完整性

安全套接层协议采用 Hash 函数和机密共享的方法来提供信息的完整性服务，建立客户端与服务器之间的安全通道，使所有经过安全套接层协议处理的业务在传输过程中能全部准确无误地到达目的地。

在客户端与服务器间传输的数据是通过使用对称算法（如 DES 或 RC4）进行加密的。公用密钥算法（通常为 RSA）是用来获得加密密钥交换和数字签名的，此算法使用服务器的 SSL 数字证书中的公用密钥。有了服务器的 SSL 数字证书，客户端也可以验证服务器的身份。SSL 协议的版本 1 和 2 只提供服务器认证。版本 3 添加了客户端认证，此认证同时需要客户端和服务器的数字证书。

SSL 握手过程：

SSL 连接总是由客户端启动的。在 SSL 会话开始时执行 SSL 握手。此握手产生会话的密码参数。关于如何处理 SSL 握手的简单概述，如图 8.4 所示。此示例假设已在 Web 浏览器和 Web 服务器间建立了 SSL 连接。

第八章　旅游电子商务安全、法律、法规保障体系　　·179·

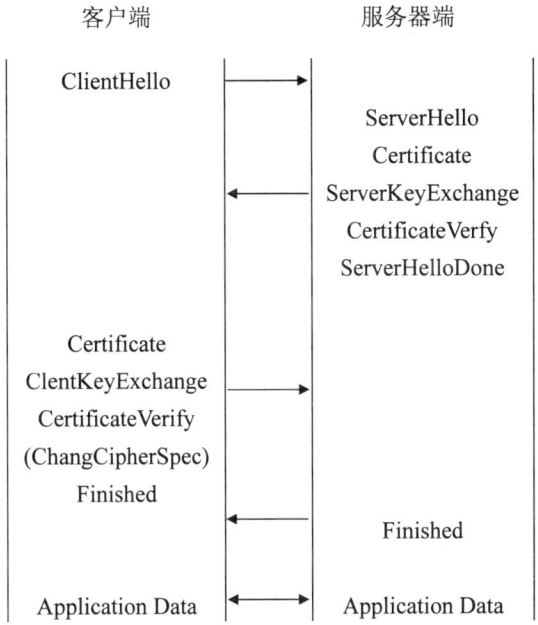

图 8.4　SSL 握手过程图

（1）客户（client）端发送 ClientHello 信息给服务器（Server）端，Server 端回答 ServerHello。这个过程建立的安全参数包括协议版本号，加密算法，压缩方法。另外，还交换 2 个随机数：Client Hello.random 和 Server Hello.random 用作计算机"会话主密钥"。

（2）Hello 消息发送完后，Server 端会发送它的证书和密钥交换信息，如果 Server 端被认证，它就会请求 Client 端的证书，在验证以后，Server 就发送 Hello-done 消息以示达成了握手协议，即双方握手接通。

（3）Server 端请求 Client 端证书时，Client 要返回证书或返回没有证书的指示，这种情况用于单向认证，即客户端不装有证书。然后 Client 端发送密钥交换消息。

（4）服务器 Server 此时要回答"握手完成"消息（Finished），以示完整的握手消息交换，已经全部完成。

（5）握手协议完成后，Client 端即可与 Server 端传输应用加密数据，应用数据加密一般是用第（2）步密钥协商时确定的对称加/解密密钥。如 DES、3DE 等等，目前商用加密强度为 128 位。非对称密钥一般为 RAS，商用强度 1024 位，用于证书的验证。

在电子商务交易过程中，由于有银行参与，按照 SSL 协议，客户的购买信息首先发往商家，商家再将信息转发给银行，银行验证客户信息的合法性后，通知商家付款成功，商家再通知客户购买成功，并将商品寄送给客户。在完成电子商务交易过程中，形成了客户－商家－银行，两次点对点的 SSL 连接。客户、商家、银行都必须具有证书，完成两次点对点的双向认证。如图 8.5。

图 8.5　双向认证

二、安全电子交易协议

电子商务在提供机遇和便利的同时，也面临着一个最大的挑战，即交易的安全问题。在网上购物的环境中，持卡人希望在交易中自己的账户信息得到保密，使之不被人盗用；商家则希望客户的定单不可抵赖，并且，在交易过程中，交易各方都希望验明其对方的身份，以防止被欺骗。针对这种情况，由美国 Visa 和 MasterCard 两大信用卡组织联合国际上多家科技机构，共同制定了应用于 Internet 上的以银行卡为基础进行在线交易的安全标准，这就是"安全电子交易"（Secure Electronic Transaction，简称 SET）。它采用公钥密码体制和 X.509 数字证书标准，主要应用于 B to C 模式中保障支付信息的安全性。SET 提供了消费者、商家和银行之间的认证，确保了交易数据的安全性、完整可靠性和交易的不可否认性，特别是保证不将消费者银行卡号暴露给商家等优点，因此它成为了目前公认的信用卡/借记卡的网上交易的国际安全标准。

SET 协议要达到的的目标主要有五个：

（1）保证电子商务参与者信息的相互隔离，客户的资料加密或打包后经过商家到达银行，但是商家不能看到客户的账户和密码信息；

（2）保证信息在 Intemet 上安全传输，防止数据被第三方窃取；

（3）解决多方认证问题，不仅要对消费者的信用卡认证，而且要对在线商店的信誉程度认证，同时还有消费者、在线商店与银行间的认证；

（4）保证了网上交易的实时性，使所有的支付过程都是在线的；

（5）规范协议和消息格式，促使不同厂家开发的软件具有兼容性和互操作功能，并且可以运行在不同的硬件和操作系统平台上。

SET 安全协议的工作主要包括以下 7 个步骤：

（1）消费者利用已有的计算机通过因特网选定物品，并下电子订单；

（2）通过电子商务服务器与网上商场联系，网上商场做出应答，告诉消费者订单的相关情况；

（3）消费者选择付款方式，确认订单，签发付款指令（此时 SET 介入）；

（4）在 SET 中，消费者必须对订单和付款指令进行数字签名，同时利用双重签名技术保证商家看不到消费者的账号信息；

（5）在线商店接受订单后，向消费者所在银行请求支付认可，信息通过支付网关到收单银行，再到电子货币发行公司确认，批准交易后，返回确认信息给在线商店；

（6）在线商店发送定单确认信息给消费者，消费者端软件可记录交易日志，以备将来查询；

（7）在线商店发送货物或提供服务，并通知收单银行将钱从消费者的账号转移到商店账号，或通知发卡银行请求支付。

如：一个 SET 协议的网上购物系统由持卡者、商家、支付网关、收单银行和发卡银行五个部分组成，SET 支付系统还涉及认证机构（CA），但是它不参与 SET 的支付流程。它给各参与方颁发证书，各参与方可以通过查看对方的证书来确定对方是准确的而不是冒充的。这五大部分之间的数据交换过程如图 8.6 所示。

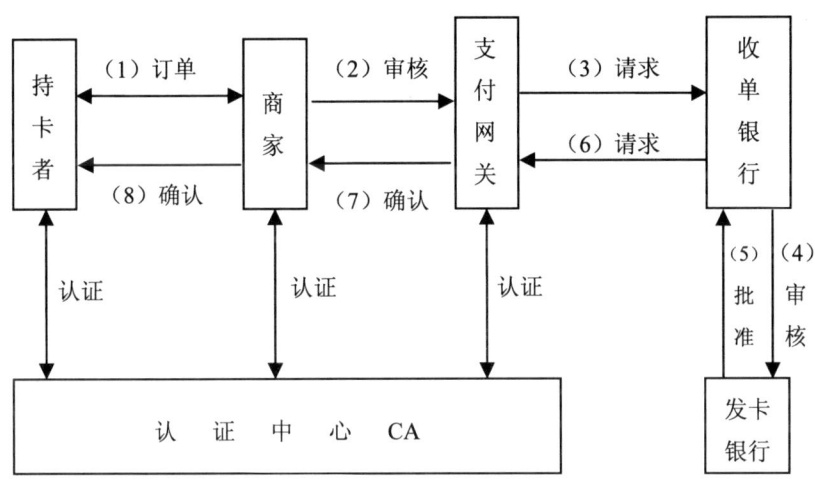

图 8.6　SET 协议的交易流程

第四节　旅游电子商务法律、法规保障体系

旅游电子商务的迅速发展，使旅游成为了一个新的经济增长点，由于有区别于传统的商业模式，中国近几年来也陆续出台了一系列的法律、法规来保障旅游

电子商务的正常运转,当然还有些法律、法规需要加以完善。

一、电子签名法

《中华人民共和国电子签名法》已由中华人民共和国第十届全国人民代表大会常务委员会第十一次会议于 2004 年 8 月 28 日通过,现予公布,自 2005 年 4 月 1 日起施行。其中第十三条规定,符合下列条件的,视为可靠的电子签名:

(1) 电子签名制作数据用于电子签名时,属于电子签名人专有;
(2) 签署时电子签名制作数据仅由电子签名人控制;
(3) 签署后对电子签名的任何改动能够被发现;
(4) 签署后对数据电文内容和形式的任何改动能够被发现。

当事人也可以选择使用符合其约定的可靠条件的电子签名。

第十四条

可靠的电子签名与手写签名或者盖章具有同等的法律效力。

二、其他法律

根据联合国《电子商务示范法》第 2 条,"'数据电文'系指经由电子手段、光学手段或类似手段生成、储存或传递的信息,这些手段包括但不限于电子数据交换(EDI)、电子邮件、电报、电传或传真。"利用数据电文进行的各种信息传输是有效的,"不得仅仅以某项信息采用数据电文形式为理由而否定其法律效力、有效性或可执行性。"

我国新《合同法》也已将数据电文列为"可以有形地表现所载内容的形式"。第 11 条规定:"书面形式是指合同书、信件以及数据电文(包括电报、电传、传真、电子数据交换和电子邮件)等可以有形地表现所载内容的形式。"也就是说,不管合同采用什么载体,只要可以有形地表现所载内容,即视为符合法律对"书面"的要求。这些规定,符合联合国国际贸易法委员会建议采用的"功能等同法"的要求。

第 33 条规定,当事人采用信件、数据电文等形式订立合同的,可以在合同成立之前要求签订确认书。签订确认书时合同成立。这就是说,在实行合同签署时运用电子签字,可以不签定确认书,直接使用电子签字;也可以根据实际情况,首先签定使用这种方法的确认书。后一种做法可以提高合同的可靠性,防止电子签字的伪造。实际上,我国新《刑法》第 280 条已经规定了有关伪造、编造、毁灭国家机关的公文、印章以及公司、企业、事业单位、人民团体的印章的犯罪。如果在司法解释中将公文和印章的概念加以扩大,扩展到电子签字,利用电子合同开展贸易就可以真正进入实施阶段了。

当然，电子商务合同相关的法律还有待进一步的完善。

三、法规

1. 第三方支付平台规范

本规范的制定是根据国家相关法律法规，参照中华人民共和国《互联网信息服务管理办法》（国务院令 2000 年第 292 号）、商务部《关于网上交易的指导意见（暂行）》（商务部公告 2007 年第 19 号）和国家工商行政管理总局《网络商品交易及有关服务行为管理暂行办法》（国家工商行政管理总局令 2010 年第 49 号）的规定，并总结电子商务实际运作经验制定的。

第三方电子商务交易平台（以下简称第三方交易平台）是指在电子商务活动中为交易双方或多方提供交易撮合及相关服务的信息网络系统总和。

（1）第三方电子商务交易平台应遵循的基本原则：

a）公正、公平、公开原则

平台经营者在制定、修改业务规则和处理争议时应当遵守公正、公平、公开原则。

b）业务隔离原则

平台经营者若同时在平台上从事站内经营业务的，应当将平台服务与站内经营业务分开，并在自己的第三方交易平台上予以公示。

c）鼓励与促进原则

鼓励依法设立和经营第三方交易平台，鼓励构建有利于平台发展的技术支撑体系。

鼓励平台经营者、行业协会和相关组织探索电子商务信用评价体系、交易安全制度，以及便捷的小额争议解决机制，保障交易的公平与安全。

（2）平台经营者应提供规范化的网上交易服务，建立和完善各项规章制度，包括但不限于下列制度：

a）用户注册制度；

b）平台交易规则；

c）信息披露与审核制度；

d）隐私权与商业秘密保护制度；

e）消费者权益保护制度；

f）广告发布审核制度；

g）交易安全保障与数据备份制度；

h）争议解决机制；

i）不良信息及垃圾邮件举报处理机制；

j）法律、法规规定的其他制度。

平台经营者应定期在本平台内组织检查网上交易管理制度的实施情况，并根据检查结果及时采取改善措施。

目前，国内第三方支付平台有：

a）易宝（YeePay）

b）支付宝（AliPay）

c）财富通

d）快钱

2. 有关隐私权的法规

随着电子商务的应用和普及，有些商家在利益驱使下在网络应用者不知情或不情愿的情况下采取各种技术手段取得和利用其信息，侵犯了上网者的隐私权。在这种环境下，侵犯隐私权的手段不断创新，而且越来越隐蔽。我国也有些法规对我们的隐私加以保护。

（1）由于我国《民法通则》没有作出保护隐私权的明文规定，最高法院就在有关的司法解释中对名誉权的保护作了扩张性解释，将侵犯隐私权视为侵犯名誉权来予以对待。如《最高人民法院关于执行〈中华人民共和国民法通则〉若干问题的意见》第160条、《最高人民法院〈关于审理名誉权案件若干问题的解答〉》第七问、《最高人民法院〈关于确定民事侵权精神损害赔偿责任若干问题的解释〉》第八问。这些司法解释为网络隐私权的保护提供了基本法律依据。

（2）部门规章的保护。国务院于1997年12月7日颁布的《计算机信息网络国际联网管理暂行规定实施办法》第十八条规定："不得擅自进入未经许可的计算机系统，篡改他人信息；不得在网络上散发恶意信息，冒用他人名义发出信息，侵犯他人隐私。"

（3）公安部于1997年12月30日颁布的《计算机信息网络国际联网安全保护管理办法》第七条规定："用户的通信自由和通信秘密受法律保护。任何单位和个人不得违反法律规定，利用国际联网侵犯用户的通信自由和通信秘密。"虽然这些规定还很不全面、具体，可操作性也不强，对大量的侵犯网络隐私权的行为也暂时无法予以制裁，但已经是我国对网络隐私权保护在立法上的一大进步。

但仅靠这些法律法规，不足以保护我们的隐私，我国必须尽快通过专门立法、鼓励行业自律与教育网络使用者的方式，建立个人数据的法律保护制度。网络隐私数据如何得到安全保障，这是任何发展电子商务的国家都面临的问题。信息时代保护网络隐私权的原则应当是力求平衡——既要保证隐私权不受侵犯，又不能使保护隐私成为信息自由流通从而发挥其经济价值的障碍。当前，以电子商务为代表的网络经济不仅在中国还处于萌芽期，就世界范围而言，也处在由幼稚向成熟发展的探索期，这样一个相对理性的调整时期，正是立法工作可以谨慎而积极开展的时机。

第五节 旅游电子商务标准

目前，在旅游电子商务市场上，依据业务经营模式的不同，有如下几类旅游电子商务企业：旅游产品直销网站、旅游产品分销平台、B2B同业交易平台、C2C交易平台。无论对于哪种类型的旅游电子商务企业，都需要从全面质量管理的角度考察其经营管理问题，以使在线旅游市场在一定质量水平下良性运行并维持高速发展。而旅游电子商务标准体系的建立和推行，是旅游电子商务企业进行全面质量管理的有力保障和监管部门的有力依据。

一、旅游电子商务企业资质管理

根据旅游管理机构和工商部门对企业的资质要求，对从事旅游产品经营的旅游电子商务企业，应加强经营资质的管理，赋予管理审查责任。

1. 旅游电子商务企业经营资质

必须有工商部门颁发的营业执照和相应的经营许可证。

1）根据《旅行社条例》，经营旅游线路和旅游产品的旅游电子商务企业，必须具备旅行社营业执照和《旅行社经营业务许可证》；

2）经营酒店、度假村业务的旅游电子商务企业，必须具备相关住宿企业营业执照，订房中心必须具备类似服务行业营业执照；

3）经营机票业务的旅游电子商务企业，必须具备类似服务行业的营业执照；

4）经营景区门票的旅游电子商务企业，必须具备旅行社营业执照，或者类似服务行业营业执照；

5）经营租车车辆的旅游电子商务企业，必须具备车辆租赁行业营业执照，或者类似服务行业营业执照；

6）经营相关会展业务的旅游电子商务企业，必须具备旅行社营业执照，或者会展公司营业执照，或者类似服务行业营业执照，或者酒店等住宿企业营业执照；

7）旅游电子商务企业所经营的业务，不能超出经营许可范围；

8）在企业网站上，应将营业执照、与经营许可证原件同版的电子版证件放在网站的显要位置。

2. 旅游电子商务企业网站的资质和管理

对于旅游产品直销网站资质，除了以上的资质要求，网站本身需要取得工商经营许可；由于旅游产品分销网站对相关企业负有管理责任，还应有如下要求：

1）对加盟的旅游企业的审核要求和管理责任：对分销产品的企业进行资质审查，包括营业执照、经营许可证和经营范围；

2）对分销旅游产品，需同时注明企业名称、营业执照、许可证号。许可证号在相关页面的显要的位置显示；

3）对于团购类网站，对所团购产品的经营企业的资质、许可证和经营范围予以审查。

二、旅游电子合同要求

旅游电子合同是旅游质量保障的事前约定和事中监督以及事后明确责任的重要依据。旅游者参加旅游团时需要与组团社签订旅游合同，在旅游者单独出游的情况下，也需要得到交通发票、住宿发票、景区景点门票等，这是旅游者与这些服务提供商之间特定的"服务合同"。

而目前在线旅游预订过程中一般不签署电子合同，同时，由于旅游电子合同没有明确的法律效应，所以有必要对电子签名、电子合同进行规范：

1. 在线销售旅游产品时，需要按照一定的流程，将合同文本内容展示给旅游者，得到旅游者确认后，双方可以签订电子合同，以约定的时间和方式生效；

2. 在线旅游合同经过电子签名确认后，与纸质合同具有同等的法律效力；

3. 为保障旅游者与旅游电子商务企业各自权益，也是为了规范在线旅游交易市场，大力推行标准合同文本。

旅游电子合同是旅游电子商务的一项重大举措，旅游电子合同的推广使用，可以有效规范管理旅行社的经营行为，只有正规、合法的旅行社才能通过密码下载使用旅游电子合同，这对黑社、黑导、黑车、野导和黑旅游办事处的非法经营活动将起到有效遏制作用。在太原市，游客签订旅游电子合同后，市旅游局通过电脑查询，可随时掌握这个旅游团队相关情况，并在第一时间了解团队行程、线路、人数、年龄、籍贯、用车情况等信息，并及时进行监督管理。

三、旅游产品内容规范

旅游电子商务企业依据《产品说明书》推介旅游产品，发布的广告和宣传材料应真实、客观、准确，尽可能完整，不能出现易混淆的说法，不进行超范围的宣传。

1. 旅游产品内容

在线旅游产品预订过程中，旅游产品内容要符合 LB/T 008-2011 旅行社服务通则第 5.3 条要求，对产品应包括的要素予以确定。

2. 单一旅游服务产品内容要求

单一旅游服务产品的评价必须符合国家标准的等级评价要求，并由旅游管理机构评定后，将评定结果真实显示于网站中，用于宣传推广。

四、旅游电子商务企业销售和售后服务原则

1. 旅游电子商务企业在销售旅游产品时，应遵循的基本原则符合 LB/T 008-2011 旅行社服务通则第 6.3 条的要求。

2. 销售完成，与旅游者办理相关手续，符合 LB/T008-2011 旅行社服务通则第 6.5 条的要求。

3. 旅游服务质量的监督和持续改进，符合 LB/T008-2011 旅行社服务通则第 8.3 条的要求。

4. 对于旅游电子商务企业，应建立售后服务支持平台，进行有效的旅游产品评价及投诉处理。

五、旅游电子商务网站建设技术规范

这个规范 2011 年 1 月 14 日发布，2011 年 6 月 1 日实施。这里介绍的这个规范提到了如下的内容：

1. 在这个规范中规定了旅游电子商务网站的功能，应具有但不限于以下功能：

1）旅游机构形象宣传；

2）新闻及供求信息发布；

3）产品和服务项目展示；

4）产品和服务订购、转账与支付；

5）信息检索与查询；

6）用户信息管理；

7）旅游社区系统；

8）短信增值服务；

9）广告管理与发布；

10）网站服务。

2. 体系结构和关键技术

旅游电子商务网站的建设技术体系结构应从总体上描述运用各种技术构建网站系统的规则和方法，标识出各服务领域及其接口，实现开放系统的分离原则。

旅游电子商务网站的体系结构自下而上可分为基础设施层、基础支持平台、商务支持平台、商务服务平台、商务应用层、电子商务应用表示层六个层次，其

中每个层次为上层提供服务和支持。整个体系结构中的各个模块和层次之间应是低耦合的。

旅游电子商务网站的基础架构技术可采用面向过程的架构。

面向过程的架构主体是中间件技术，可包括消息中间件、交易中间件、数据访问中间件、远程例程调用中间件等。

3. 安全体系结构

旅游电子商务网站的安全体系结构应包含安全平台、加密技术、认证手段、安全协议四个层次，为旅游电子商务网站的业务系统提供安全保护。

1）安全平台

旅游电子商务网站的安全平台应涵盖软件安全、数据安全和网络安全三方面内容。

2）加密技术

旅游电子商务网站采用的加密技术应涵盖加密方法和密钥管理两方面的内容。

加密方法可采用对称密钥加密或非对称密钥加密。

3）认证手段

旅游电子商务网站可采用数字签名保证信息的完整性和真实性。

旅游电子商务网站可采用证书授权认证机制，由证书授权认证中心向用户颁发包含用户公钥及用户身份信息的数字证书。

4）安全协议

旅游电子商务网站可采用安全套接层协议实现旅游电子商务网站的客户端和服务端之间的身份认证和保密通信。

旅游电子商务网站可采用安全电子交易协议实现旅游电子商务网站的安全电子交易和支付。

六、在线旅游市场监管标准

针对在线旅游市场的特性，凡是以旅游网站为源头的旅游投诉，旅游网站都要承担相应的责任，并接受管理部门相应的处理。

但是，我国目前的情况是：对于旅游电子商务企业，缺少针对性的监管管理与处罚条例；对于在线旅游市场，缺少净化市场环境、促进公平交易和市场规则的有效手段。因此，有必要建立一整套在线旅游市场监管的规范和标准，用于指导各级旅游管理部门对在线旅游市场的监督和监控。

第六节 旅游电子商务诚信体系

一、什么是社会信用体系

社会信用体系也称国家信用管理体系或国家信用体系。它是一种社会机制，具体作用于一国的市场规范，它旨在建立一个适合信用交易发展的市场环境，保证一国的市场经济向信用经济方向转变，即从以原始支付手段为主流的市场交易方式向以信用交易为主流的市场交易方式的健康转变。这种机制会建立一种新的市场规则，使社会资本得以形成，直接地保证一国的市场经济走向成熟，扩大一国的市场规模。

社会信用体系可以保存失信者的纪录，它能够扬善惩恶，提高经济效率；能对失信行为进行防范。而电子商务信用体系从属于社会信用体系。

在旅游行业，尤其是在海南曾出现零团费，甚至负团费的旅游团和天价的家常菜，为此，海南国际旅游岛的形象在全国游客心中大打折扣，严重地扰乱了旅游市场。要把旅游市场做大做强，有必要建立完善的旅游电子商务诚信体系，让诚信成为旅游行业奉行的主旨，让游客游得尽兴、玩得高兴、吃得痛快、住得舒服、行得通畅、不遇堵心事、不听烦心话。

旅游电子商务诚信体系是指在整个旅游市场体系中，旅游活动在诚实守信的原则下进行，包括旅游诚信的法律法规系统、记录系统、评价系统、奖惩系统和监督系统等具体内容的综合性运行体系。

1. 旅游诚信的法律法规系统

针对当前存在的旅游诚信方面的问题，首先应运用立法权加快旅游立法，加强旅游法制建设，让法律法规对旅游企业的行为进行规范和约束，通过制定相关的规章制度，完善现有法规中失信惩罚和诚信奖励的内容，将旅游工作中每一个对旅游者和旅游企业服务的环节纳入管理，使旅游行业管理部门在公平竞争、服务质量等方面的监管，有权威性和公信力。

2. 旅游诚信的记录系统

主要通过发行旅游诚信记录表，记录旅游企业和从业人员涉及信用的各种信息采集。旅游诚信记录一般通过连续记录建立起来。旅游诚信记录点主要是旅游经营者和从业人员的基本信息、正面信息、负面信息等。为了及时掌握第一手资料，应采取有效的措施让游客提供更多的信息。

3. 旅游诚信的评价系统

主要是以旅游行政管理单位、行业协会组织或者信用中介服务机构作为评估主体，以各个旅游经营企业和从业人员为评估对象，进行客观的评价。如实行诚信等级划分评定制度，通过出台旅行社诚信等级划分和评定标准，评定出一大批优秀的诚信旅行社，为广大游客出行提供权威参考依据，引导旅游企业诚信经营。

4. 旅游诚信的奖惩系统

旅游诚信的奖惩是指运用行政、经济、道德等多种手段，对旅游活动行为进行诚信奖励及失信惩戒，甚至可以对诚信企业进行品牌宣传，对有严重失信行为的旅游企业和从业人员可以赶出旅游市场。如建立旅行社、旅游饭店和景区的质量等级退出机制，及时严肃查处侵害游客合法权益的案例并予以公布。建立旅游投诉通报制度，定期发布省内重点旅游城市游客满意度排名。

5. 旅游诚信的监督系统

旅游诚信的监督系统主要是对诚信系统中的记录、评价、奖惩等全过程进行监督，保障整个诚信体系运行的健康和公正。如建立旅游诚信网，搭建游客与旅游企业间的监督维权公示平台，旅游者可进行快捷方便的网上投诉，市场检查中出现的违法违规行为也在网上向社会各界进行公布，增加旅游质监执法的透明度。同时，探索建立"旅游诚信通"服务热线，增强了旅游服务快捷性和便捷性，保障了游客知情权和话语权。

【思考与实践】

思考题：
    1. 什么是数字证书？
    2. 简述数字证书的作用？
    3. CA 认证中心的功能？
    4. 了解安全套接层协议的工作过程。
    5. 旅游电子商务的法律法规有哪些？
    6. 旅游电子诚信系统应该包含哪些模块？

实践题：
    1. 在网上申请一个个人证书。
    2. 基于 Microsoft IIS Web Server，申请 SSL 证书。
    3. 熟练掌握 PGP 加密软件的使用。

第九章 旅游产品网上中间商电子商务

【学习导引】

　　旅游产品网上中间商电子商务在旅游电子商务中占有重要地位，以 Expedia、携程网、去哪儿网为代表的旅游产品网上中间商是旅游电子商务最成功的范例，世界旅游电子商务交易量和网站流量排前几名的网站均为旅游产品网上中间商电子商务网站，世界 IT 业巨头谷歌、百度、淘宝网纷纷强势介入旅游产品网上中间商电子商务。在我国，携程网交易量占我国旅游电子商务交易总量的近一半，去哪儿网网站流量排名我国旅游电子商务网站第一，而 e 龙网、芒果网、酷讯网正在奋起直追。本章将从旅游产品网上中间商概念入手，介绍旅游产品网上中间商电子商务国内外发展状况，详细介绍旅游产品网上中间商电子商务模式及每种模式的营运模式和盈利模式，最后介绍旅游产品网上中间商电子商务网站的功能和结构。

【教学目标】

　　1. 掌握旅游产品网上中间商、旅游产品网上中间商电子商务的概念。

　　2. 了解国内外旅游产品网上中间商电子商务发展状况。

　　3. 理解并掌握旅游产品网上中间商电子商务的模式、每种模式的业务范围和盈利模式。

　　4. 了解旅游产品网上中间商电子商务网站的功能和结构。

【学习重点】

　　旅游产品的概念

　　旅游产品网上中间商的概念

　　旅游产品网上中间商电子商务的概念

　　旅游产品网上中间商电子商务的模式、每种模式的业务范围和盈利模式

　　旅游产品网上中间商电子商务网站的功能和结构

第一节　旅游产品网上中间商电子商务概述

一、旅游产品

旅游产品是旅游经营者提供给旅游市场并引起人们注意、获取、使用或消费，以满足某种欲望或需要的任何东西。它包括有形物品、服务、地点（或区域）、组织和想法以及它们的组合。所以一个旅游目的地、一个景点、一条旅游线路、一间客房、一次午夜供餐、一件旅游纪念品、一次特殊服务、一次民俗歌舞、一条咨询建议、一个在会议中心召开并以团队价格安排与会者住在附近饭店的大会等，以及这些的各种组合，只要是用于旅游者旅游活动的都是旅游产品。总之，从形态上讲，旅游产品有"点"、"线"、"面"（包括"体"）、"静"、"动"、"实"、"虚"、"有形的"、"无形的"，从单项要素讲，有多种形态，旅游者一次旅游活动又是这些不同形态的要素的组合。

二、旅游产品中间商

1. 旅游产品中间商的概念

旅游产品中间商是指介于旅游生产者与旅游消费者之间，从事转售目的地旅游企业的产品、具有法人资格的经济组织或个人。由于旅游产品中间商的存在，旅游产品的生产、销售及再生产，才能够畅通无阻。事实上，大多数旅游企业都是通过旅游产品中间商来完成产品销售的。所以就有必要清楚旅游产品中间商在产品销售中所起的作用。

从旅游产品生产商角度来看，旅游产品中间商可以使旅游产品更多地接触到潜在的消费者，有利于增加旅游企业的销售量；通过旅游产品中间商来销售旅游产品，往往能够节约销售费用，提高旅游企业的经济效益；同时，旅游产品中间商可为消费者提供便捷的服务、更实惠的价格、更丰富的旅游产品和企业信息。

由于旅游产品中间商在旅游市场营销中的作用不同，旅游生产企业与这些中介组织和个人的责权利关系不同，因而旅游中间商的类型也呈多样化。

按照其业务方式，大体上分为旅游批发商和旅游零售商两大类；按照经营性质，又可将其划分为经销商和代理商。按照其基于的营销平台，也可将其划分为传统旅游产品中间商和旅游产品网上中间商。

2. 传统旅游产品中间商

传统旅游产品中间商一般包括旅游产品批发商和旅游产品零售商。传统旅游批发商为旅游产品进行整合与包装，并注入接待与导游服务；传统旅游零售商则增加了咨询与代理服务。但在实际业务运作中，由于只能面对较少数量"上游"和"下游"业务伙伴，而且是固定的线性联系，所以对大量的信息和消费者的快速需求变化的反应就显得缺少弹性，缺乏效率。传统旅游产品中间商正面临旅游产品网上中间商的强大挑战。

3. 旅游产品网上中间商和旅游产品网上中间商电子商务

旅游产品网上中间商是随着互联网发展而出现的新型旅游产品中间商，基于互联网从事目的地旅游企业产品的营销业务。目前，旅游产品网上中间商主要提供信息服务和交易服务，信息服务内容主要为：

（1）产品信息，包括产品描述、产品价值、促销信息、产品广告等以文字、图片及多媒体为载体的产品信息。

（2）企业信息，包括企业历史、企业文化、企业发展战略、通讯联系及企业广告详细信息。

（3）新闻公告，发布企业、行业、旅游目的地及国内外旅游相关新闻信息，发布企业、行业、旅游目的地管理部门及国家与旅游相关的公告。

（4）旅游常识，介绍与旅游相关的常识。

（5）国内外旅游目的地介绍，以文字、图片或多媒体方式介绍国内外旅游目的地旅游资源。

（6）旅游排行榜，对旅游企业和热点景区排行。

（7）旅游营销信息，以文字、图片或多媒体方式对旅游企业和热点景区进行营销。

（8）其他旅游相关信息，包括气象、交通、深度旅游乐享及电子地图等信息。

旅游交易服务内容主要为：

（1）产品搜索，包括产品机票、酒店、餐饮、火车票、线路、团购及旅游商品等信息的搜索。

（2）产品预订，包括机票、酒店、餐饮、火车票、线路、团购及旅游商品等产品的预订。

从旅游产品网上中间商的业务和服务内容来看，都是在网上完成，包括旅游产品营销、交易及售后服务，因此，我们称其为旅游产品网上中间商电子商务。

4. 旅游产品中间商电子商务

旅游产品中间商电子商务是利用因特网实现旅游产品在线零售，具有信息功能和交互功能。旅游产品中间商电子商务使用网站向顾客提供各类信息。许多旅游产品中间商电子商务把网站用作低成本信息传播工具以及扩展顾客服务的工具,向顾客提供各种与公司相关的信息。最常见的信息包括以下几种。

(1) 产品信息。采用各种信息发布的形式,发布包括产品描述、产品价值、促销信息、网络广告、酒店图片、线路及景点彩色图片、多媒体等产品信息。

(2) 公司信息。包括公司的历史、员工以及战略发展的详细信息。

(3) 新闻发布。采用各种新闻发布的形式发布旅游、旅行等新闻,以提升品牌的总体形象或改善顾客促销质量。

交互功能,因特网的交互应用不仅包括旅游产品信息的提供,还包括了旅游产品的订购、促销文件、鼓励游客、旅游者提供市场研究数据的免费礼物以及在线支付。

三、旅游产品网上中间商电子商务发展现状

1. 国内发展现状

2011年中国旅行预订市场第三方在线代理商营收份额显示,携程网以41.1%的占比处于绝对领先地位。但随着越来越多新生力量的进入,行业竞争不断加剧,淘宝网强势进入旅行预订平台,京东商城开通机票业务,各大互联网巨头也正纷纷进入该市场,腾讯投资8440万美元入股e龙网,百度也出资3.06亿美元注资去哪儿网,成为其第一大机构股东,原本高利润的在线旅游行业正在逐步变成薄利行业。另一方面除了来自同行业的竞争外,各大酒店和航空公司直销能力的不断加强,及其直销电子平台的不断完善也将对携程网的在线分销佣金模式造成较大冲击。流量竞争成为国内旅游网站竞争的核心要素。百度、谷歌、去哪儿网、腾讯网及新浪微博五大渠道为旅游网站贡献将近一半的流量。其中,旅游垂直搜索引擎和微博成为旅游网站流量渠道日趋重要的部分。另有来自Alexa的数据显示,2011年以来去哪儿网为海南航空官网贡献了19.5%的流量,远超过谷歌;锦江之星酒店官网来自去哪儿网的流量占比为4.7%,同样超过谷歌,展示出垂直搜索在旅游领域的巨大潜力。

研究报告也显示,在线旅游的新战场正在慢慢转向移动互联网。2011年10月,去哪儿网宣布将投资1亿美元布局无线客户端和手机支付市场,淘宝旅行几乎同时间推出了iPhone版本和Android版本的手机客户端。而行业老大携程网也一直低调地进行无线产品的开发。网络服务的无线化将在既有市场格局的转型过程中起到重要作用,随着智能手机的进一步普及,基于LBS的更深层次的旅游预订应用系统将百花齐放,为消费者提供随时随地、个性化的预订体验。

2. 国外发展现状

艾瑞咨询根据eMarketer发布的数据发现,受金融危机的影响,2009年美国

在线旅游销售规模较2008年下降6.7%，2010年美国在线旅游销售规模增长4.6%，达到925亿美元。据eMarketer预测，美国在线旅游销售规模在2011至2014年将继续平稳增长，到2014年预计达到1190亿美元，如图9.1所示。2010年美国在线旅游销售规模增长有两点原因。首先，全球经济的复苏带动了用户对在线旅游的需求；其次，在线旅游运营商通过无线移动预订等新业务提升了用户体验。

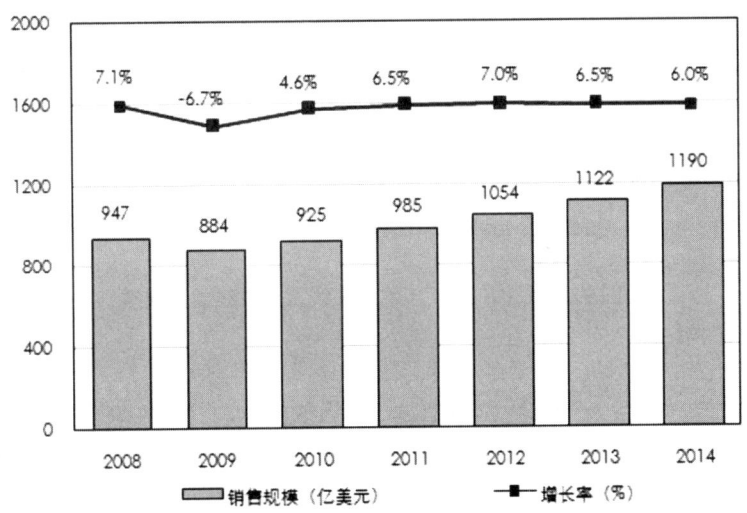

注：美国在线旅游销售规模统计数据包括在线休闲和非托管类商务旅游销售规模数据，涵盖航空、酒店、租车、旅行团、环城游和游轮业务。

图9.1 2008-2014年美国在线旅游销售规模

根据美国eMarketer发布的美国个人旅游者上网目的数据发现：选择酒店是美国个人游客上网的最主要目的，46.5%的用户通过互联网挑选酒店，43.2%的用户利用互联网预订酒店。另外，了解目的地信息和机票信息也是美国个人游客上网的主要目的。艾瑞咨询分析认为，随着美国经济增速放缓，旅游产品的价格成为美国个人旅游者最为看中的因素。通过互联网搜寻信息，比较产品性价比，再决定购买哪家公司的产品已成为美国个人旅游者消费行为的常态。

欧洲作为全球在线旅行预订市场的重要组成部分，其增长速度逐步放缓，如图9.2所示。目前，在线旅行预订运营商通过增值服务来获得更多收益，比如提供更具个性化的旅游产品和更高品质的服务，同时，欧洲旅游公司很看好社交媒体及移动互联网在旅游业中的应用。数据显示，52.2%的欧美旅游公司认为社交媒体通过实时分享可以增加游客的满意度。41.8%的公司认为可以通过社交媒体更好地了解游客所需。只有20.9%的公司认为社交媒体没用。

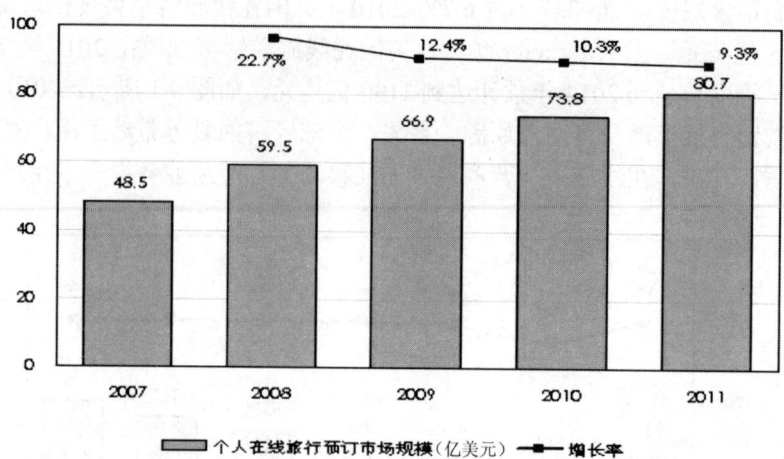

图 9.2　2007—2011 年欧洲在线旅行在线预订规模

第二节　旅游产品网上中间商电子商务模式

目前看来，按其提供的服务内容分，旅游产品网上中间商主要有以下几种模式：在线旅游代理商（OTA）、旅游搜索、旅游评论、旅游资讯服务。

一、在线旅游代理商（OTA）

在线旅游代理商，也称在线旅游服务商（Online Travel Agency，OTA），是基于互联网，为旅游者安排食、宿、行、游、购、娱等有偿服务活动的企业或机构。在线旅游代理商营运项目通常包括了各种交通运输票券（例如：机票、火车票、巴士票与船票）预订，酒店预订，套装行程，旅行保险，旅行商品等的销售，与旅行相关的证照的咨询与证照代办等。典型的在线旅游代理商有 Travelocity、Expedia、携程网、芒果网、e 龙网等。

1. 顾客价值

顾客价值即企业提供给顾客差异化或低成本的产品和服务，为顾客带来价值。就顾客价值而言，OTA 网站较好地做到了网上和网下服务相结合。通过网站，顾客可以注册成为网站用户，实现如酒店机票的预订，度假产品查询预订，获取目的地信息指南，更可以通过网站社区和其他网友或者网站用户交流。网站的顾客价值在于，和一般的旅游公司相比，网站实行的是更方便实现顾客服务。

以携程网为例，携程旅行网与全球 138 个国家和地区的 32000 多家酒店，覆盖国内国际的各大航空公司，近 20 家海外旅游局和 16 家国内旅游局等上下游资源方进行深入合作，还与超过 300 家金融机构和企事业单位达成合作，是中国领先的机票、酒店预订服务中心，携程网每一秒钟就订出 2 张机票、1.5 个房间；携程度假超市提供数千条度假路线，覆盖国内外众多目的地，每月为万余人次提供度假服务；每日携程团购特卖汇提供最低达 2.0 折的优惠价。携程社区可以在线和众多的"旅友"交流分享心得、图片等。

2. 经营范围

一般大型 OTA 网站为客户提供全方位的商务及休闲旅行服务，包括酒店预订、机票预订、商旅管理、休闲度假、旅游信息和特惠商户等。

（1）酒店预订

酒店预订是 OTA 网站经营最重要的业务，也是一般 OTA 网站运作和发展的基础。

以 e 龙网为例，eBooking 系统是 e 龙网依托的网络技术，独立开发并运用在呼叫中心（Call Center）与酒店之间的互动高效的软件平台，可以直接将会员的酒店订单通过这套系统传递到指定酒店，从而实现 e 龙与酒店的联机操作。

早在 2003 年，在其他在线旅游网站还在依靠电话和传真进行业务联络的时候，e 龙已经先行一步，开始着手开发一个能够运用在呼叫中心与各个合作酒店之间的互动高效的软件平台，推出了国内首家依托于网络技术的 eBooking 预订系统。通过这个平台，e 龙网可以直接将用户的酒店订单传递到指定酒店，从而实现了网站预订与酒店确认的联机操作。相对于以往在线旅游网站与酒店之间通过电话、传真等进行沟通和确认的过程和方式，eBooking 不仅为酒店和 e 龙节约了大量的人员成本，更提高了效率和准确性。e 龙相关负责人在接受采访时表示，经过数年时间的不断完善和改进，现在的 eBooking 已经发展成为一个涵盖了订单管理、房量库存管理、价格管理、数据查询、酒店促销信息发布以及酒店大百科等功能的管理系统平台。

（2）机票预订

机票预订是 OTA 网站经营业务中发展重要的业务。目前，规模较大的网站已和国内外各大航空公司合作，覆盖国内外绝大多数航线。会员可在网站上查询实时机票资讯并进行在线预订。

以携程网为例，携程网拥有行业内规模领先的、统一的机票预订系统，可以做到订票点和送票点的不同。携程网的国际机票可以实现"异地出发，本地订票、取票"，极大地方便了会员。携程网还开通了全部航空公司电子客票产品，客人可在航空公司支持电子客票的城市用信用卡支付方式购买电子客票，无需等待送票，直接至机场办理登机，出行更便捷。

（3）度假预订

度假预订是网站经营业务中新的亮点。以芒果网为例，芒果网的"度假产品超市"里拥有多达近千条度假线路，涉及海内外200余个最热门的度假目的地，是中国大陆最丰富、最权威的休闲度假产品"超市"。充足的3~5星级众多房型资源与灵活的航班、火车、轮船、专线巴士与自驾车等交通工具的搭配可以充分满足会员自由的选择。

（4）商旅管理

商旅管理使网站可以面向国内外各大企业与集团公司，以提升企业整体商旅管理水平与资源整合能力为服务宗旨，网站依托遍及全国范围的行业资源网络，以及与酒店、航空公司、旅行社等各大供应商建立的长期良好稳定的合作关系，为公司客户全力提供商旅资源的选择、整合与优化。

以e龙网为例，e龙网除了组建庞大的销售队伍，活跃在中国50个商务及旅游城市外，艺龙与著名电信集团（中国移动、中国联通、中国电信、中国网通等）、著名航空公司（国航、东航、南航、海航等）、著名银行（中国银行、工商银行、建设银行、招商银行等）、著名保险公司（中国平安、中国人寿、中国泰康等）等合作，为他们的会员提供旅行服务；并与遍布全国的4000多家代理商结成战略联盟，代理e龙的酒店预订及消费旅行卡业务。此外，e龙还通过网站、平面媒体、市场活动等各种手段来进行e龙产品的销售和推广。

e龙已经与国内著名的网站建立了排他性合作，建立了广泛的网络营销渠道。通过与谷歌（Google）、百度（Baidu）、腾讯（qq）、互联星空（Vnet）、上海热线等国内大型网站的战略联盟，e龙已经成功地为上千万网络目标消费者提供各类旅行产品服务。同时2002年e龙隆重推出了"e龙旅行产品在线分销联盟"（eLong Affiliate Program Online）合作项目，大大加深了自身营销渠道的拓展。另外，e龙依托 Expedia 的旅游资源、成熟的网络及雄厚的技术支持力量，并通过 elong.net 英文网站平台为世界各地的用户以及国内或国际的旅行消费者提供全球的旅游产品预订服务。

2005年初，e龙又通过与VISA的战略合作，为旅行消费者提供了安全、便捷的在线支付管理系统。今天，e龙已经建立起来立体的、互动的、完善的、覆盖全球的营销服务网络。

（5）特惠商户

特惠商户是网站给予VIP会员的增值服务。特惠商户是遍布全国知名旅游城市的商户，商户类型覆盖各地特色餐饮、酒吧、娱乐、健身、购物、生活等方方面面。网站的VIP会员可在这些特惠商户处享受到最低至5折的消费优惠。

（6）旅游资讯

旅游资讯是网站为会员提供的附加服务。网站可查询国内外多家酒店的详细内容，目的地指南涵盖全球多个景区、多个景点的交通、餐饮、住宿、购物、娱乐、出游佳季、推荐线路、注意事项等实用信息，提供出行情报、火车查询、热点推荐、域外采风、自驾线路等资讯信息。同时网络社区拥有网友游记，有网友发的旅游图片，此外还拥有大量的最新的自助线路攻略可供查询。结伴同游、有问必答、七嘴八舌等交互性栏目，帮您解决旅途问题。

3. 收益来源

收益来源是旅游电子商务维持运营的关键。综合模式网站的收益来源主要由以下几部分组成：

（1）酒店客房预订提成

酒店客房预订提成就是该类型网站按照事先的协议跟联盟的酒店的利益分成，酒店客房预订一直是该类型网站的主要收入来源。2007年，携程网每间客房的平均佣金为69.7元/间夜，e龙网每间客房的平均佣金为65.4元/间夜。

（2）机票预订提成

机票预订提成是按照事先的协议与相关航空公司的利益分成，这一部分也占据了比较大的比重。

（3）度假预订

度假预订是该类型网站凭借其拥有的强大的酒店、航空公司联盟，信息资源为旅客制定的一整套旅游计划，为旅客节省旅行费用的同时获得利润。

（4）商旅管理服务

商旅管理服务是该类型网站面向国内外大企业提供全方位的旅行、会议服务。从而获得服务费用，虽然目前这部分收益在整个收益总额里占比重不大，但是随着商旅管理市场的逐步扩大，该部分收益所占比重将会逐年增加。

（5）广告服务

广告收入也是收益来源的主要部分。例如携程凭借其在领域内的领头羊地位，拥有广泛的知名度，巨大的联盟资源、网站、出版物，特别是众多的携程网客户，决定了很多商家在携程网投放广告。随着携程网一如既往的良性发展，广告收入也是逐年递增。

（6）联盟商家提成

联盟商家提成是该类型网站与各地商家达成的相关协议，该类型网站用户持网站信用卡在联盟商家购物，网站用户可以享受相应的折扣，而网站则可以按比例和商家分享利润。

4. 相关活动

相关活动是指企业在向其顾客提供服务时执行的附加活动。网站有很多相关的活动，例如社区的结伴同游，结伴同游是由游客自行组织的同一地区的朋友一起去同一目的地出游的活动，通过网站社区，大家可以自行组织，省去了旅行社的服务费用，并且可以认识更多的朋友，锻炼自己出游能力。还有网站社区的七嘴八舌，是结合自己的亲身经历对一些宾馆、餐馆、酒店、景点的点评，对后来的游客有很好的参考价值。

5. 核心能力和持续竞争力

企业核心竞争力是区别于其他公司的，独有的特点、能力，是其他公司不能够轻易模仿的。

以携程网为例，该类型网站的核心竞争力在于经营理念和服务质量。携程网的经营理念是：以客户为中心，以团队间紧密无缝的合作机制，以一丝不苟的敬业精神、真实诚信的合作理念，来创造一套"多赢"的伙伴式合作体系，从而共同创造最大的价值。具体包括：Customer——客户（以客户为中心），Teamwork——团队（紧密无缝的合作机制），Respect——敬业（一丝不苟的敬业精神），Integrity——诚信（真实诚信的合作理念），Partner——伙伴（伙伴式的"多赢"合作体系）。该类型网站是服务公司，因此对服务质量有着严格的控制。该类型网站最先在全国范围内提供 7×24 小时不间断服务，最先提出了"以制造业的标准来做服务业"，能够给客户标准化、体系化的信息。

另外，还有一些专业的旅游产品中间商网站，提供较少甚至只有一种旅游产品服务。该模式的优点是可真正把某种旅游产品做深、做精。例如：中华机票网，主要业务是预订机票，是中国机票行业的门户网站。

二、旅游垂直搜索

旅游垂直搜索是随着在线旅游的快速发展，网上旅游信息爆炸式增加，为了对互联网上的机票、酒店、度假和签证等信息进行整合，为旅游者提供及时的旅游产品深度搜索和信息比较服务，帮助中国旅游者做出更好的旅行选择，而出现的旅游产品网上中间商电子商模式。

旅游垂直搜索网站营运项目通常包括了各种交通运输票券（例如：机票、火车票、巴士票与船票）、酒店、旅游线路、旅行商品、旅游咨询等的查询与比较。典型的旅游搜索网站有：Kayak、去哪儿、Hotel Finder、酷讯网等。

1. 顾客价值

旅游垂直搜索的使命是为用户提供高性价比的旅游产品，每一位消费者都能像比较价格一样比较服务，最大限度保护消费者利益，主动迎合市场发展新趋势。

2. 经营范围

旅游垂直搜索网站经营范围包括机票、酒店、度假和签证等信息深度搜索和比较等，并提供相关预定业务。

3. 收益来源

广告是旅游垂直搜索网站最主要的收入，分为两种收费模式。第一种是针对上游厂商及代理商，按消费者实际点击收费（CPC）。第二种则是针对广告投放商，按广告展示收费（CPM），通过展示广告收取一定费用。另外，旅游垂直搜索网站还可以将业务范围拓展到交易环节，收取酒店和机票提成等。

"去哪儿"网（www.qunar.com）

"去哪儿"是中国领先的旅游搜索引擎，目前全球最大的中文在线旅行网站，创立于2005年2月，总部在北京。作为一家创新的技术公司，"去哪儿"网致力于为中国旅游消费者提供全面、准确的旅游信息服务，促进中国旅游行业在线化发展、移动化发展。"去哪儿"网为消费者提供机票、酒店、度假产品的实时搜索，并提供旅游产品团购以及其他旅游信息服务，为旅游行业合作伙伴提供在线技术、移动技术解决方案。2011年6月24日，"去哪儿"网获得百度战略投资3.06亿美元，百度成为"去哪儿"网第一大机构股东。

2011年3月旅行网站月度访问次数统计中，"去哪儿"网以5106万人次的数据高居榜首，携程网次之；日均覆盖数据统计中，"去哪儿"网以104万人蝉联榜首，携程网以日均覆盖人数为66.9万人位居第二。

"去哪儿"网目前可搜索超过700家机票和酒店供应商网站，搜索范围超过10万家酒店和1.1万条国内、国际航线以及4万条度假线路、2.5万个旅游景点。此外，"去哪儿"网团购频道已针对全国100多个城市开展旅游团购服务。

"去哪儿"清楚的认识到在线旅游市场中的用户需求已经逐渐变化：中立、智能、全面的比较平台，对用户进行旅游产品选择和决策的作用日渐突出。正是这种需求的增长，促使了公正、中立的旅游新媒体"去哪儿"的出现，并通过将机票、酒店、度假和签证等旅游产品资源进行更加细致、有序的即时发布，"去哪儿"必将肩负起整合中国在线旅游产品及提供高价值信息的全新历史使命。

三、旅游评论网

旅游评论网以为旅行者提供周到、客观的旅游产品评论、旅游产品受欢迎程度索引、旅游产品选择工具、旅游产品比价搜索、社会化的旅游图片分享，以及在线旅友交流等服务为核心内容，为旅友提供在线评论平台。旅游评论网最大的特点是旅行者的真实评论。典型的旅游评论网站有：TripAdvisor、到到网等。

1. 顾客价值

旅游评论网的使命是为用户提供来自旅行者的、对旅游产品的真实评论，使每一位旅游者都能得到来自消费者的信息，为旅游者提供决策依据。

2. 经营模式及盈利模式

以对旅游行业中的酒店或景点进行评论来吸引用户、并以用户吸引广告主是目前旅游评论网盈利的主要方式。但是旅游评论网要有效地防止部分网友对商家的恶意攻击和商家用虚假信息来误导消费者。对此，旅游评论网要采取多项措施对网友的评论进行严格的审核。

四、旅游资讯网

旅游资讯网是企业基于互联网技术，为顾客提供各种旅游资讯服务。

旅游资讯网网站盈利主要依赖广告收费、产品销售、增值服务收费及赞助等。典型的旅游资讯网网站有：新浪旅游、搜狐旅游、乐途旅游网等。

图 9.3 新浪旅游首页

第三节 旅游产品网上中间商电子商务网站结构（OTA）

随着中国旅游产品网上中间商电子商务近年的发展，旅游产品中间商电子商务（OTA）已经从简单的网上信息服务方式转向在线的交易、支付及综合服务方式发展。旅游产品中间商电子商务网站（OTA）能处理复杂的旅游产品管理、组合、报价和预订，为国内和国际的旅游者提供丰富的旅游产品。

一、旅游产品网上中间商电子商务网站（OTA）的功能

在旅游产品中间商电子商务网（OTA）站上，游客可以浏览并查询旅游产品，了解旅游产品的详细情况，如旅游线路、景点、餐饮、住宿、交通等。如果满意的话，注册后凭用户名、密码登录，填写订单并支付，即可订购好该旅游产品。旅游产品中间商电子商务网站（OTA）的基本功能有：

1. 预订，可供旅游者预订包价旅游、一日游、住宿、餐饮、交通、租车、会议、参加节事活动等。
2. 站内搜索及产品目录，提供搜索旅游产品及产品目录，包括酒店剩余量、价格、位置、实时的机票资讯、景区内服务项目和活动项目等。
3. 旅游产品展示及促销功能。
4. 自助线路设计功能。
5. 支持企业对企业（B2B）交易。
6. 会员管理功能。
7. 旅游信息服务功能。
8. 社区或论坛。

二、旅游产品中间商电子商务网站的结构

一个典型的旅游产品中间商电子商务网站，可划分为四个基本的功能模块，如用户管理、产品管理、购物管理和订单管理等。各个模块相互独立，可以独立完成自己的功能。各模块间又紧密联系，不可或缺，如订单管理都需要记录产品信息和用户信息，离不开用户管理、产品管理这些模块。网站的基本功能结构如图9.4。

1. 会员管理

会员管理主要包括用户注册、登录、信息修改三个方面的功能。

用户注册是站点获取用户信息的一个基本渠道，既方便于对用户的管理，又可以通过这些信息为用户提供更好的服务。一个站点上不能有两个一模一样的用户，所以需要有一个关键信息如用户名来唯一区分不同的用户，因此在用户注册提交后就需要先检查网站数据库中是否已经存在这个用户，如果存在则返回重新输入，否则信息经系统验证无误后，连接数据库，添加到数据库中。数据的提交是以表单的方式，当表单提交按钮触发后，会对表单里的对象逐个验证是否合乎规范，如果不合逻辑将会返回重新输入，验证代码可以定义为一个过程。

用户登录只需要通过数据库验证用户是否为正确的用户，即输入的用户名和密码是否正确。

修改个人信息一般都要在用户成功登录以后才能进行，首先通过查询数据库，以表单的形式将该用户的信息显示出来，然后允许用户进行修改，修改的数据提交后，连接数据库，对数据库中的数据进行更新。

2. 旅游产品管理

旅游产品管理主要是通过建立良好的旅游产品分类和搜索方式，向游客展示各种旅游产品信息，让游客能方便地以各种方式快速地浏览产品，进行选购，减少客户不必要的时间浪费。

可以从价格分类显示、热点产品显示、推荐精品显示、新产品显示和查询显示等多方面向游客展示关于旅游线路、酒店、航班等信息。从数据库技术的角度，几乎所有形式的产品显示都是按一定的条件对数据库进行查询，并将查询的结果显示出来。其中查询显示是较为复杂的产品显示方式，允许输入多个条件进行查询，然后把符合条件的旅游产品显示出来。通常采用模糊查询将符合查询条件的所有产品显示出来。

3. 交易管理

交易管理模块实际上是一个从旅游产品显示到订单生成之间的购买流程的设计。购买流程可以包括很多步骤，这些步骤不是必须的，它们的存在只有一个目的，就是确保正确地生成一个完整无缺的订单。在游客预订旅游产品，尤其是在结算之前，需要进行登录，登录是为了获取和记录游客的相关信息。游客在预订旅游产品时，系统将自动调用订单生成模块以产生实际的订单，订单的信息将添加到数据库中，所产生的订单应包括这样一些信息：订单编号、会员编号、付款方式、付款状态、订单处理状态、收到订单日期、旅游产品编号、数量、单价、联系电话等。因此，实现该模块时，订单信息的获取是非常重要的，关于用户的内容可以从会员登录时得到会员编号，关于旅游产品的内容可以从游客选择产品并点击"预订"时获取产品编号，关于付款的内容需要用户临时输入，设计一个表单即可获取数据。获取了必要的数据后，系统就可以根据这些数据产生订单并将该订单数据保存到订单数据表中了。

4. 订单管理

游客可以订购多个旅游产品，生成多个订单，并对自己的订单进行管理，游客可以查询所有订单，随时了解所选购的产品名称、价格，以及订单是否已付款、订单是否已被处理等相关信息。游客也可以删除部分订单，如对于未付款、未处理的订单游客可以取消，但对于已付款的订单游客无法直接从网上删除，必须和工作人员联系。

一个订单从生成到一次交易的结束至少要经历三个状态：未处理、正在处理、处理完成。这些状态的变化都应反映在订单之中。因此在设计订单表时，除了具备购买者、所购产品、订单号等基本字段外，还需要添加一个订单状态字段，用来保存当前订单的状态。

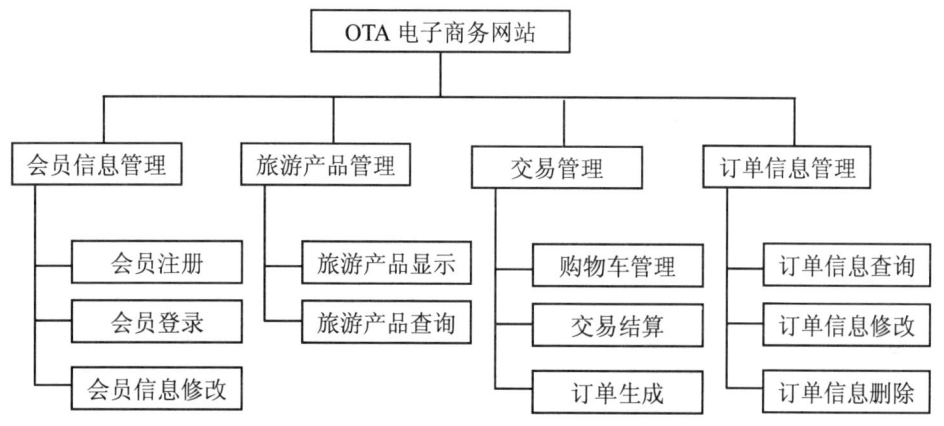

图 9.4　网站的基本功能结构

【思考与实践】

思考题：

1. 什么是旅游产品网上中间商？国内外著名旅游产品网上中间商有哪些？它们各自的服务内容有哪些？

2. 旅游产品网上中间商电子商务模式主要有哪些？各自的业务范围和盈利模式是什么？

3. 旅游产品中间商电子商务网站有哪些基本功能？

实践题：

1. 详细分析芒果网、酷讯网和到到网的服务内容、网站结构和盈利模式，并比较他们之间的差异。

2. 在网上进行调研、统计并分析中小旅游产品网上中间商的服务模式、服务内容和盈利模式，对它们进行评价并提出企业发展的建议。

第十章 酒店电子商务

【学习导引】

酒店电子商务是酒店利用互联网和通信技术,实现酒店顾客信息收集、整合及酒店业电子化运作和营销的活动,是一种先进的运营模式。酒店电子商务主要业务有网络信息宣传、酒店产品在线预订、在线支付以及酒店业务流程的电子化。本章主要阐述酒店电子商务的模式及功能,让学生了解酒店电子商务的应用,引导学生构建酒店电子商务网站,以满足现代酒店电子商务的发展需求。

【教学目标】

1. 理解和掌握酒店电子商务概念和流程。
2. 认识和了解酒店电子商务模式和功能。
3. 掌握酒店电子商务网站的结构。

【学习重点】

酒店电子商务概念

酒店 B2C 网上商城的功能

酒店 B2B 网上交易平台的功能

酒店信息管理系统的功能

第一节 酒店电子商务概述

一、酒店电子商务概念

酒店电子商务是酒店利用互联网和通信技术,实现酒店顾客信息收集、整合及酒店业电子化运作和营销的活动。酒店电子商务主要业务有网络信息宣传、酒店产品在线预订、在线支付以及酒店业务流程的电子化。

二、酒店的电子商务流程

酒店电子商务流程（Electronic Business Process）是指通过计算机联网和通信技术进行的一系列有关酒店商务活动的有序集合。是指消费者从其客户端上网寻找产品（服务）信息到购买产品消费以及获得服务的全过程，如图10.1所示。

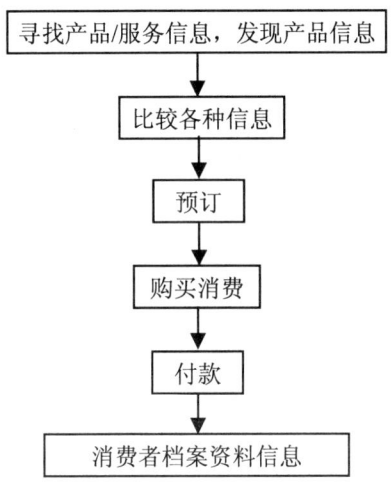

图 10.1　酒店电子商务流程

第二节　酒店电子商务模式及功能

一、酒店企业互联网电子商务

由于国内旅游酒店的资本、成立时间及经营形态各不相同，信息化程度及能力亦有差异，所以旅游酒店要创造自身的风格和不可取代性，建立符合自身发展的电子商务系统。从整体上看电子商务在国内酒店行业应用形式主要有B2B（企业对企业的电子商务）和B2C（企业对市场消费者的电子商务）两种模式。

1. B2C（酒店企业对顾客）网上商店

B2C（酒店企业对顾客）网上商店是酒店与顾客间的电子商务，也是酒店企业整体形象宣传的窗口。它通过网络，实现旅游产品的在线预订和宣传。酒店企业出售的主要商品包括客房与餐饮娱乐旅游产品。酒店企业对顾客电子商务功能主要有：网上预订、网上支付、网上推广宣传、网上产品展示和其他服务。

2. B2B（酒店企业对商家）网上交易平台

B2B 网上交易平台为企业提供了一个集中的信息交流的平台，帮助企业进行在线商贸。主要是酒店与旅行社、交通运输部门间的电子商务。此类电子商务的普遍做法为酒店本身专线方式与全球定位系统联机，并利用其提供的接口与旅行社旅行接待商务往来、与航空公司进行机票订购与出售的在线交易等。主要具有的功能如下：

（1）企业注册、管理、登录功能。
（2）企业发布、供求信息发布功能。
（3）信息认证功能。
（4）企业查询、供求信息查询、产品查询功能。
（5）推荐信息、信息订阅功能。
（6）业务洽谈、在线订购功能。
（7）在线拍卖系统、竞价购买功能。
（8）企业黄页功能。

二、酒店管理信息系统（酒店局域网电子商务）

酒店局域网电子商务主要是应用酒店局域网信息管理系统实现酒店业务流程的电子化。酒店电子商务不是简单地建立一个属于酒店自己的网站，而是把酒店内部的各种部门整合为一个有机的统一体，最大程度地发挥酒店的潜能。酒店开展电子商务，应当依照自身的特点，建立自身的局域网并与因特网联接，建立自己的共享数据库，将酒店的业务流程组织、整合在酒店内部网上，将具体的业务信息化，并通过 Internet 的及时性、便捷性，在第一时间处理业务。各部门既具有独立运行的信息管理系统，各信息管理系统又统一整合，保障整个酒店业务流的顺畅，这是酒店全面电子商务化的关键，如果未建立相关信息管理系统，即使旅游酒店建立自己独立的网站，充其量也仅仅是建立一个信息发布，只供客人浏览的网页而已，电子商务功能无法全面发挥其特点。

酒店局域网信息管理系统是直接为客人服务的，其服务质量的好坏、效率的高低，直接关系着客人的感受，同时还承担着接受客人的信息反馈、把握市场目标等作用。

酒店局域网信息管理系统不应仅限于企业内部管理的文件无纸化传送，基于互联网平台的电子商务管理系统，还应能完成以下职能，使酒店各个部门可以共享酒店的信息资料，实现实时的市场跟踪和对客服务。

1. 酒店的行政管理职能

酒店作为一个企业，除了其特定的酒店产品销售和服务提供以外，需要相当大量的行政工作来确保酒店组织内部各机构的正常运转。酒店的内部网络将处于不同物理位置上的部门连接在一起，同步执行酒店管理层的各项行政政策和方案。通过内部网络系统，酒店高层领导将决策同时通报给酒店的相关部门，或者通过网上会议系统进行网上会议，节约了大量的时间成本和资金成本。

2. 成员间的信息沟通职能

内部网络不只是用来传达酒店高层指示的，业务部门可以利用它来互相沟通、交流，并向高层反馈基层的意见和建议。通过内部网络，这些信息可以完全、真实地传递到高层领导的手中。

3. 酒店内部的数据共享职能

所有客人都是整个酒店的财富，也是酒店内各个部门应该加以关注的目标。通过内部网络的数据库，可以得到相应客人的所有资料，便于向特定的客人提供有针对性的促销和个性化服务。

4. 整体的协作发展职能

经济全球化的进程使得酒店的全球化发展变得越来越重要。酒店要依靠与战略联盟及合作伙伴的紧密联系来发展业务，向客人提供全程跟踪服务，相互间的信息提供和服务提供要及时、准确，才能保证协作发展的顺利进行。

第三节 酒店电子商务网站结构

基于 Internet 模式和安全加密技术的酒店电子商务系统由三部分组成：①电子商务网站；②酒店的计算机接口系统；③酒店的计算机管理系统。这三部分在 Internet 上实时连接。

一、电子商务网站

1. 酒店互联网网站

酒店互联网网站是指酒店在 Intranet 上建设的具有营销功能的，能连接到 Internet 上的网站。网络用户可以通过 Internet 这个信息平台进入该网站，互联网网站起着承上启下的作用。网站是酒店面对全世界的窗口，客人可以通过这里了解酒店，酒店同样可以通过这里实现和客人的互动，实现网上销售、顾客关系管理、会员管理、市场调研、公关信息发布、酒店 CI 形象展示、网上采购、网络学习和培训等。酒店建设的互联网站应具有预订功能，其操作步骤是：客户经由 Internet 登录到酒店网站，查询相关信息，或注册个人信息，或进行预订，系统经过客户资料验证和安全验证后，经 switch 将信息转到酒店内联网相应的部门网站，交由部门处理。整个系统的结构如图 10.2 所示。

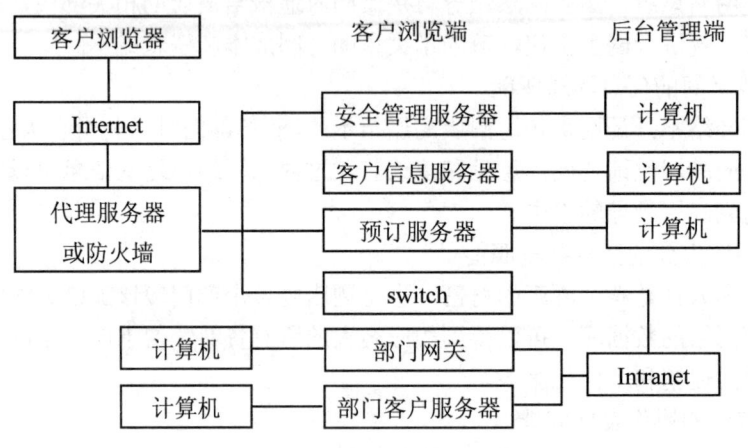

图 10.2　酒店网站系统结构

酒店互联网站可以帮助酒店实现酒店客房预订，并可与酒店内部信息管理系统进行对接，实现由管理中心确认后直接通过网上向客房部和其他相关部门下订单。预订系统实行管理端和客户端独立管理，系统安全性能高、保密性好、信息分类清晰、操作简便、预订信息实时性强，管理员通过管理入口可及时准确地获取预订信息并以第一时间进行确认，并独立管理各个后台数据信息，而客户可方便地通过酒店的 Internet 门户网站的用户入口进行客房信息的查询和客房的预订，并可将客户的商务需要及接待单位发给酒店预订中心，通过酒店帮助客户进行统筹安排。

根据前面所述的酒店互联网站结构和网站功能，酒店互联网站的公共模块一般有：

（1）网站前台

①酒店及产品介绍

对于不同的酒店，由于地处不同的国家和地区，各自具有独特的风格和特色，成为其取胜于其他同行的优势所在。通过酒店的网站，不仅可以对酒店的背景、实力及特色有一个全面的介绍，同时，还可推出不同风格的酒店产品，满足不同国家或爱好的客人的需求。通过文字、图片及三维动画等方式，生动地介绍酒店的背景和发展状况，在相当程度上可以起到促进销售的作用，通过对酒店各种设施(客房、餐饮、休闲娱乐及会议设施)的介绍,可以让有不同目的的客人根据自己的需要选择产品。

有些大型酒店集团还根据不同的市场定位,将其旗下酒店定位给于不同的细分市场,分别冠以不同的品牌名称,以此来适应不同的客人。如凯悦酒店集团,其旗下的酒店共分四个品牌:主要服务于一般客人的凯悦酒店(Hyatt)、服务于商务客人的君悦酒店(Grand Hyatt)、服务于高级商务客人的柏悦酒店(Park Hyatt)及服务于休闲度假客人的凯悦度假村(Hyatt Resort)。这些产品信息,通过网站的介绍,让客人对酒店的产品有了详细的了解,有助于酒店的形象树立及产品销售。另外,可以借助一些新的技术应用在酒店电子商务中,比如虚拟现实(Virtual Reality),它是一种可创建和体验虚拟世界的计算机系统,它生成各种虚拟环境,作用于人的视觉、听觉、触觉,产生身临其境的感觉,VR 技术应用于酒店网站时不仅可以看到图像,而且可以看见内部操作演示,使顾客能事先对酒店的客房、环境甚至服务进行体验。

②酒店最新信息发布

面对随时变化的市场,酒店要及时调整其市场策略和产品组合,力图在竞争中获胜。通过后台管理系统,向顾客提供酒店最新的产品信息、价格及优惠政策,向公众发布酒店的最新动态以加强社会对酒店的信任和客户的忠诚度,以及通过网络和合作伙伴保持密切的沟通和联系。具体表现形式包括文字、图片、Flash 动画等,还可以根据需要做成不同语言版本,方便不同国家的合作企业和客人使用。目前,我国高星级酒店的网页基本上都做成中文和英文版本,同时根据其主要客源的不同,又会有第三种、第四种语言版本。

③预订

客户登录到酒店的门户网站,可以通过预订平台进行相关服务内容的预订。网站提供酒店所有服务的预订,如:客房预订、会务预订、餐饮预订、用车预订、健身服务预订、公共社区预订、休闲服务预订、超市购物、公寓租赁、票务服务、旅游服务预订等。为了方便顾客快速查询并快速下单,网站同时提供一个快捷预订的功能,顾客可以直接对预订项目及其内容有针对性地下订单。

④会员注册

网站提供三种会员制度,以区别对待不同的酒店客户群及其可以享受到的会员服务会员通过查询,可直接与酒店完成所需服务的预订查询、计划的预算,所需费用,将预定计划直接转为订单提交给前往的酒店。

⑤客户回馈

网站建立完善的信息反馈系统,酒店的客人,不论是内部客人还是外部客人,均可以方便地通过网络反馈意见和建议,反馈的内容要及时自动发送到相应处理人员的邮箱及酒店高层领导或质量管理部门。客户反馈系统的信息流向可以是上行、下行或平行的，相应的信息都会及时出现在相应的位置，不管是通过电子邮件还是其他方式，都能确保信息及时、准确地传给信息接收者。客户反馈系统还可以提供网络管理接口，由管理者通过网络直接查看客户的反馈，及时向客户进行问题解答等。通过客户反馈系统进行顾客满意程度的调查，对调查结果进行及时的数据分析并提出解决方案，报请管理部门审批执行。

⑥友情链接

友情链接和公司业务相关的上下游企业的网址，网友从本公司的网站就可以直达其他公司的网站。

⑦登录管理

内部网入口在网页上提供一个公司内部网的入口，公司员工可以通过相应的用户名和密码进入公司内部网，不管员工是否在本地，都可以通过 Internet 进入公司内部管理系统，了解公司的最新信息。

（2）网站后台

①信息及动态

网站为酒店企业提供酒店信息及行业动态的编辑和发布功能。

②后台预订

后台预订是指当客户因条件限制无法直接进行网上预订的时候，委托酒店工作人员进行预订时，由酒店工作人员代替客户下单的行为。酒店根据预订性质的不同，区分为直接预订、虚拟预订两种预订方式。直接预订是由酒店工作人员通过自己的操作界面，在酒店后台接受客户预订并下订单，可处理的预订内容和客户在前台的预订内容一样，包括：客房预订、会务预订、餐饮预订、用车预订、健身服务预订、公共社区预订、休闲服务预订、超市购物、公寓租赁、票务服务、旅游服务预订等。虚拟预订是指酒店可根据需要，保护一定的商业机密，使竞争对手无法了解酒店最全面的信息。当对需要的"商品"进行虚拟预订时，所订内容并不是真实的预订成单据，而是作为虚拟单据，存放在单据管理中，同时这部分"商品"将不在前台显示。

③权限管理

权限管理是对系统使用者的相关操作权限进行管理，每个用户只能查询和操作自己权限范围内的单据、资料及功能。

④产品目录/资料库管理

创建产品资料库及产品目录，提供以在 Web 工作模式下进行增、删、改、移动目录数据库的功能。提供模糊查询、精确查询以及条件查询等多种查询的手段。产品资料库包含产品编号、名称、各项特征描述、价格及价格的变动方式，也可描述最低的销售批量。价格的给出方式可根据顾客的具体要求另行制定。

⑤订单管理

提供网上预订，可在提交确认前随意修改（增、删）要预订的内容。一旦提交，系统将自动生成标准格式的订单。提交的订单仅供具备权限的业务人员处理。订单可具有统计功能，帮助管理人员进行各种业务分析。

⑥客户注册管理

提供用户网上注册认证管理，特别适用于拥有会员制性质的酒店企业。它们拥有相对固定的客户群及需要对客户实行积分制（可根据客户在该店的累积消费情况给以相应的优惠）等特点的销售业务。系统管理员可将注册的用户赋予信用级别认证，使不同的用户得到不同的访问权限，并可享受不同的优惠政策。

⑦统计信息

生成各种统计信息，包括注册顾客的总数，订单总数，按日/周/月累计的订单数，反馈的问卷调查表数等。统计信息可依据用户的具体要求定制。

2. 酒店外部网

为方便同业务紧密的合作伙伴进行信息资源共享，保证交易安全，在 Internet 上通过防火墙来控制不相关的人员或非法人员进入企业网络系统，只有那些经过授权的人员才可以进入网络，一般将这种网络称为外部网（Extranet）。酒店在组建电子商务系统时，应该考虑采用不同的策略通过网络与其商务对象进行联系。一般说来，酒店可将其网络用户分为三个层次并采取相应的对策。对于酒店内部工作人员或关系特别紧密的机构，可允许他们进入内联网系统直接访问有关信息；对于与酒店有较多业务联系的企业，酒店与他们共同建设 Extranet，实现企业之间的信息共享；如果酒店的信息可以对外界公开，那么就可以直接放到互联网站上，实现信息资源最大限度的开放与共享。由于 Internet 技术有开放、自由的特性，在 Internet 上进行交易容易受到外来的攻击，因此酒店在建设电子商务系统时必须既要考虑到经营目标的需要，又要保障电子商务的安全。否则，就会影响企业电子商务系统的正常运转，甚至导致经营活动的风险。

3. 酒店内联网

连通 Internet 的酒店企业内联网（Intranet）使用 Internet 技术来创建私有网络，以形成一个企业范围的信息系统。尽管企业内联网的内部用户可以离开系统进入到整个 Internet 中，但企业外部的 Internet 用户可以被禁止访问企业内联网信息系统。可以在企业内联网的外围创建"防火墙"，来阻止外部用户（同样可以阻止内部用户）访问敏感的企业数据或各工作组共享的项目文件。一个企业的内联网可能连接了数个不同而且相互独立的局域网。

企业内联网目前和将来的发展，所面临的两个最大的挑战是无缝连接和安全性。企业内联网必须成功地将企业内部各种网络使用的不同操作系统集成在一起，这是个值得重视的挑战项目，特别是当老式的网络维护着企业内部的各种业务数据时。酒店需要为内部工作人员和住店客人提供接入 Internet 的服务，如邮件服务、WWW 网络浏览服务，在网站配置上还应增加路由器设备，通过电信专线接入 Internet。在酒店的客房数量较多或为客人开通的入网服务点较多时，作为网络线路中心的集成器将成为数据通信的瓶颈，有可能限制网络上的数据流量，这时可以用交换式集线器（交换机）代替。典型的企业内联网络拓扑结构如图 10.3 所示。

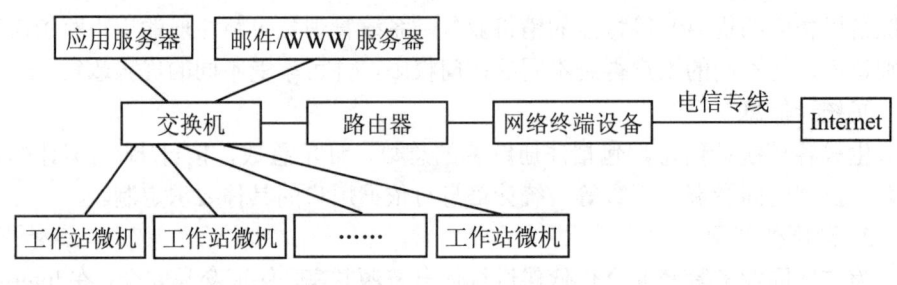

图 10.3　企业内联网络图

图 10.3 中工作站的微机数量视酒店业务点数量而定。如果该网络仅仅服务于接待客人的业务，其数量在一、二十台即可满足要求。如果除此以外，还具备酒店后台业务的管理，就需要更大的数量。图中服务器的数量取决于酒店的接待业务量、后台管理的需要和向客人提供的信息服务情况。如果酒店的规模较小、接待客人流量不大、后台管理工作不是很复杂，可以将信息服务集中在一台服务器上，否则，则可能需要二至三台服务器，如果考虑数据备份的要求，服务器的数量还要增加。

二、酒店的计算机接口系统

1. 酒店计算机硬件系统

在现代化酒店中，计算机系统是酒店信息管理系统和电子商务网站建设的基本条件。同时，计算机系统的配置情况也决定着电子商务系统的应用模式，甚至对酒店的管理模式也有一定影响。因此，根据酒店的条件和电子商务发展目标，配置符合实际应用要求的局域网计算机系统成为电子商务规划的重要内容。

计算机系统的配置方式见本书第二章。

2. 酒店通信网络系统及设备

通信线路与网络设备是组建企业网络的基础设施。线路与网络设备的选用，不但影响着数据的传输速度，对计算机网络的整体性能，甚至对酒店管理系统整体功能的发挥都起着至关重要的作用（见本书第二章）。

三、酒店信息管理系统

酒店信息管理系统的主要功能有预订、接待、结账、夜间稽核、客房管理、餐饮管理、程控电话管理以及查询服务等。每个模块功能都和客人直接有关，其采用计算机管理信息的目的是提高酒店服务的质量，提高信息管理的精度，从而提高酒店在客人心目中的信誉。酒店信息管理系统功能和对应的管理部门如表10.1。

表 10.1 酒店信息管理系统功能与对应管理部门

酒店信息管理系统功能	酒店部门
预订功能	订房部、销售部
接待功能	总台接待、商务中心、电话总机、房内用膳
结账功能	总台结账处
夜间稽核功能	夜审组
客房管理功能	客房部
收银点系统功能	餐饮部、康乐部、商务中心、洗衣房
电话计费和 PMS 功能	结账、客房、问询、电话总机、商务中心
总经理查询功能	总经理、副总经理

1. 预订功能

预订，分为散客预订和团体预订，其主要目的是提高酒店的开房率，为客人预留房间，并提供良好的服务。

采用计算机预订，团队预订相对散客预订要复杂得多，不仅有团队总账号，设置团队总付项目，还要有客人分账号，个人消费可以个人自付。如果是会议团队，客人的抵离店日期、房型、房价会有所不同，必须考虑周全。

2. 接待功能

接待系统的目标就是及时为客人开房。如果客人已预订，则其相关信息已存放在计算机中，酒店方面可在客人到达之前准备好各种服务，如 VIP 客人的鲜花、水果等的摆放，把应到客人列表、各种客人的特殊要求列表等传递到相关服务部门。客人到达后，接待员只须直接在预订单上补充客人信息就可以了，如客人身份证（护照）号码、来源等。

Walk-in（未经预订）的客人需要输入的内容比较多，客人的全部信息都要在接待时输入。所以不少酒店为了不让客人等候时间过长，明确规定接待客人不得超过 3 分钟。我们设计前台系统时要能够提供充分的保证。

接待人员在工作任务上也具有预订的职责，这在境外的酒店很普遍。而接待系统同时也应该具有预订的全部功能。

3. 结账功能

前台结账系统与前台接待系统一样,直接面向顾客服务,其主要功能是处理客人账务,有的酒店还进行应收账款的管理工作。

4. 夜间稽核功能

国内手工操作的酒店能够真正实施夜间稽核工作的很少,但是在酒店的先进管理体制中,夜间稽核是控制酒店经营的一个核心部分。在酒店电脑管理中,夜间稽核的地位也相当重要,它和预订、接待、账务四部分组成最基本的前台管理系统。其主要功能有:

(1)交接班。分为总台交接班和非总台交接班两部分,并提供查账报表功能。

(2)酒店账务处理。将酒店中未用电脑管理的各营业点的营业数据输入到酒店专用账户中。

(3)过房租。每天一次地将在住客人的账目加上当天的房租费用。在实过房租以前,提供预过房租功能,打印预审报表供查对。

(4)日营业报表。将当天的收入分类统计,类似的报表还有"班收入报表"等。

(5)夜间处理。对全系统的各数据库进行更新维护,每日数据的备份,并为各种报表准备数据。

(6)打印"夜间稽核报表"。

5. 客房管理功能

客房管理的最主要任务是修改客房状态,提供房间是否空闲、出租、干净、脏房等信息,以便于预订接待员分配房间。一般酒店均通过客房中心电脑修改房态。如果配备先进的电话交换机系统,也可直接由查房人员通过房间电话修改。

6. 收银点系统功能

收银点在酒店中有很多,虽然不同地点有不同的收银项目,但其基本功能大致相同。

(1)收银项目的设置。

(2)不同付款方式地收取费用(现金结账、记账、记应收账等)及折扣等。

(3)统计收银员个人、班次业务情况。

(4)营业汇总报表。但在餐饮(模块)或收银中会增加一部分管理功能,如客史档案管理、畅销滞销菜统计、标准食谱、菜类管理等。

7. 电话计费及 PMS 控制

电话自动计费系统的基本功能需求为:

(1)灵活处理各种费率及计费参数,如基本话费、附加费、服务费、手续费、最短计费时间等。

（2）按邮电部和地方政府规定，处理双休日、节假日、半价时间及长话、地网、农话、市话、对方付费、移动网、信息台等不同种类电话的计费。

（3）按客房、写字楼、长包房、酒店内部等性质，计算不同的话费。

（4）人工转接长途电话的计费。

（5）直拨电话等级控制（开关管理），须根据具体的程控机而定。

（6）查询流水账，查询客人信息。

（7）形成各种话费报表。

在此基础上，如果酒店电话程控交换机具有 PMS（Property Management System，物业管理系统）功能，通过程控机与计算机的通信，还可以在电话机上实现：

（1）客房状态修改；

（2）饮料房间记账；

（3）叫醒服务；

（4）留言服务；

（5）数字话机显示客人信息。

8. 总经理查询、辅助决策功能

(1) 查询各种预订、接待信息。

(2) 销售分析、经营分析。

(3) 质量检查，对发生的各种问题进行类比分类解析，报告客人满意率等。

(4) 查询成本费用，达到"每百元成本、费用率（元）"管理。

(5) 查询酒店的客房、餐厅、康乐、会议室使用情况和各种社会信息。

(6) 查询酒店人事、工资及核总信息。

(7) 查询酒店客源市场。

(8) 查询酒店经营完成情况以及与去年的同期比较。

【思考与实践】

思考题：

1. 酒店电子商务模式主要有哪些？
2. 酒店电子商务网站主要有哪些模块？
3. 简述酒店电子商务系统功能。
4. 简述酒店电子商务系统结构。

实践题：

1. 登录一个酒店企业网站，分析网站的服务内容和网站结构。

2. 基于酒店管理信息系统模拟实验平台，熟悉酒店管理信息系统，熟练掌握预订、接待、结账、夜间稽核、客房管理等功能模块。

第十一章 旅行社电子商务

【学习导引】

随着信息技术的发展和互联网的不断普及，旅游资源供应商和旅游消费者之间已经能建立起直接关系，旅游信息的获取、交易已经可以突破时间和空间的约束。中国互联网络信息中心（CNNIC）在《第28次中国互联网络发展状况统计报告》中称，截至2011年6月底，中国网民规模达到4.85亿，网络购物用户半年增长了7.6%，已达到35.6%。这些都说明电子商务已经将旅游业推向变革的大潮之中。旅行社作为旅游业的三大支柱之一，担负着组合旅游产品并直接向旅游消费者推介和销售的职能，同时又担负着向旅游产品供应企业及时反馈旅游市场需求的功能。电子商务应用范围的逐步深入，给旅行社发展带来了更多的机遇，也使其传统的经营方式受到了极大的挑战。本章首先介绍旅行社电子商务的涵义，接下来通过分析旅行社基本业务流程，总结出旅行社电子商务模式和结构体系，最后分析了旅行社电子商务网站的定位和功能模块。

【教学目标】

1. 分析和理解旅行社基本业务流程。
2. 理解旅行社电子商务的涵义和特点。
3. 掌握旅行社电子商务的模式和体系结构。
4. 掌握旅行社电子商务的网站定位和功能模块。

【学习重点】

旅行社的基本业务流程
旅行社电子商务的涵义
旅行社电子商务的模式
旅行社电子商务的典型体系
旅行社电子商务站点的结构及功能

第一节　旅行社电子商务的基本概念

近半个世纪中，旅行社的数量不断增加，并极力扩大自己的市场份额。随着现代信息技术的发展和互联网的普及，很多旅行社都利用互联网提供查询和交易等服务。早在 20 世纪 80 年代，随着计算机在旅游业中的应用，有人曾预言，旅行社业务将会把互联网技术融合进来，为旅游者提供更方便、快捷、实惠的旅游产品。目前，消费者为追求快捷服务、方便与实惠，正逐渐习惯在互联网上进行购物，这为旅行社电子商务的发展指明了方向。

一、旅行社电子商务概述

在我国，旅游业是较早涉足电子商务的行业。改革开放初期，随着国外旅游饭店集团纷纷进军国内市场，给我国带来新的管理模式和营销理念，其中也包括了非常重要的计算机网络技术在旅游业中的应用。但在初期，由于国内市场的不成熟，管理措施不配套，2000 年底旅游网络进入了"严冬期"。在经历了 2000 年下半年至 2001 年的困境后，经过分化整合以及经营策略的再探索，从 2002 年开始，才又逐渐走入一个成熟稳健的发展时期。多数旅游电子商务网站的定位与盈利模式趋于清晰，与传统旅游企业的协作与联合继续推进。

总的来说，我国旅行社电子商务发展是相对滞后的。现有的网站中，虽然大多数网站可进行产品在线预订和支付，但由于旅行社的重点还并没转到互联网经营，加上相关宣传不到位，因此产生实际效益较少，很多中小旅行社的电子商务效果欠佳，局限于生搬硬套模式，主要表现为几个方面：

首先，旅行社网站对旅游产品的纵向集成能力不足。旅行社网站所提供的产品以单纯的酒店预订或票务服务为主，其所提供的组合产品也主要是传统的包价旅游线路预订，组合产品则偏少，没有几家旅行社网站可以提供个性预订。旅行社还没有脱离传统的业务模式，电子商务活动还处于初步应用阶段。

其次，旅行社网站停留在信息发布和网上预订阶段。从严格意义上说，旅行社电子商务应该是网上预订、支付及旅游全程服务等综合服务。然而目前我国旅行社对电子商务的应用还停留在信息汇总和网上预订的程度，电子商务只是作为旅行社传统业务模式的辅助交易方式。在线预订，实际支付要在网下进行。旅行社还没有实现完全意义上的电子商务。

再次，旅行社网站提供的增值服务有待完善。很多旅行社网站很少能与旅游者和合作伙伴进行在线的动态交互式沟通，为旅游者提供个性化的旅游产品。另外，旅行社网站提供的增值服务有限，有关旅游目的地的旅游交通、天气、餐饮、风俗等详细信息和提供方式还有待完善。

当前，旅行社电子商务正呈现出新的发展机会。首先，在线旅游业正在迅速发展，并且这种迅速发展伴随着新产品和新服务的支持，团体旅游网站以及在线预订航班和酒店是这些旅游网站提供的主要功能。其次，旅游评价对旅游者影响力逐步提升，同行评议和博客在旅游计划方面有着巨大的影响，对于网络用户来说，这是明显的事实。还有，在线旅游业证明了灵活善变的在线小市场出现，这些网站方便用户可以比较价格、航班和选择最佳的时机预订机票，允许用户上传并分享他们的旅游相关照片和影象以及博客；这些有价值的市场推动服务改变了游戏的规则，在一个高度竞争和商品化的市场中日益分化客户。

长尾理论说明了互联网与产品个性化之间的关系。长尾理论总结起来就是两句话：①提供所有的产品；②找到个性化产品。在旅游产品的消费体系中，大众化的产品仍然继续热销，而小众化的产品通过互联网和 WEB 2.0 也可以很快找到适合的消费群。

如果把旅游市场上的所有旅游产品按照销售量从大到小排列的话，就会看到一条类似于对数的曲线。许多有特色的旅游产品，其需求量是很有限的，这就构成了曲线长长的尾部。

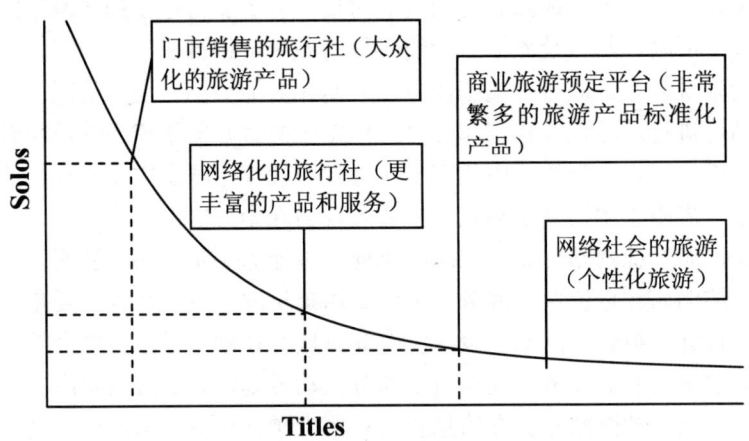

图 11.1 互联网"长尾"促成旅游产品个性

最近几年，移动互联网用户急剧增长，随之而来的是移动电子商务将成为一个新的发展重心。结合智能网络技术，以人为中心的移动旅游电子商务应用将逐渐被旅游者接受。而作为 WEB 2.0 的另一个新运用就是，只要用户在周边发现了任何感兴趣的景致和事物，都可以通过手机实时分享，并及时传播到网络上。这些完全是由移动性带来的，而固定的 Internet 服务却不可能做到。移动信息技术的应用将使旅游电子商务服务功能更加完善，应用更加普及。

二、旅行社电子商务的定义

旅行社电子商务是指专业从事旅行中介服务的企业组织建立并实施一整套基于规范业务流程的，以先进的计算机技术、互联网技术及通信技术为基础的在线旅行服务模式体系。

这种服务模式的最大特点是在线、即时地为旅游者服务，体现出快捷和便利。以电子网络方式进行商务交易和服务，不仅迅速精确，而且运行成本低，非常适合处理旅行社与游客之间的远距离、多批次的小额交易。

旅行社电子商务以互联网为依托，具有消费者直接参与，涉及企业运作的各个层面（产品设计、市场营销、企业管理 MIS、客户管理 CRM、资源管理 ERP、供应链管理 SCM），信息源庞大，支付手段方便、快捷等特点。

一个完整的旅行社电子商务体系是在先进的网络信息系统的基础上，由旅行社、旅游服务供应商、使用互联网的旅游者或潜在旅游者、旅游电子商务服务商和提供支付结算和相关服务机构共同组成的信息化旅游市场运作系统，并受到一些外部环境的影响，包括旅游产业经济环境、技术环境、社会环境和法律法规环境等几个方面。

三、旅行社电子商务体系的组成要素

旅行社电子商务体系是一个复杂的系统，由多个要素组成。这些要素包括：作为基础框架的网络信息系统；提供技术支持的电子商务服务商；作为参与主体的旅游企业和旅游者以及电子支付体系、认证机构等其他支持要素。

1. 网络信息系统——旅行社电子商务体系的架构和基础

网络信息系统是旅行社电子商务体系结构的基础，它提供了一个畅通、安全、可控的信息交换平台。旅游电子商务中涉及的信息流、资金流、业务流都和网络信息系统紧密相关。网络信息系统由旅行社和电子商务服务商在计算机网络基础上开发设计，它可以成为旅行社和旅游者、旅行社和旅游服务供应商之间跨越时空进行信息交换的平台。在信息系统的安全控制措施的保证下，旅行社可在网站上发布信息，旅游者可搜寻和查看信息，交易双方能通过网络系统便捷地交流并实现网上支付。此外旅行社可通过网络系统提供的旅游者预订和交易信息调整自身的接待任务以保证旅游业务的顺利完成。

旅行社电子商务体系所依托的网络信息系统可分为互联网（Internet）、内联网（Intranet）和增值网（Value Added Network，VAN）三种（本书第二章已有所阐述）。

2. 电子商务服务商

电子商务服务商为旅行社、旅游机构和旅游者在网络信息系统上进行商务活动提供技术支持。根据其服务内容和层次的不同，可以将电子商务服务商分为两大类：一类是系统支持服务商，为旅行社电子商务系统提供系统支持服务，提供技术和物质基础。另一类是专业的旅游行业电子商务平台运营商，它建设、运营旅游电子商务平台，为旅行社和旅游者之间提供沟通渠道、交易平台和相关服务。

（1）系统支持服务商。对于系统支持服务商，根据技术和应用层次的不同可分为三类。第一类是接入服务商，它主要提供互联网通信和线路租借服务，如中国电信、中国联通。第二类是互联网服务提供商，它主要为旅游企业建立电子商务系统提供全面支持。第三类是应用服务提供商，它主要为旅行社建设电子商务系统时提供系统解决方案。这些服务一般都是由专业的信息技术公司提供的，如IBM、HP、浪潮、联想等公司都曾为一些大型旅游企业提供过电子商务解决方案。

（2）专业的旅游电子商务平台运营商。专业的旅游电子商务平台运营商不直接参与网络旅行社电子商务活动，而是起着中间商的作用。一方面，它为旅行社电子商务活动的实现提供信息系统支持和配套的资源管理服务，是旅行社、旅游服务供应商和旅游者之间信息沟通技术的基础。另一方面，它还为网上旅游交易提供商务平台，是旅游市场主体间进行交易的商务活动基础。如椰子旅行网（http://www.yezi.so），就是一个酒店直销分享平台，其特点是为酒店企业、消费者、营销者搭建了一个酒店直销、分享、共赢的商务交易平台，向酒店企业、消费者、营销者提供全面、方便、安全、快捷的酒店直销交易服务。

专业的旅游电子商务平台运营商收集并整理旅游市场信息，提供虚拟的交易场所，为参与旅游商务活动的各个方面提供信息通达的市场环境，降低交易成本，提高商务活动效率。

3. 旅行社电子商务的参与主体

（1）由于旅行社产品本身的特点和网络信息手段商业应用的倍速增长趋势，电子商务为旅行社提供了非常有吸引力的全新市场空间。因此，旅行社做为旅游市场的主体，在开展电子商务时，必须进行系统规划，建设好自己完备的电子商务系统。一个完备的旅行社电子商务系统一般由旅游企业网络系统、基于Intranet的旅游企业管理信息系统和电子商务站点组成。

①旅行社在组建旅游企业网络系统时，应该考虑采用不同的策略通过网络与其商务对象（旅游者、合作伙伴等）进行联系。对于特别重要的合作机构，如旅行社分布在不同地方的营业网点，可允许他们进入企业的内联网系统直接访问有

关信息；对于与旅行社业务相关的合作企业，旅行社可以与他们共同建设外联网，实现企业之间的信息共享；对于普通的旅游者和一般合作企业，旅行社则可以通过互联网与其进行交流和合作。由于互联网技术的开放和自由的特性，在互联网上进行交易容易受到外来的攻击，因此旅行社在建设电子商务系统时必须考虑到经营目标的需要，以及保障企业电子商务的安全，否则就会影响企业电子商务系统的正常运转，甚至导致经营活动的风险。

②旅游企业管理信息系统是功能完备的电子商务系统的重要组成部分，它在企业中收集、处理、存储和传递信息，以支持企业进行决策和控制。企业管理信息系统最基本的是数据库管理系统。它负责收集、整理和存贮与旅行社经营管理相关的一切数据资料。旅游企业管理信息系统可根据不同的功能，将信息系统分为营销、内部流程管理、财务和人力资源管理等信息系统。例如营销管理信息系统的主要功能包括客户关系管理、预订管理、往来账款管理、产品信息管理、销售人员管理以及有关市场信息的搜集和处理。

③电子商务站点是企业在内联网上建立的具有营销功能的，能连接到互联网上的 WWW 站点。电子商务站点起着承上启下的作用。一方面它可以连接到互联网上，旅行社的合作伙伴和旅游者都可以直接通过网站了解旅行社的信息，并通过网站与企业进行沟通开展交易。另一方面，它将市场与企业内部管理信息系统连接在一起，将市场需求信息传送到企业管理信息系统，使企业能根据市场变化组织经营管理活动。它还可以将企业有关经营管理信息在网站上公布，使企业业务相关者和旅游者更好地了解本企业。

旅行社电子商务是由上述三个部分有机组成的，企业内联网络系统是沟通旅行社和内部信息传输的媒介，企业管理信息系统是旅行社信息加工、处理的工具，电子商务站点是旅行社拓展网上市场的窗口。

（2）旅游者。旅游者是旅行社电子商务的最终服务对象。信息手段在旅行社电子商务中的运用为旅游者提供了更充分的信息服务并让旅游者享受查询、预订、咨询及服务等多方面便利，节省时间和费用。它也使旅游者从过去信息比较封闭和稀缺的状态进入信息完备且丰富的状态，可以了解更多的旅游景区景点和旅游产品，增加了选择性，激发了消费者的消费欲望。

旅行社电子商务系统能为旅游者提供覆盖旅游全过程各个阶段的多种服务。在旅游出行之前，旅游者可以首先查询旅游电子商务网站提供的旅游目的地信息、与旅游相关的公共信息（包括天气、航班、列车、公交、其他交通信息和汇率等）、旅游企业信息（如餐厅、酒店、旅行社等）、旅游产品信息；旅游者可通过电子邮件、聊天室、留言板等与旅游企业进行交流，进行旅游咨询；另外，旅游者还可以通过电子商务平台预订旅游产品，得到确认，再进行网上支付。在旅行中，游客通过旅行社电子商务平台,可了解目的地的各种情况,查询旅游服务设施,还能够及时作下一站的行程安排。对旅行归来的游客,旅行社电子商务网站提供了信息交流和反馈的渠道,旅游者可通过电子商务网站进行投诉,提出建议,填写调查问卷等。旅游企业可将过去接待的旅游者信息纳入到客户关系数据库中,定期向其传递符合其偏好的旅游促销信息。

4. 支付结算体系

支付结算体系的网上支付系统,是旅行社电子商务得以顺利实现的重要支持。在线支付结算是旅游网上交易完整实现的重要一环。旅游产品具有异地购买、当地消费的特点,一个旅行社推广旅游线路,无论消费者身在何处,都需要亲临当地进行消费,旅游产品的这种消费特点,能够有效地避免电子商务实施过程中商品远距离运送问题。因此网上支付是最合适的支付结算体系,大力推广网上支付是旅行社电子商务应用的重要环节。

第二节　旅行社电子商务的基本模式与功能

一、旅行社综合业务流程

旅行社实施电子商务的前提,就是对旅行社的流程进行改造和重组,特别是旅行社的基本业务,使之在电子商务的环境下能高效率运作。

对于一般的旅行社来说,其基本业务主要分为两类:旅游服务业务和企业办公业务。其中,旅游业务主要包括各部门在销售其旅游产品的整个过程中所进行的各项业务,而内部办公业务则主要包括旅行社内部的公文流转、信息交流、劳动人事和后勤管理等不与外部客户直接关联的业务。整个业务过程如图11.2所示。

旅行社的基本业务一般分为以下几个环节:线路设计、预定报名、组团操作、财务结算、计调操作、用车审批、订票处理、派团处理。

1. 线路设计。由计调部门负责执行,计调部门通过各种途径掌握全国各地最新的线路信息、景点信息、酒店信息、餐厅信息和价格信息,并根据这些信息以及游客的反馈信息建立新的路线,或者修改已有的路线,同时为每一条线路分配若干团队,最后将团队信息发布出去,即完成线路设计工作。

2. 预定报名。当线路设计结束并发布团队信息时,即进入报名过程,由营业部负责执行。报名分为散客报名和团队报名。游客到营业部咨询时,营业部向其提供线路信息和团队信息。如游客决定报名,则确认团号,并查看游客有无客户

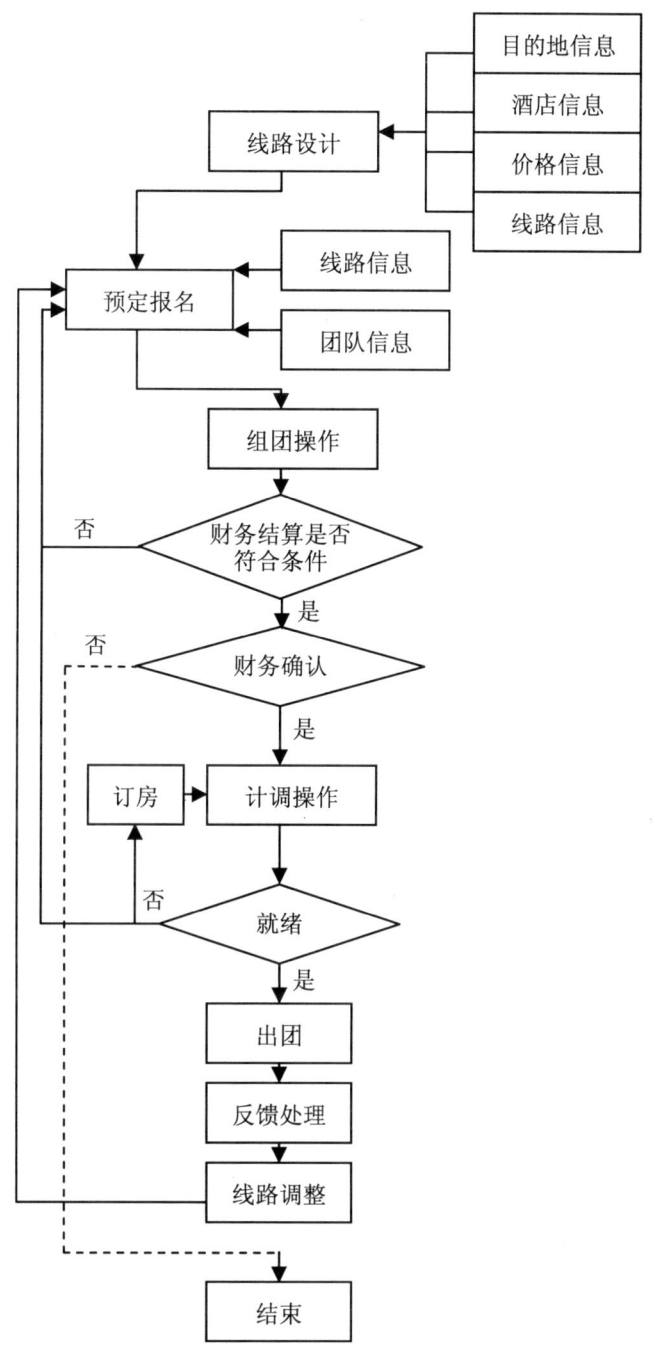

图 11.2 旅行社一般业务流程图

号,若没有则给其分配一个客户号,然后由用户填写报名单,若卡号与名字不一致则重新填写,接下来检查是否符合人数限制、有无特殊要求以及计调部门是否同意,若都满足,则同用户签署合同,将报名单与合同核对一致后,散客报名工作结束。团队报名首先是客户咨询过程,营业部仍然向其提供线路信息和团队信息,然后由用户填写客户咨询单,并交给计调部门进行组团操作;若计调部门组团成功并同意,则同团队客户签署合同,并补录客户详细资料,团队报名过程随即结束。

3. 组团操作。报名结束后,即开始组团操作,由计调部门负责执行。计调部门接收来自营业部的客户咨询单,并对咨询单进行审阅。对于散客报名,若所报团队已满,则进行团队扩充,而对于团队报名,则可以为其单独组团。根据审阅结果,若该咨询单符合人数限制且可以组团,则批准该咨询单,并填写预算报告单,然后进一步执行计调操作;若不符合限制,则拒绝组团。

4. 财务结算。当组团操作结束后,在计调操作开始之前,将进行财务结算,由财务部负责执行。财务部根据计调部门的报名单,计算团队收入和团队支出。若该团队的团款已经收取完毕,则进行团队结算和财务统计,并允许计调部门进行计调操作;若团款未收取完毕,则拒绝计调部门进行下一步操作。

5. 计调操作。若组团成功、团款已收取完毕并得到财务部的确认则进入计调操作业务过程,由计调部门负责执行。计调操作的主要功能就是根据团队的要求向交通部订车,向票务部订票,向导游部请求派导游,以满足团队的正常出团要求,计调部门根据团队的需求信息为其分配相应的资源,以保证团队的正常出行。若需要用车,则向交通部发出订车请求,等待交通部分配车辆;若需要订票,则向票务部发出订票请求等待票务部为团队订票;若需要导游,则向导游部发出导游派团请求,等待导游部为团队指定导游;若需要订房,则为团队订房,以保证团队的住宿。以上工作完毕后,若所有资源都能顺利分配,则通知各部门为团队出团作准备。

6. 用车审批。在计调操作过程中,如果需要用车,则会发出订车请求,进入用车审批过程,由交通部负责执行交通部接收计调部门和营业部的订车单,并向车队发送派车单。车队查看当前的车辆资源可用状态,若在团队出团日有满足条件的车辆空闲,则为团队指定车辆,并回复交通部,交通部对派车信息进行确认,并回复计调部门和营业部,通知所派车辆的信息。若无空闲车辆可用,则通知计调部门和营业部派车失败。

7. 订票处理。在计调操作过程中,如果需要订票,则进入订票处理过程,由票务部负责执行。票务部接收来自计调部门和营业部的订票单,并对订票单进行审阅,若符合订票条件,则到相应的售票部门订票,否则拒绝计调部门和营业部的订票请求。若所需的票可以订到，则将票送到相应部门并进行记录；若所需的票无法订到，则回复计调部门和营业部订票失败。

8. 派团处理。若在计调操作过程中有团队提出派导游需求，则进入派团处理过程，由导游部负责执行。导游部接收来自计调部门的导游派团需求单，并查询导游档案和导游服务质量，根据团队的要求选择符合条件的导游，同时查看当前的导游资源状态信息，若在团队出团日有符合条件的导游空闲，则为该团队指派该导游，并对派团操作进行确认。若出团日没有满足条件的导游空闲，则回复计调部门无导游可用，派导游失败。

了解旅行社的业务流程，对结合网络技术开展电子商务活动有着重要的衔接作用。

二、旅行社电子商务的基本模式

旅行社电子商务模式主要包括旅游企业间的电子商务（B2B），旅行社对企业类（非旅游企业）客户的电子商务（B2E）、旅行社对旅游者的电子商务（B2C）以及旅游者对旅行社的电子商务（C2B）。具体如下：

1. 旅游企业间的电子商务（B2B）

旅游企业间的电子商务是指企业之间通过网络信息手段实现相互之间的交易，如采购、分销等。在旅游电子商务中，B2B 交易形式见图 11.3，主要包括：

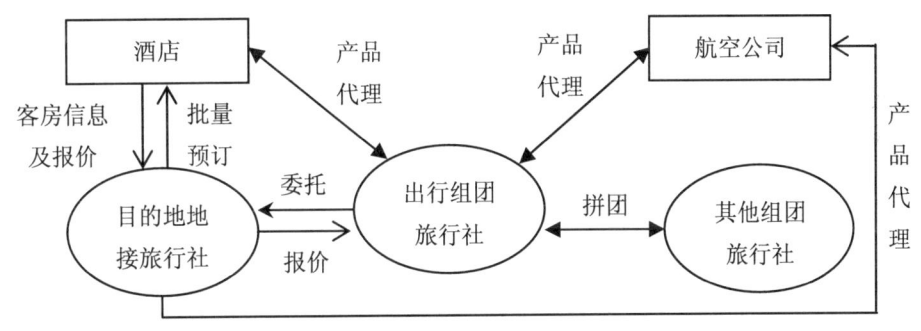

图 11.3　旅行社 B2B 交易形式

（1）旅游企业之间的产品代理，如旅行社代订机票与饭店客房，旅游代理商代售旅游批发商组织的旅游线路产品。

（2）组团社之间相互拼团，也就是当两家或多家组团旅行社经营同一条旅游线路，并且出团时间相近，而每家旅行社只拉到为数较少的客人时，旅行社征得游客同意后可将客源合并，交给其中一家旅行社操作，以实现规模运作，降低成本。

（3）旅游地接社批量订购当地旅游饭店客房、景区门票。

（4）客源地组团社与目的地地接社之间的委托、支付关系等。

旅游业是一个由众多子行业构成、各子行业需要协调配合的综合性产业，食、住、行、游、购、娱各类旅游企业之间存在复杂的代理、交易、合作关系，旅游 B2B 电子商务有很大的发展空间。

旅游企业间的电子商务又分为两种形式。一是非特定企业间的电子商务，它是在开放的网络中对每笔交易寻找最佳的合作伙伴。一些专业旅游网站的同业交易平台就提供了各类旅游企业之间查询、报价、询价直至交易的虚拟市场空间，如图 11.3。二是特定企业之间的电子商务，它是在过去一直有交易关系或者今后一定要继续进行交易的旅游企业之间，为了共同经济利益，共同进行设计、开发或全面进行市场和存量管理的信息网络，企业与交易伙伴间建立信息数据共享、信息交换和单证传输。如航空公司的计算机预订系统（CRS）就是一个旅游业内的机票分销系统，它连接航空公司与机票代理商（如航空售票处、旅行社、旅游饭店等）。机票代理商的服务器与航空公司的服务器是在线实时链接在一起的，当机票的优惠和折扣信息有变化时会实时地反映到代理商的数据库中。机票代理商每售出一张机票，航空公司数据库中的机票存量就会发生变化。

B2B 电子商务的实现大大提高了旅游企业间的信息共享和对接运作效率，提高了整个旅游业的运作效率。

2. 旅行社对企业类客户的电子商务（B2E）

B2E（Business to Enterprise）中的 E 是指旅游企业与之有频繁业务联系，或为之提供商务旅行管理服务的非旅游类企业、机构、机关。大型企业经常需要处理大量的公务出差、会议展览、奖励旅游事务，如图 11.4 展示了台湾山富旅行社为华硕集团提供的服务专区。他们常会选择和专业的旅行社合作，由旅行社提供专业的商务旅行预算和旅行方案咨询，开展商务旅行全程代理，从而节省时间和财务的成本。另一些企业则与特定机票代理商、旅游饭店保持比较固定的业务关系，由此享受优惠价格。

旅游 B2E 电子商务较先进的解决方案是企业商务旅行管理系统（Travel Management System，TMS）。它是一种安装在企业客户端的具有网络功能的应用软件系统，通过网络与旅行社电子商务系统相连。在客户端，企业差旅负责人可将企业特殊的出差政策、出差时间和目的地、结算方式、服务要求等输入 TMS，系统将这些要求传送到旅行社。旅行社通过电脑自动匹配或人工操作为企业客户设计最优的出差行程方案，并为企业预订机票及酒店，并将预订结果反馈给企业客户。通过 TMS 与旅行社建立长期业务关系的企业客户能享受到旅行社提供的便利服务和众多优惠，节省差旅成本。同时，TMS 还提供统计报表功能。用户企业的管理人员可以通过系统实时获得整个公司全面详细的出差费用报告，并可进行相应的财务分析，从而有效地控制成本，加强管理。

图 11.4 台湾山富旅游社的华硕企业专区

3. 旅行社对旅游者的电子商务（B2C）

图 11.5 云游网的 B2C 服务

B2C 也就是电子旅游零售。交易时，旅游散客先通过网络获取旅游目的地信息，然后在网上自主设计旅游活动日程表，预订旅游饭店客房、车船机票等，或报名参加旅行团。对旅游业这样一个消费者高度地域分散的行业来说，旅游 B2C 电子商务方便旅游者远程搜寻、预订旅游产品，克服距离带来的信息不对称。通过旅行社电子商务网站订房、订票，是当今世界应用最为广泛的电子商务形式之一。

另外，旅游 B2C 电子商务还包括旅游企业对旅游者拍卖旅游产品，由旅游电子商务网站提供中介服务，如美国的著名旅游网站 www.expedia.com，它针对美国的旅游饭店和游船旅游客舱普遍存在的空房现象，组织旅游企业将这些闲置资源公布到网上，组织旅游者之间竞价的拍卖服务，有效地均衡了旅游市场供求，从而成为一种有生命力的网上交易服务形式。

4. 旅游者对旅行社的电子商务（C2B）

如图 11.6 所示，C2B 是由旅游者提出需求，然后由旅行社通过竞争满足旅游者的需求，或者是由旅游者通过网络结成群体与旅游企业讨价还价。旅游 C2B 电子商务主要通过电子中间商（专业旅游网站、门户网站旅游频道）进行。这类电子中间商提供一个虚拟开放的网上中介市场，提供一个信息交互的平台。上网的旅游者可以直接发布需求信息，旅游企业查询后双方通过交流自愿达成交易。

图 11.6　在线拼团网站页面

旅游 C2B 电子商务主要有两种形式。第一种形式是反向拍卖，是竞价拍卖的反向过程。由旅游者提供一个价格范围，求购某一旅游服务产品，由旅游企业出价，出价可以是公开的或是隐蔽的，旅游者将选择认为质价合适的旅游产品成交。这种形式，对于旅游企业来说吸引力不是很大，因为单个旅游者预订量较小。第二种形式是网上成团，即旅游者提出他设计的旅游线路，并在网上发布，吸引其他相同兴趣的旅游者。通过网络信息平台，愿意按同一条线路出行的旅游者汇集到一定数量，这时他们再请旅行社安排行程，或直接预订饭店客房等旅游产品；

可增加与旅游企业议价和得到优惠的能力。

旅游 C2B 电子商务利用了信息技术带来的信息沟通面广和成本低廉的特点，特别是网上成团的运作模式，使传统条件下难以兼得的个性旅游需求满足与规模化组团降低成本有了很好的结合点。旅游 C2B 电子商务是一种需求方主导型的交易模式，它体现了旅游者在市场交易中的主体地位，对帮助旅游企业更加准确和及时地了解客户的需求，对实现旅游业向产品丰富和个性满足的方向发展起到了促进作用。

三、旅行社电子商务体系结构

一个典型的电子商务系统组成如图 11.7 所示，其中旅行社的电子商务系统主要由旅行社网站、旅行社内部管理信息系统构成，而采购者、供应者、支付中心、认证中心则构成了旅行社电子商务系统的外部协作网。

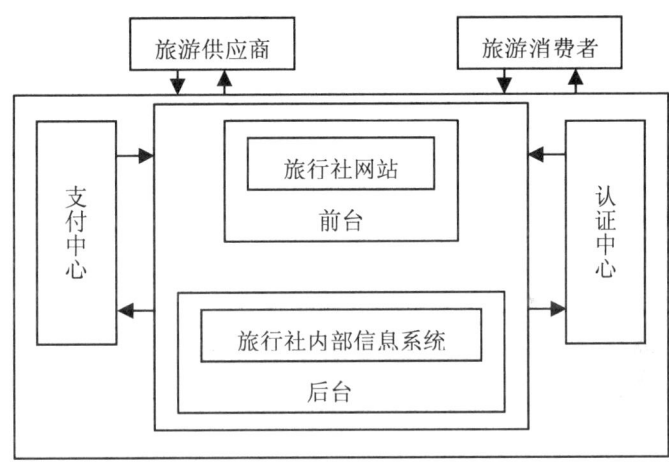

图 11.7　典型的旅行社电子商务系统结构

1. 旅行社网站是企业开展电子商务活动的基本手段，也是企业电子商务系统的重要组成部分。企业通过网站为合作伙伴客户采购商提供了一个访问企业内部各种资源的统一平台。网站的主要功能是发布旅游信息，接受客户需求，进行网上交易。

2. 旅行社内部信息系统是基于 Internet 技术（TCP/IP 协议以及相关技术标准）承担旅行社办公系统的运行及内部信息处理的局域网络。

它是面向旅游企业内部的信息管理系统，包括人力资源管理系统（HRM）、客户关系管理系统（CRM）以及企业资源计划（ERP）等管理。

旅行社前台网站和后台内部的信息系统是电子商务不可分割的组成部分，它们之间相互联系、相互支持，形成一个有机的整体，达到企业的内外资源的整合和资金流、物流、信息流的协调统一。

3. 旅游供应商指通过电子商务系统出售旅游商品或提供服务的企业或个人。

4. 游客指对旅游产品或服务的最终消费者。

5. 认证中心类似于网上的"公安局"和"工商局"，给个人、企事业单位和政府机构签发数字证书——"网上身份证"，用来确认电子商务活动中各自的身份，并通过加解密方法实现网上安全的信息交换与安全交易。

6. 支付中心主要实现电子交易的支付和结算，由支付网关、银行、金融专用网等组成。

第三节 旅行社电子商务网站结构和功能

作为劳动密集型和信息密集型的行业，旅行社受到信息化潮流的冲击和影响尤其明显。一是经营模式的变化。在传统的经营模式下，旅游企业与旅游者之间没有直接的交流方式，缺乏有效的手段促进两者的信息交流。借助电子商务环境，旅游企业与旅游企业、旅游企业与旅游者、旅游者与旅游者之间都可以直接交流，有利于企业提高服务质量、推出更适合旅游者的服务，旅游者也可以享受更加快捷、优质的服务。二是管理模式的变化。传统旅游业的管理模式为"金字塔"型，企业委托旅游代理商销售旅游产品，销售环节过多，增加了企业成本。旅游电子商务的管理模式为扁平的"矩形结构"，旅游者可以和旅游企业直接联系，减少了旅游产品销售的中间环节，降低了企业成本。

旅游社网站是旅行社实施电子商务的基础之一，也是旅行社企业适应信息社会要求的必要基础，同时网站也是旅行社综合文化的展示，如图11.8，海南中国青年旅行社的网站展示了海南蓝天碧海的风景特色，表达了健康、活力和轻松的理念，给人清新明快的舒适感和足够的想象空间。

图 11.8　海南中国青年旅行社网站主页

一、旅行社电子商务网站需求与定位

1. 旅行社电子商务网站需求

（1）是否需要一个商务网站。企业的业务是否真的有这样的需求。

（2）这个网站完成什么样的目的。网站到底做成什么样，一切取决于企业如何定位这个网站和企业现有业务的关系。有些网站，把电话号码放在网上，简单介绍一下业务就能带来可观的收益。有些网站技术非常前卫，非常华丽，动用了庞大的技术人员力量和销售力量，也带来不少的收益。企业的定位和目标非常重要，这决定了网站在企业的业务中的位置和权重。

（3）有没有能力把这个网站做好。小马过河，牛大叔说水浅，小兔子说水深，情况因人而异。企业在"过河之前"一定要先审核一下自己的实力、条件和资源。不能人云亦云，有条件的企业做一个网站易如反掌，没有条件的企业就举步维艰了。

把网站做好，不是仅仅是建立一个漂亮的网站，也是要给企业带来实际的业务，并且符合企业最初的定位。

2. 旅行社电子商务网站定位

旅行社电子商务网站规模根据自身特点各有不同，规模较大的旅行社商务网站有成百上千个页面，每天都有许多页面被更新；小的网站只需设计少量页面。网站的功能也可繁可简，小的网站可能只注重在网上发布旅游线路，提供信息服务，而大的网站则集信息服务、沟通通信服务和交易服务于一身，是一个庞大的系统工程，需要花费大量的人力、物力和资金来建设。电子商务网站的定位是旅行社需要考虑的关键问题。

（1）网站的建设投入应该与企业的资金实力相匹配。一个功能完备的网站需要投资几十万至几百万元，显然这会给中小旅游企业造成较重的负担和风险，而对于大的旅游企业尤其是旅游企业集团所属的网站，如果过于粗糙和简单往往也与企业的形象不符。

（2）网站在投入一定资金的条件下应明确目标，设置合理的期望值。对中小型企业而言，网站最好定位于信息门户和交流渠道，其主要目的是把消费者"引进来"，网站除了介绍旅游信息和线路以外，还可以充分发挥旅行社"亲情服务"的优势，例如设立专门的"消费指南"电子信箱，旅游消费者通过电子邮件告诉旅行社自己想去的目的地、消费愿望、消费等级及要求回复的时间，旅行社做好咨询顾问的角色，留住这些潜在的客户。还可以建立旅游论坛，让顾客进行交流探讨，丰富网络内容，并使新顾客产生信任。对于大型企业而言，则可以做成融信息门户、交流平台以及网上交易为一体的商务网站。

（3）网站的建设要与企业发展战略相匹配。例如定位于某地区散客旅游市场的旅游企业，建立网站就应侧重该地区旅游信息的发布以及当地自助、半自助旅游线路的推介。

二、旅行社电子商务网站结构

1. 旅行社电子商务网站层次结构

结合旅行社业务流程的需要和电子商务的特点，现在的旅行社在建立自己的电子商务网站时，考虑到业务兼容和支付安全，一般会采用 B/S 结构，同时还要考虑到未来可能的需要，在层次上，一般采用多层结构，比如三层（用户界面层、应用逻辑层和数据存取层）结构，将应用逻辑与用户界面和数据存取明显的分离出来，客户端的用户界面与服务器端数据存取隔离开来，见图 11.9。

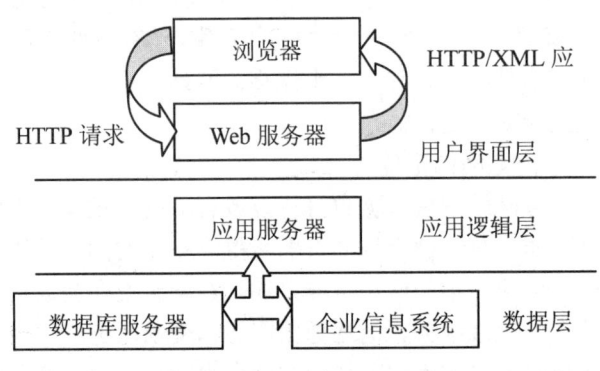

图 11.9 Web 应用体系结构

在上述的体系结构中，客户计算机依靠 HTTP 协议通过浏览器来显示数据，并实现客户机与服务器的交互。在服务器端有一个标准的 Web 服务器通过 HTTP 协议与客户端的用户浏览器交互，Web 服务器与应用服务器都使用 HTTP 作为它们之间的公共通信协议，应用服务器与数据库之间采用标准的机制进行通信，如 ODBC、JDBC、SQL 等。通常 Web 服务器接受客户端用户的输入，并将应用程序的处理结果以及其他数据组合成 Web 网页，发送回客户端。应用服务器负责处理核心业务逻辑，它接受由 Web 服务器传来的客户端用户的处理要求，并根据需要查询或更新数据库的内容，进行核心业务逻辑的处理，然后将处理结果传送给 Web 服务器。数据库服务器和企业信息系统实现各种数据的存取功能，负责数据的组织并向应用逻辑层提供接口。

这种三层体系结构使网站在各个实现层次上具备明确的界限和分工，具有较好的可扩展性和灵活性。各个层次都采用业界标准，从而保证了网站的应用程序与具体的平台无关，使得应用程序的开发完全集中在应用逻辑的处理上而非界面上，从而简化了程序开发的难度。同时，在系统处理能力出现瓶颈时或某一层次发生变化时，只需要调整相应层次的功能，而不必对整个网站系统进行更新。另一方面，这种三层体系机构也使网站的分工协作开发成为可能，网页设计师可专注于用户界面层的构造，软件工程师主要进行 Web 应用程序的开发，而数据库工程师则以数据库设计为主。目前，这种三层次的基于 Web 的网站体系结构已经成为电子商务网站开发的主流。

2. 旅行社电子商务网站拓扑结构

客户是现代企业竞争力的核心要素，客户的数量以及客户的类型，特别是忠诚客户的数量和类型，直接反映了一个企业的综合竞争能力。旅游服务的性质决定了旅行社开展业务活动必须以提高客户满意度为目标，因此在建立电子商务网站时，必须以客户的需求为中心。如图 11.10 所示，旅行社的所有电子商务活动基本上是围绕客户来开展的。

三、旅行社电子商务网站功能

旅行社商务网站是借助网络平台，利用先进的信息技术为旅游者提供咨询服务、产品销售和支付结算等服务。它为旅游者提供了方便、快捷、优惠的旅游消费方式。一个完善的旅行社电子商务网站应具备以下几个方面的功能：

1. 树立品牌形象

品牌是一个企业最重要的无形资产，一个良好的品牌是企业对于消费者无形的承诺。因此树立一个良好的品牌形象是电子商务网站必须履行的职责。网站的形象就代表着企业的品牌形象，因此旅行社在网站建设和日常维护上，应关注其旅游专业化程度、个性化风格、简单明了、易于操作的特性。

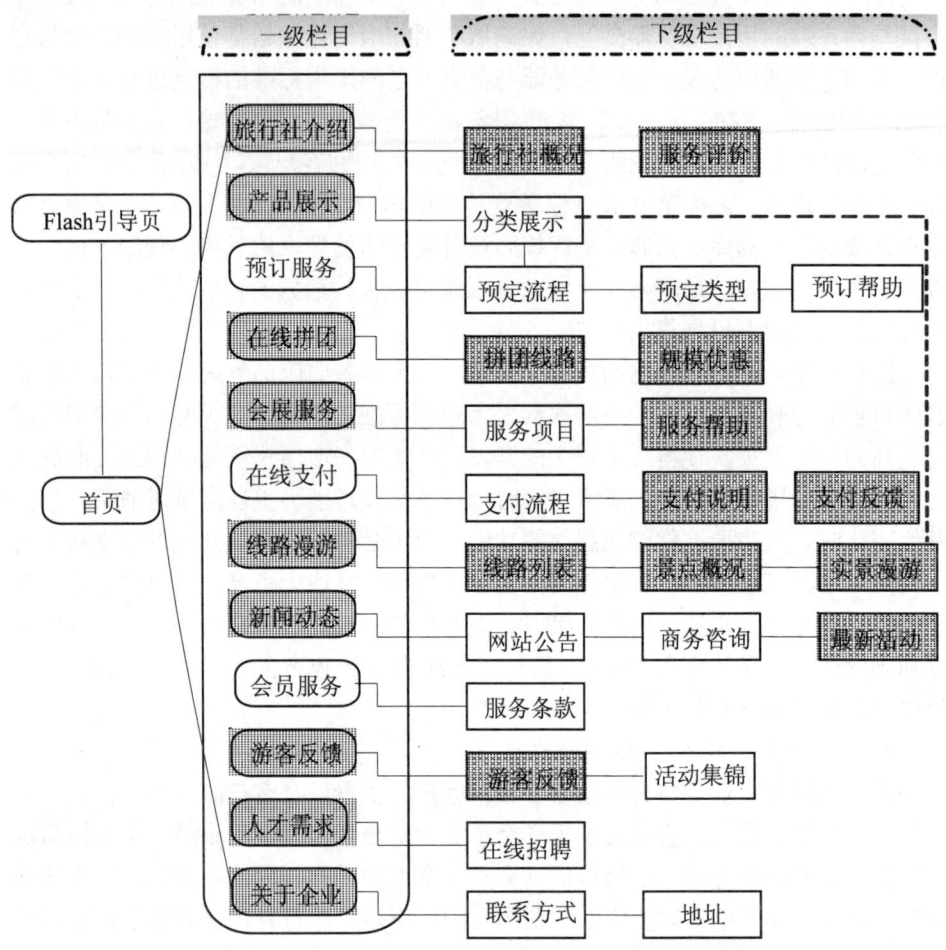

图11.10 一种以用户为中心的旅行社电子商务网站拓扑结构

2. 旅游产品展示

旅游者访问网站的主要目的就是对旅行社的产品和服务进行深入的了解，旅游企业网站的价值也就在于灵活地向用户展示旅游产品和服务信息。因此旅行社应利用城市三维实景、电子地图、视频播放等多媒体手段从视觉、听觉等多方面尽可能周全地展示旅游产品所有的周边信息，还可通过采用新的流媒体技术和传感技术，实现网络旅游或"预览"景点，使旅游者有身临其境的感觉，从而吸引旅游者购买旅游产品。另外旅行社可在一些旅游线路中列出一些相关的鲜活的旅途照片和视频，配以文字说明和以往旅游者的旅游经历、感悟，让潜在的旅游者直接感受当地的旅游气氛，增加旅游者对旅行社的信任感和对旅游的雀跃感。

3. 信息发布和检索

旅行社为旅游者提供信息发布和检索功能。首先，旅行社应为旅游者提供有针对性的旅游专业内容，例如旅游路线途中的交通、住宿、饮食、游玩、购物、娱乐、保险、协议尽可能详尽完善，让游客快速获得足够的信息并做出决策。其次，旅行社为旅游者提供方便快捷的网站导航，让旅游者在很短的时间内就能找到所需要的东西，如旅游线路、旅游景点和旅游企业等方面的信息。这就要求网站导航功能分类准确，功能文字描述贴切，符合大部分用户的使用习惯。

4. 咨询和指导

旅行社可以通过留言板、论坛、电子邮件及电子刊物等为旅游者提供各种在线服务和帮助信息，如帮助游客进行行程规划并指导其进行合理健康的旅游消费，解答旅游者的问题，提供公开的产品与服务比较等。另外还可以通过建立旅游兴趣俱乐部的方式，帮助旅游者找到兴趣相投的旅友，形成一种良好互动的社区关系，这样既可以增进旅游者之间的交流，又可以增强旅游者对旅行社的信任度，最终为网络旅行社赢得长期效益。

5. 网上调查

旅行社可以通过网站的电子布告板、在线调查表、论坛和电子邮件的方式获得旅游者的反馈信息，用于企业品牌形象调查、消费者行为调查、旅游产品调查、旅游服务满意度调查等，从而获得宝贵的第一手市场资料以提高、完善旅行社的服务质量。

6. 网上联盟

为了获得更好的网站推广效果，旅行社可以与产品或服务互补的相关企业或目的地网站建立链接和实时合作关系。如某条旅游线路的旅游者数量过多或过少时，可以与相应的合作伙伴进行数量上的调配，从而保证为旅游者提供及时、优质的旅游服务。

7. 网上交易

一个功能完备的旅游网站可以独立完成产品预订、订单确认、网上支付等环节，为旅游者提供方便、快捷的旅游消费方式。网络旅行社还可以提供一些特色服务，例如限时拍卖、会员折让、比价服务、会员积分等方式为旅游者提供更多的利益享受。

四、旅行社电子商务网站的基本模块

根据前面叙述的旅行社电子商务网站的结构和网站功能，旅行社电子商务网站的公共模块一般有：

1. 旅行社电子商务网站前台

前台应以美观、大方的界面，直观的、图文相间的页面面对浏览者，以简单的操作让浏览者完成预订，并提供了多种咨询和交流路径等。尽最大的可能让浏览者都变成企业的客户，从而带来经济效益。

（1）公司简介主要内容包括：公司概况、历史与展望、组织架构、照片等内容，让访问者对公司的总体情况有一个初步的了解。

（2）新闻中心主要职责是发布行业新闻、热点新闻、公司动态等，所有的板块将在首页有控制条件地显示，管理员的权限对所有栏目开放，可以进行修改、删除、添加等操作，对应每一个板块，管理员可以在后台轻松地发布相关的新闻内容（包括图片显示）。不需要专业的 IT 人员就能在网站后台轻松发布、维护新闻。公司可以定期在网站上发布一些公告信息，该信息将在用户打开一个主页时另外弹出一个窗口显示，有信息时窗口弹出，无信息时则该窗口不会出现，不会影响网友浏览网页。

（3）对国内外的景点介绍、行程介绍，并配以精美的图片，让旅游者足不出户就可以感受一个虚拟的"国内游"或"环球旅游"。

（4）线路预订使用数据库开发实现，每条数据包括线路名称、报名起止时间、报价、线路专集、图片专集。旅游者在网上挑选了合适的线路或可以在网上直接报名。

（5）酒店预定、票务预订提供酒店、票务信息的查询，订单填写、确认、提交等功能。

（6）客户服务该部分设计有导游中心、旅游用车租赁、风土人情、签证服务、商务会议。属于公司为旅游者提供的一系列方便服务项目。

（7）友情链接和公司业务相关的上下游企业的网址，网友从本公司的网站就可以直达其他公司的网站。

（8）信息反馈提供网站与客户一个交流的场所。分为客户投诉和客户建议。其中客户投诉信息发送到网站后台，管理员或相应的工作人员回复，不在页面显示；客户建议也发送到网站后台，管理员或相关的工作人员回复，在页面显示。

（9）会员中心实现会员的登录与注册功能，客户要选择网上定制线路，必须注册成为网站的会员，才能完成线路的选择、支付等操作，进而确保交易的真实性。

（10）内部网入口在网页上提供一个公司内部网的入口，公司员工可以通过相应的用户名和密码进入公司内部网，不管员工是否在本地，都可以通过 Internet 进入公司内部管理系统，了解公司的最新信息。

（11）在线支付，借助于银行的电子商务服务功能，提供在线即时支付服务，可实现企业间的在线支付和企业与外部的实时在线支付。

（12）网站站内短信，是游客和旅行社网站管理员即时沟通的有效工具。

（13）导游风采，图片文字介绍旅行社的各位导游形象和资历。

（14）在线拼团，旅行社提供设计的线路和服务，并提供规模优惠，游客自由组团。

（15）在线线路设计，旅行社提供目的地信息（视频、图片和文字描述），游客自行选择景点和服务，然后双方谈价，在线签订旅游服务合同。

（16）在线人才招聘。

以上模块仅是当前旅行社开展一般电子商务活动所涉及的，各个企业还根据自己的定位不同而有所不同。

2. 旅行社电子商务网站的后台

后台管理应有强大的功能，清晰的结构，简化的界面，方便操作管理。

（1）系统管理：管理员管理，可以新增管理员及修改管理员密码，分配给负责人事管理、财务管理的管理员相应的操作权限；数据库备份，保证数据安全，系统采用数据库备份功能；上传文件管理，管理上传的图片及其他文件。

（2）企业信息：可设置修改企业的各类信息及介绍。

（3）产品管理：产品类别新增修改管理，产品添加修改以及产品的审核。

（4）订单管理：查看订单的详细信息及订单处理，其中包括旅游线路订单、票务预订订单和酒店预订订单等。

（5）会员管理：查看修改删除会员资料，及锁定解锁功能。

（6）新闻管理：发布修改企业新闻和业内资讯。

（7）车队管理：管理信息反馈及注册会员的留言，注册会员的留言可在线回复，未注册会员可使用在线发信功能给予答复。

（8）人事管理：发布修改招聘信息，人才策略栏目管理，应聘管理。

（9）财务管理：处理各种财务信息和数据，如团队收入、支出、结算以及发票管理等。

（10）友情链接：新增修改友情链接。

网站的后台模块集成了企业内部业务流程管理和前台业务操作，它们是旅行社实施高效电子商务活动的重要支撑点。

【思考与实践】

思考题：

1. 简述旅行社电子商务体系的组成要素。
2. 为什么电子商务系统要采用 B/S（三层）结构方式？
3. 旅行社电子商务模式主要有哪些？

4. 简述旅行社电子商务网站功能和基本模块。

5. 阐述旅行社电子商务网站在旅行社电子商务活动中的地位。

6. "自驾游"对旅游电子商务的发展有什么影响？利用web2.0技术是否可以开发旅游市场？

实践题：

1. 基于旅行社信息管理系统模拟平台，熟悉旅行社前台交易和后台管理流程，熟练掌握旅行社业务管理、客户管理、分销管理、会员管理及交易管理等功能模块。

2. 比较国旅、中青旅、春秋旅行社网站业务范围、经营模式、盈利模式，找出他们的核心竞争力和特点，结合三网融合、移动网络和GPS的发展，谈谈旅行社电子商务的发展方向。

第十二章 旅游目的地电子商务

【学习导引】

近年来,随着网络技术的快速发展,旅游目的地的营销和交易环境发生了巨大变化,旅游产品在网上促销、网上交易导致了旅游目的地新的营运和营销模式的出现。多媒体技术(视频和图片)广泛普及,虚拟现实技术、GIS 技术的应用,改变了游客在网上获取旅游信息的体验,以旅游评论为核心的旅游社区、旅游博客及微博和以比较和评价为核心的垂直搜索引擎的兴起,大大增加了游客获取旅游信息的渠道,而以 3G 技术为代表的移动通讯技术又拓宽了旅游目的地电子商务的范畴。在新技术条件下,如何以游客为中心,为游客提供令消费者满意的、全方位、全过程、实时、智能化的精益旅游服务,是旅游目的地电子商务面临的任务。

【教学目标】

1. 掌握旅游目的地电子商务、旅游目的地营销系统、数字景区的概念。

2. 了解旅游目的地营销系统(DMS)和的数字景区的功能。

3. 理解旅游目的地营销系统(DMS)和数字景区的系统结构。

【学习重点】

旅游目的地电子商务、旅游目的地营销系统、数字景区的概念

旅游目的地营销系统(DMS)的功能

数字景区的功能

旅游目的地营销系统(DMS)的系统结构

数字景区的系统结构

第一节　旅游目的地电子商务概述

一、旅游目的地电子商务概念

所谓旅游目的地，是吸引旅游者在此作短暂停留、参观游览的地方。或者是"一定地理空间上的旅游资源同旅游专用设施、旅游基础设施以及相关的其他条件有机地结合起来，就成为旅游者停留和活动的目的地，即旅游地，又被称为旅游目的地。"

旅游目的地管理组织（Destination Management Organization，DMO）是负有管理旅游目的地或者负有营销旅游目的地责任的组织（WTO，2004）。

旅游目的地营销组织（Destination Marketing Organizations，DMO）是旅游目的地营销活动的组织、管理和实施的主体。旅游目的地营销组织的功能是实现向旅游客源市场宣传、推广、营销整个目的地。

目前，旅游目的地电子商务还没有统一的定义。本书在分析相关专家已有研究成果基础上，将其定义为：旅游目的地的旅游组织或企业利用互联网、现代通信技术及其他信息技术进行的任何形式的旅游资源整合、管理、商务运作及信息交换。根据定义，旅游目的地电子商务包含的范围相当广泛，本书集中介绍基于互联网的旅游目的地营销系统和基于互联网的景区电子商务（或称为电子景区，或称为数字景区）。

二、旅游目的地营销系统（DMS）

1. 旅游目的地营销系统（DMS）的概念

旅游目的地营销系统（Destination Marketing System，简称 DMS）的概念是世界旅游组织（WTO）在1997年提出，并大力倡导的一种旅游信息化应用系统，迄今已在多个旅游发达国家推广应用。然而，对于旅游目的地营销系统，目前学术界还没有形成能够广泛接受的定义。Vlitos-Rowe 提出建立旅游目的地营销系统的初衷是为旅游者提供某一特定地区最完整、最现实的旅游目的地的信息。Frewando'CoImor 称旅游目的地营销系统为游客信息系统（Visitor Information Systems），他认为旅游目的地营销系统的基本主题和常用的、占主导地位的功能是发布某一特定旅游地区所有旅游活动相关的组织和吸引物的信息以及处理预定业务，用于旅游信息管理、公众信息服务、行业交流和旅游网络营销等领域的若干基于核心数据库的应用系统。旅游目的地组织的信息技术基础设施用来收集、整理、储存和发布信息，用来处理预定业务和执行其他的商业活动。在我国，旅游目的地营销系统的倡导者——"金旅工程"认为：旅游目的地营销系统是一个采用开放式的体系架构、以互联网为基础平台、以网站为主要门户和表现之一、结合数据库技术、多媒体技术和网络营销技术，集旅游信息服务、网上旅游营销、互联网电子商务、旅游行业管理于一体，并紧密支持跨媒体宣传营销方式的完善、高效、低投入的综合应用系统。是针对旅游目的地（国家、区域、目的地、景区等）量身定制的整体营销和电子商务的解决方案，是全国性的旅游信息化网络系统。

综上所述，旅游目的地营销系统（Destination Marketing System，简称DMS）是由管理部门主导、企业参与建设的旅游信息化应用系统，为整合目的地的所有资源、实现旅游目的地产品营销和满足旅游者各种需求提供一个完整的解决方案。

旅游目的地营销系统主要通过网站向旅游者提供全面的旅游目的地信息，包括旅游资源、旅游设施、旅游节事活动、气象、交通、旅游企业、旅游产品、旅游新闻公告及旅游产品价格等，是旅游目的地信息服务和宣传促销的有效手段，同时提供电子商务平台，为目的地旅游企业和客源地消费者之间的交流和交易服务。旅游目的地营销系统的旅游信息数据库除了支持网站以外，还可以支持公共场所触摸屏、游客信息中心、电话中心以及出版物的制作等传统营销手段。

2. 金旅工程

"金旅工程"是国家信息网络系统的重要组成部分，是旅游部门参与国家旅游业信息化建设的重要基石。金旅工程是覆盖全国旅游部门的国家—省—市—企业四级的计算机网络系统，建成后，将为提高旅游行业整体管理水平、运行效率、改进业务流程、重组行业资源等方面提供强有力的技术支持；同时，全面发展旅游电子商务，与国际接轨，为世界旅游电子商务市场提供服务。

2001年1月11日，国家旅游局正式启动"金旅工程"，工程规划期限为5年，为此发出了《关于建设"金旅工程"、推动旅游信息化工作上水平的意见》、《打好"金旅工程"建设关键之战，提高旅游行业信息化水平》等系列文件，并同时发布了全国旅游行业信息化的规划、标准和规范及实施方案。2003年1月，国家旅游局、全国电子信息系统推广办公室对全国优秀旅游城市下发了"旅发【2003】15号"文件，《关于在优秀旅游城市建立并推广使用"旅游目的地营销系统"的通知》。2003年4月，国家旅游局选择桂林等约10个信息化基础较好的优秀旅游城市下发了"旅发【2003】133号"文件，《关于请报送旅游目的地营销项目建设申请的通知》。"金旅工程"是国家信息网络系统重要组成部分，是旅游部门参与国家旅游业信息化建设的重要基石。

"金旅工程"主要系统构成为"三网一库"，即内部办公网与国家机关办公网、管理业务网、公共商务网和中国旅游信息数据库。

（1）内部办公网与国家机关办公网，按照国务院相关规定，提供一个涉密级的管理办公网络，提高办公效率。

（2）管理业务网，建立一个全国性的旅游管理业务网络，一个旅游系统内部信息上传下达的渠道和功能完善的业务管理平台，实现各项业务处理的自动化，达到提高管理水平和管理效率、改进业务流程、重组行业资源的目的。把旅游管理部门从繁琐的手工作业中解脱出来，管理部门将更有效地监督管理企业、治理市场。

（3）公共商务网，建立一个公共的商务平台和信息服务平台，宣传促销旅游目的地、旅游企业和旅游产品，为旅游企业提供电子商务的整套解决方案。系统将运用最新的科技，整合旅游信息资源，提高旅游市场运行效率，提高旅游服务水平，促进旅游业的发展。

（4）旅游信息数据库，数据库系统作为"金旅工程"信息系统平台的一个重要的组成部分，是旅游信息数据的存储中心，是上层应用系统的信息源，也是业务处理系统的核心，所有的业务数据的加工最后都依赖数据库的系统支持来完成。因此，数据库在整个系统中起着非常关键的作用。

旅游目的地营销系统是为整合目的地的所有资源、实现旅游目的地产品营销和满足旅游者各种需求提供一个完整的解决方案。对应金旅工程"三网一库"中的公共商务网、管理业务网和游信息数据库部分，其建设者和管理者定位于各省市旅游管理部门、DMO 和景区，服务对象是旅游消费者、旅游企业等。

三、数字景区

数字景区是以计算机和网络技术为依托，综合运用 3S 技术、物联网技术、多媒体技术、大规模存储技术以及虚拟仿真等技术，结合资源保护与开发管理理念，实现对景区的基础设施、日常经营管理进行自动数据采集和动态监测控制，为景区科学发展提供辅助决策服务，并借助网络或其他信息传播途径实现景区营销。

一般数字景区包括：基础设施、指挥调度中心、数据中心、旅游信息化应用系统及网站系统 5 大部分内容。

（1）基础设施包括：通讯网络设施、信息安全保障及一些基础软、硬件平台。

（2）指挥调度中心实现管理资源的整合及对各职能部门的统一组织协调。

（3）数据中心实现对各业务系统数据的集中管理和共享服务，包括遥感（RS）数据、地理信息（GIS）数据、GPS 数据、多媒体（MEDIA）数据以及其他综合业务信息数据。

（4）旅游信息化应用系统包括：以加强资源保护管理为目的环境监测系统，

生物、文物资源监测系统，规划监测系统，森林防火系统等；面向日常经营管理的 OA 办公系统，规划管理信息系统，GPS 车辆调度系统，"三台合一"接处警系统，视频监控系统，电子门禁系统，LED 大屏幕信息发布系统等；业务办公系统、电子门票系统、安全保障监控系统及多媒体可视化系统软件等。

（5）网站系统包括：商务平台和信息服务平台，分为前台服务系统和后台管理系统。

第二节 旅游目的地电子商务的功能

一、旅游目的地营销系统（DMS）的功能

1. 旅游目的地营销系统（DMS）参与的主体

（1）政府：旅游管理机构

旅游目的地旅游管理机构可以通过旅游目的地营销系统（DMS）进行信息发布、政策咨询、行业管理、数据统计和舆情监测，为主管部门提供决策依据，提高旅游管理的工作效率。同时，开展目的地旅游营销、旅游信息服务、旅游产品营销等工作。

（2）企业：旅游企业及旅游从业人员

为旅游目的地旅游企业及从业人员提供在线工作和服务平台，旅游企业可以利用旅游目的地营销系统（DMS）进行产品直销、促销信息、指南信息和服务信息的发布，实现旅游产品在线交易。DMS 还为各大旅游电子商务运营商、渠道服务商提供标准化旅游产品和旅游信息接口，使他们结成互惠互利的合作伙伴关系，发挥目的地信息提供方和旅游产品运营商的优势，实现细化市场客户、提高收益率的目的。

（3）游客

旅游目的地营销系统（DMS）为游客提供与旅游有关的各种旅游信息服务和预订服务；根据游客的喜好为游客制定特色路线；为各类旅游客，包括商旅、散客、自助游、团队游、特种旅游等游客提供一体化的出行解决方案，包括全面细微智能的旅游信息服务和多样化、高质量的旅游产品服务；为游客个人提供交友、体验等互动服务空间；为游客提供一个安全交易平台。

（4）旅游目的地营销组织

旅游目的地营销组织是基于旅游目的地营销系统（DMS），组织、管理和实

施旅游目的地营销活动的的主体。

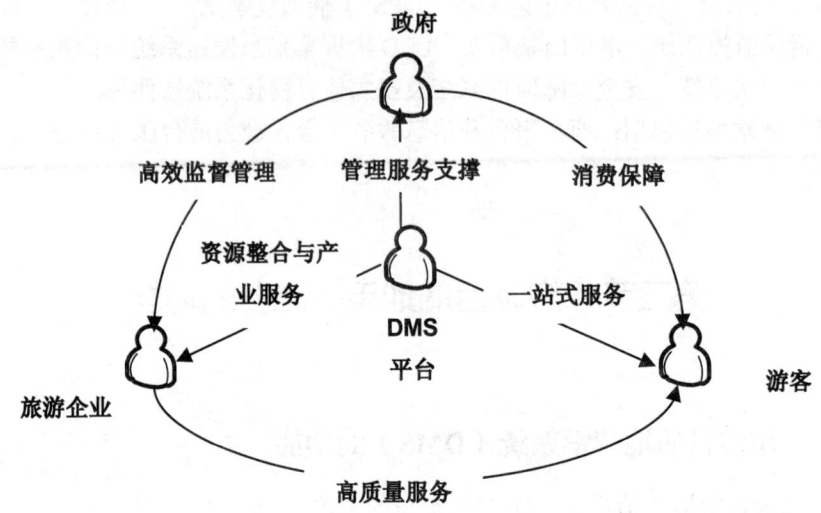

图 12.1　旅游目的地营销系统（DMS）参与主体及相互关系图

2. 旅游目的地营销系统（DMS）的功能

旅游目的地营销系统一般包括五大子系统和三大客户端，见图 12.2，五大子系统指：旅游网络营销和信息服务系统、旅游政务系统、旅游商务系统、网站内容及后台管理系统和旅游资源信息数据库系统；三大客户端指：DMS 旅游管理机构客户端、DMS 旅游企业客户端和旅游消费者客户端。五大子系统具体功能为：

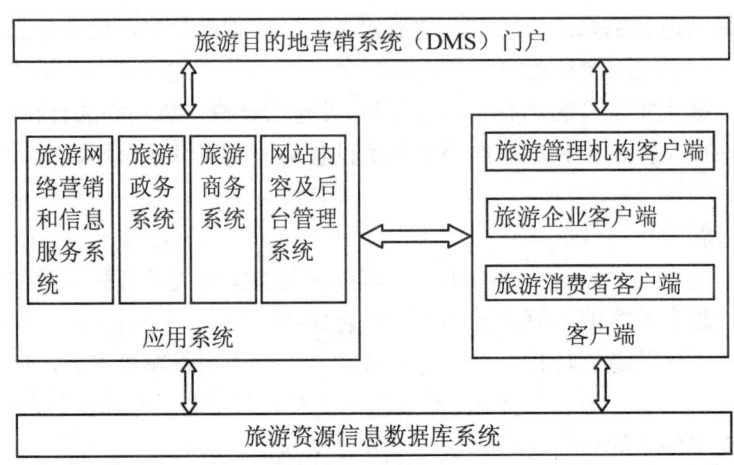

图 12.2　旅游目的地营销系统（DMS）图

（1）旅游网络营销和信息服务系统：该系统可使用多种展示技术（包括：文字、图片、多媒体和虚拟现实技术等），在线发布旅游企业信息、旅游产品信息、旅游新闻公告和其他信息，实现在线营销；同时，为旅游消费者提供个性化的"吃、住、行、游、购、娱"方案，辅助游客进行旅游决策。该系统具体实现功能包括：旅游新闻与公告、都市娱乐、旅游目的地风情、旅游景点（发现之旅、激情浪漫之旅、神奇探险、红色之旅、温泉养生、高尔夫之旅和文化之旅等）、时尚旅游（自驾旅游、乡村游、邮轮旅游和美景寻踪等）、美食佳肴、旅游购物、政策宣传、旅游推介、自由行、咨询投诉、诚信查询、旅游常识及服务（货币兑换、天气预报、特价优惠、旅游工具箱、旅游医生）、旅游社区、图片册、视频集萃、旅游微博、虚拟景点、旅游地图和人工服务等。

（2）旅游政务系统：该平台服务于政府部门的旅游行业监督管理，并通过对旅游数据的统计、分析，为政府决策提供支持，提高政府服务的效能。该系统具体实现包含景区管理、旅行社管理、酒店管理、导游管理、旅游统计、旅游政策法规、会议会展以及诚信榜、曝光台、投诉动态、投诉案例、投诉指南等内容。为推进旅游诚信体系建设、旅游安全、旅游保险、旅游投诉、维护游客合法权益等方面发挥政府鉴定与管理职能。

（3）旅游商务系统：该系统提供安全交易平台，以实现 B2B、B2C、C2C 及 G2B 交易。具体功能包括：电子支付（包括：支付账户、安全支付、结算模块、账务模块、银行接口、交易评价和商家信用管理等模块）、产品交易（包括：产品管理、库存管理、订单管理、定价管理、促销管理、商家管理等模块）、景区电子门票系统（包括：景区门票查询、门票优惠信息、景区门票在线预定、门票预订信息管理、景区门票预订授权码管理、销售情况及订单统计及门票价格监督管理等模块）。

（4）网站内容及后台管理系统：该系统为网站内容管理平台，具体功能包括信息发布管理、信息采编管理、内容自动部署、用户管理、权限管理及系统设置等模块。

（5）旅游资源信息数据库系统：包括景区资源数据库、酒店资源数据库、旅行社资源数据库、交通资源数据库、导游资源数据库、商业资源数据库、综合资源数据库及数据库管理系统。

二、数字景区的功能

数字景区总体服务模型见图12.3。

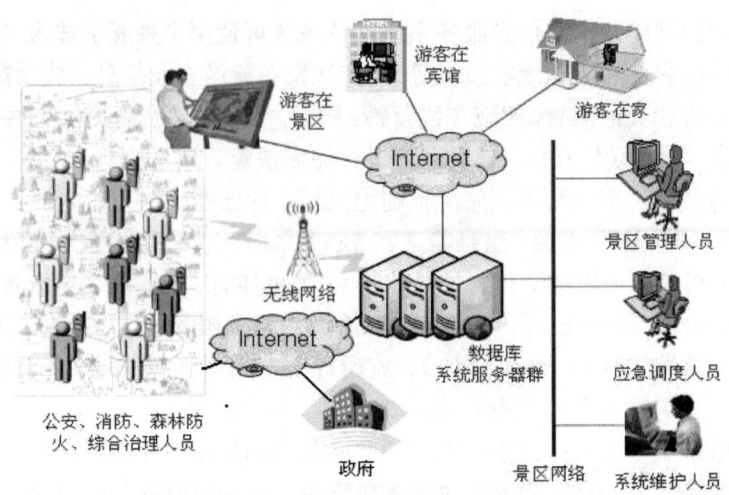

图 12.3　数字景区总体服务模型

1. 数字景区参与的主体

（1）景区经营和管理者

景区经营和管理者可利用现代信息技术手段对景区有关的实体资源、信息资源、生产要素资源进行深层次的分配、组合、加工、传播、销售，以便促进传统景区业向现代景区业的转化；基于网络宣传促销景区景点、景区企业和景区产品，加强景区市场主体间的信息交流与沟通，提高景区市场运行效率和服务水平；基于景区数字管理系统，实现各项景区管理业务处理和公共信息服务。

（2）游客

数字景区为游客提供与本景区旅游有关的各种旅游信息服务和预订服务；根据游客的喜好为游客制定旅游产品；为各类游客提供景区的电子导游、购物导引及其他特色服务；为游客提供一个安全交易平台和安全救援平台。

（3）景区内企业和个体经营者

为景区内企业和个体经营者企业及从业人员提供在线营销和服务平台。

（4）政府

数字景区为旅游管理机构提供信息发布、政策咨询、行业管理、数据统计和舆情监测平台。

2. 数字景区的功能

数字景区实现功能的总体目标是：以数据中心和指挥调度中心建设为核心，以各业务应用信息系统建设为纽带，整合景区资源，实现信息共享，创新管理模式；变分散管理为协同联动，变多级管理为扁平化管理，变粗放管理为精细管理；实现"资源保护数字化、经营管理智能化、产业整合网络化"，以信息带管理、以信息促保护、以信息提服务、以信息增效益，全面促进景区环境、社会、经济的可持续发展。

数字景区系统一般包括基础设施、指挥调度中心、数据中心、旅游信息化应用系统及网站系统5大部分内容。

（1）基础设施是支撑数字景区运行的底层基础。基础设施一般包括：通讯网络设施、信息安全保障，多媒体终端及一些基础软、硬件平台。具体实现功能如下：

①通讯功能：公共电话、数据通讯、有线电视和无线通讯等。

②网络信息安全：防火墙系统、实时入侵检测系统、病毒防范系统、安全智能卡系统、数据加密系统及网络安全监测系统。

③多媒体终端：以游客服务为目的的各种多媒体终端。

④基础软件平台：数据库管理系统和地理信息系统等。

⑤基础硬件平台：包括基础服务器及网络平台、物联网及景区广播系统平台等。

（2）指挥调度中心是沟通各职能部门，促进各部门间协同工作，高效运转的指挥中枢。指挥调度中心集中设置视频、GPS监控指挥、接处警等系统，利用电视墙、大屏幕设备，接入显示各监控点的视频，并可利用多个大屏幕同时放大显示重要位置的视频和GPS监控电子地图等，一旦发生紧急事件，工作人员可更充分了解现场状况、迅速找出最佳措施，并及时向相关职能部门发出指令，快速处理。

（3）数据中心是整个数字化景区建设中的数据处理中心、数据交换中心，能够实现网上业务流程及各种业务应用，并集中管理和整合核心业务数据。数字景区的应用系统类型众多，产生的数据有多种，包括RS（遥感）数据、GIS（地理信息）数据、GPS数据、视频录像类多媒体数据，以及各业务部门的业务信息数据。为确保数据存储与使用安全、可靠以及实现系统间数据的共享应用，避免重复投资，景区一般应建设统一的数据中心，实现各应用系统间的数据共享。

（4）旅游信息化应用系统

①景区日常业务管理与办公系统，该系统主要是实现日常管理与办公流程的自动化，更好地改进单位日常办公流程和管理模式。具体实现功能包括：个人办公管理、工作计划管理、信息发布管理、文档管理、公文流转管理、会议管理、审批管理、考勤管理、办公用品管理、用款管理、报销管理、车辆管理、资料管理、资产管理、移动办公管理、客户资源管理及系统管理。

②电子门票系统，该系统主要是实现对门票自动出售、识别、检票和放行，从而降低人工检票的工作量，提高效率，杜绝假票，并且可以快速准确地统计每时段进入景区的游客量，有助于实现景区的客流量控制，更好地保护景区生态环境。系统实现功能包括：电子自动售票管理、检票管理、库存管理、汇总结算、资金管理、报表统计分析、客户关系管理及系统管理等功能。

③视频监控系统，该系统是通过摄像头采集重要景点、客流集中地段、事故多发地段等地的实时场景的视频数据，利用有线或无线网络传输至指挥调度中心，供指挥中心实时监视各类现场，为游客疏导、灾害预防、应急预案制定实施、指挥调度提供有力保障。系统实现功能包括：前端视频采集（摄像）、数据传输、监视、录像、报警、身份识别、工作时间安排等功能。

④多媒体可视化系统，该系统主要用于为游客提供旅游信息自助查询检索服务。系统实现功能包括：信息查询（景点、交通、天气、旅游服务设施）、自动播放、景点导航、商业导航、在线留言、紧急求助及后台维护等功能。

⑤"三台合一"接处警系统，该系统可以统一处理110、122和119的接警和处警，统一进行指挥调度。系统由通讯调度子系统、数字录音子系统、接处警子系统、电子地图子系统、首长终端子系统、数据管理子系统、受警终端子系统、大屏幕显示子系统、图像监控子系统、辅助决策子系统等部分构成。系统主要功能包括：综合接处警功能、联网报警功能、决策指挥功能。

⑥环境监测系统，随着旅游经济的发展，景区游客量、车辆不断增加，各种有害气体及垃圾对景区空气质量和水质等环境要素的影响日益严重，为确保景区的可持续发展，有必要对环境要素定期进行监测，掌握环境变化状况，及时采取措施避免生态环境的恶化。根据景区资源保护的侧重点不同，可分为水质、空气等的监测。系统能连续、及时、准确地监测目标区域水或空气等的质量及其变化状况。系统可以实时统计、处理监测数据，打印输出各种监测、统计报告和图表，并可输入中心数据库或在网上发布；收集并可长期存储指定的监测数据及各种运行资料、环境资料以备检索。系统还应具有监测项目超标及子站状态信号显示、报警功能；自动运行，停电保护、来电自动恢复功能；维护检修状态测试，便于例行维修和应急故障处理等。

另外，旅游信息化应用系统还包括：电子巡更巡检系统、机电设备监控系统、GPS车辆调度系统、森林防火系统、规划监测系统、生物（文物）资源监测系统、应急智能广播系统、大屏幕信息发布系及客户关系管理系统（CRM）等，这里不再一一叙述。

（5）景区营销网站及电子商务系统，该系统主要通过网站向旅游者提供全面的景区信息，包括旅游资源、旅游设施、旅游节事活动、气象、交通、旅游产品、旅游新闻公告及旅游产品价格等，是景区信息服务和宣传促销的有效手段，同时提供电子商务平台，为企业和客源地消费者之间的交流和交易服务。该系统一般分为景区网络营销和信息服务系统、景区商务系统、网站内容管理系统三个子系统。

①景区网络营销及信息服务系统使用多种展示技术（包括：文字、图片、多

媒体和虚拟现实技术等），在线发布景区信息、旅游产品信息、旅游新闻公告和其他信息，实现在线营销；该系统为旅游消费者提供个性化的"吃、住、行、游、购、娱"方案。该系统具体实现功能包括：旅游新闻与公告、景点风光、美食佳肴、景区购物、政策宣传、产品推介、自由行、咨询投诉、诚信查询、旅游常识及服务（天气预报、特价优惠、旅游工具箱、旅游医生）、旅游社区、旅游地图和人工服务等信息服务。

②景区商务系统提供安全交易平台，以实现 B2C、B2B、C2C 及 G2B 交易。具体功能包括：电子支付（包括：支付账户、安全支付、结算模块、账务模块、银行接口、交易评价和商家信用管理等模块）、产品交易（包括：产品管理、库存管理、订单管理、定价管理、促销管理、商家管理等模块）、景区电子门票预订系统（包括：景区门票查询、门票优惠信息、景区门票在线预定、门票预订信息管理、景区门票预订授权码管理、销售情况及订单统计及门票价格监督管理等模块）。

网站内容及后台管理模块可实现信息发布管理、信息采编管理、内容自动部署、用户管理、权限管理及系统设置等功能。

第三节 旅游目的地电子商务系统结构

一、旅游目的地营销系统（DMS）结构

旅游目的地营销系统（DMS）一般采用开放式的四层体系结构，由基础设施支撑层、数据层、服务层（业务逻辑层）及应用层组成，见图 12.4。

（1）基础设施支撑层是支撑旅游目的地营销系统（DMS）建设与运行的底层基础，是系统建设的重要内容。基础设施包括：数据服务器、网络设备、计算机终端等。

（2）数据层存储了系统运行的全部数据，由旅游资源及相关信息数据库组成，其主要任务是为系统提供必要的数据支持。

（3）服务层是构建应用层的基础，进行互联网络旅游业务的定制，通过用户权限、属性数据、用户界面、业务逻辑、报表格式，以及其他旅游业务对系统功能进行定制，建立旅游信息业务应用支撑系统，并在此基础上定制 DMS 信息业务应用。

（4）应用层是根据 DMS 业务需求进行功能组合与展现的层面，主要由旅游网络营销和信息服务系统、旅游政务系统、旅游商务系统、网站内容管理系统、

系统管理等功能模块组成。随着游客及旅游目的地需求的不断变化，可随时进行业务应用和系统功能的扩展。

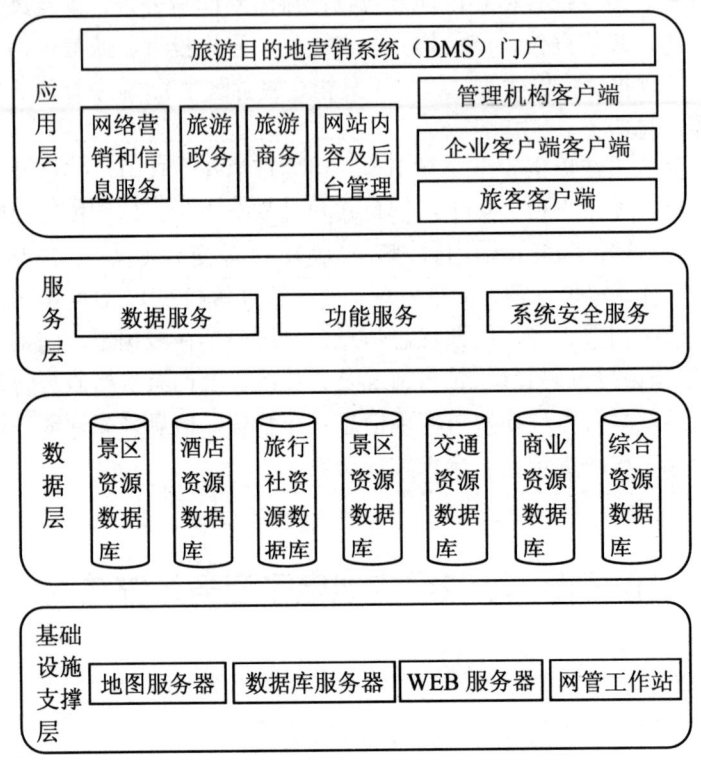

图 12.4　旅游目的地营销系统（DMS）结构

二、数字景区系统结构

数字景区系统一般采用开放式的四层体系结构，由基础设施支撑层、数据层、服务层（业务逻辑层）及应用层组成，见图 12.5。

● 基础设施支撑层是支撑数字景区运行的底层基础。基础设施包括：数据服务器、工作站、网络设备、计算机终端等。

● 数据层存储了系统运行的全部数据，由景区旅游资源及相关信息数据库组成，其主要任务是为系统提供必要的数据支持。

● 服务层是构建应用层的基础，进行景区各种业务的定制，通过用户权限、属性数据、业务逻辑，以及其他业务对系统功能进行定制，建立旅游信息业务应用支撑系统，主要为满足系统需要，提供数据、应用、安全服务。并在此基础上定制景区信息业务应用。

● 应用层是根据为满足各类旅游者和景区需求,提供可视化操作系统并实现与硬件设施集成。随着需求的不断变化,可随时进行业务应用和系统功能的扩展。

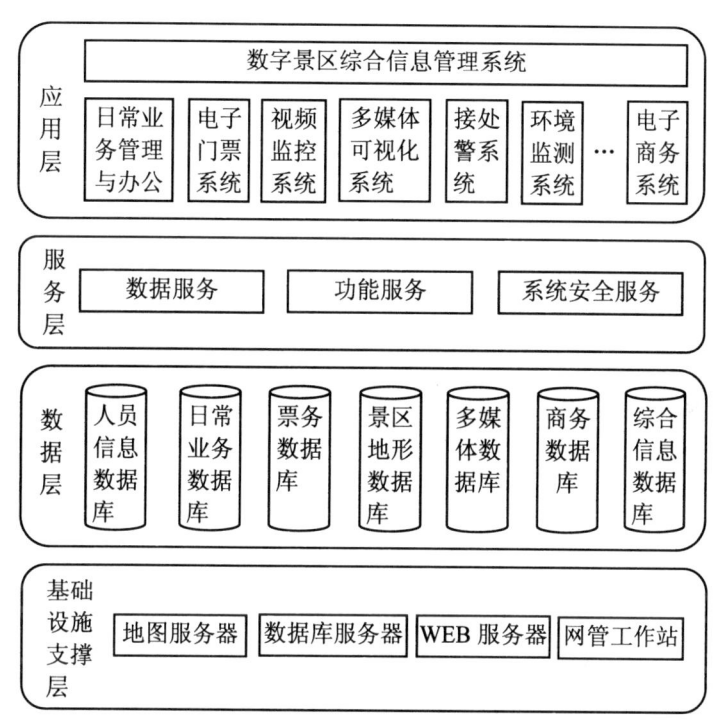

图 12.5 数字景区信息系统结构

【思考与实践】
思考题:
　　1. 简述旅游目的地旅游电子商务的概念。
　　2. 简述数字景区分哪几大部分?各具有哪些功能?
　　3. 简述旅游目的地营销系统的功能,旅游目的地营销系统一般分为几层结构?分别为哪几层?
实践题:
　　1. 结合一个具体景区网站,分析数字景区网站实现的功能。
　　2. 通过调研,分析新兴社交网络(新兴社区、博客、微博等)在旅游目的地营销中的作用。

第十三章 基于移动技术的游客在途服务

【学习导引】

网络给人类生活带来了翻天覆地的变化。网上银行、网上购物、远程教育等逐渐融入人们的生活。同时，互联网使用方式正悄然发生改变，人们除使用台式电脑访问有线网络外，还开始通过手机、笔记本电脑、PDA等移动设备获取互联网信息。越来越多的人希望能随时随地获取实时信息、查阅新闻、订购商品和服务等，即实现移动互联，移动网络存在着巨大的市场需求，这促使移动技术迅猛发展，移动数字化和网络化已成为不可逆转的趋势。在这种趋势下，旅游业应加快与移动网络技术结合的步伐，形成新的服务模式——移动旅游服务。

由于旅游的性质本来就是移动的，而服务又贯穿于旅游活动的各个环节，旅游服务的移动化能让旅游者获益于实时的旅游信息、简便快捷的旅游安排等，旅游者整个旅程中需要大量的信息来帮助他们了解旅游地，选择交通方式和服务设施。并且，旅游服务信息应该在恰当的时间、地点，以恰当的格式在旅程中提供给旅游者。这里，"在途"的含义包括旅游者处于移动状态。先进的信息通信技术（ICT），尤其是移动互联网技术为解决旅游信息服务的难题打开了广阔的应用空间，为旅游者提供实时的、个性化的、与旅游过程无缝集成的信息服务正逐步成为可能。对旅游企业而言，无空间、时间限制地与客户（包括旅游者和企业）进行更多的链接，将使旅游企业自身的服务价值得到提升，不仅如此，新一代的旅游信息服务还可以提供实时客户关系管理、个性化营销等增值服务。

本章主要讲述基于移动技术的游客在途服务内容、特征、模式和系统功能、构架。这将引导学生应用先进的信息通信技术（ICT），尤其是移动互联网技术手段提升管理水平。

【教学目标】
  1. 理解和掌握移动旅游服务的概念及特征。
  2. 认识和了解移动技术在当前旅游服务业的热点应用。
  3. 掌握基于移动技术的游客在途服务内容和模式。
  4. 分析基于移动技术的游客在途服务系统功能和构架。

【学习重点】
  移动旅游服务的基本概念
  基于移动技术的游客在途服务内容和模式
  基于移动技术的游客在途服务系统功能和构架

第一节　基于移动技术的游客在途服务概述

  基于移动技术的游客在途服务就是旅游业与移动网络技术结合形成新的服务模式——移动旅游服务（M-Tourism-Services）。主要是通过短信、彩信、无线网站及手机客户端软件等方式，为游客提供的旅游信息服务。主要的服务种类包括：电子门票、手机电子地图、语音自助导游、3G 视频导游、酒店、餐馆及机票等查询与预订、景区电子优惠券、景点气象信息、旅游路线计划等。

一、移动技术的概念与分类

  1. 移动技术的概念
  即信息技术的移动，是移动通讯与信息技术的融合。随着移动通讯和移动计算技术的融合，移动技术的逐步成熟，移动技术的应用与发展带来的移动交互，为普适计算（Ubiquitous Computing）、随时随地（Any time, anywhere）在线联接、通讯联络和信息交换提供了可能，为移动工作提供了新的机遇和挑战，并推动着社会形态及组织形态的进一步变革。
  2. 移动技术的分类
  移动技术在移动通讯技术与移动计算技术融合的推动下，主要包括四类技术：
  一是基于无线电的双向无线电通讯（专业或公共移动无线电）或广播；
  二是基于蜂窝电话的移动语音服务、SMS（短信服务）、WAP（无线应用协议）、GPRS（通用无线分组业务）、UMTS（即 3G，第三代移动通信网络）；
  三是基于移动设备的，包括笔记本电脑、平板电脑、PDA（个人数字助理）、寻呼机、蓝牙技术、RFID（无线射频识别）和 GPS（全球卫星定位系统）；

四是基于网络的 WiFi 或我国正在开发的 WAPI 无线局域网。

这四类技术无所谓优劣,不同的应用环境应用不同的技术实施方案。

针对旅游业的应用现状和前景,将对旅游业的业务方式和流程造成重大影响的移动互联网关键技术主要有无线访问技术（GPRS、3G）、位置识别技术（GIS、GPS、NBL 无线网络定位）、身份识别及安全认证技术（公开密钥、数字证书、数字签名、CA 认证）等。

二、移动旅游服务的概念与特征

1. 概念

①移动商务。要了解移动旅游服务的内涵,首先需明确移动商务的含义。移动商务 Mobile Commerce（也称为 mobile business）一词早就为人所知,但它至今还没有一个较为全面、具有权威性的定义。Efraim Turban 等认为,移动商务是指在无线通信网络上进行的业务活动；袁雨飞等认为,移动商务是指依托移动通信网络,使用手机、掌上电脑、笔记本电脑等移动通信终端和设备进行的各种商业信息交互和商务活动。

②移动旅游服务。移动旅游服务就是将移动商务应用于旅游业,由移动旅游服务商依托移动通信网络,向使用手机、笔记本电脑、PDA 等移动通信终端和设备的客户提供各种旅游业务的服务。在国外,移动旅游服务已得到广泛运用,它将是我国未来旅游业的一大增长点。

2. 特征

①针对性。移动终端设备与终端用户是一一对应的,因此移动旅游服务能更好地体现用户的个性特点和个性化需求。

②时效性。电子商务的出现使人们的时空观念有了很大的改变,而移动商务又进一步强化了新的时空观念。人们不仅能在家里、工作地点获得旅游服务信息,在上下班的路上或在旅行途中都可随时获取实时旅游资讯。

③便利性。与台式计算机相比,移动设备使用客户可随地连接互联网等,客户可切身体会到无线环境带来的便利操作旅游活动变得更随心所欲。

④可定位性。人们往往认为移动性会增加交易风险,但事实并非如此。由于手持移动终端和持有主体的对应性,赋予了移动商务主体具有移动使用中的定位性这一特性对移动旅游服务的突破具有重大意义,如应用移动定位,旅游公司可以随时知道自己每一辆车、船的确切位置以方便调度管理。对景区而言,则可利用短信息提示旅游区的注意事项和处理发生的紧急事件等。

三、移动旅游服务发展的驱动因素

1. 旅游趋势

越来越多的人把旅游看做一种生活方式，而且出游决策的临时性和随意性不断增强。每逢节假日，许多人事前并无周密计划，临时收拾行李，就前往某一个目的地旅行。Auliana Poon 在《旅游、技术与竞争战略》一书中对这种新型旅游者的旅游特点作了一个很好的阐释"他们的旅游活动常常为冲动所驱动、行为随机、行为难以预期、度假没有计划性、预订行为常常发生变动。"正因为如此，旅游服务的随机性、变更性、移动性需求也相应增加了。

2. 商业需求

商业需求是拉动移动旅游服务的驱动力之一。随着流动性的不断增加，更多的人会在更多时间处于移动状态，移动旅游服务的需求应运而生。商务旅客尤其青睐使用移动旅游服务，它能帮助旅客在移动状态下，充分利用时间，提高工作效率。在欧洲旅游景区所提供的移动旅游服务主要是对景区内的游客发送短信，告知其最佳观赏地点、娱乐活动、餐厅地点等。而且，双方是互动的，游客也可随时反映景区服务的不足之处，不断完善景区管理。

3. 技术支撑

无线应用协议 WAP（Wireless Appli-cation Protocol）、移动 IP 技术、蓝牙技术（Bluetooth）、通用分组无线业务、移动定位系统、第三代移动通信系统和功能强大的移动终端设备是目前移动旅游服务得以发展的技术支撑。

四、国内外移动旅游服务的发展状况

1. 国外移动旅游服务的发展状况

①欧盟于 2001 年开始启动一个名为"创建用户友好的个性化移动旅游服务"（Creation of User-friendly Mobile Services Personalized for Tourism）的计划，简称"CRUMPET"。CRUMPET 在伦敦、赫尔辛基和海德堡为志愿者游客提供可以连接该系统的 PDA 和手机，为游客提供各种类型的基于位置的旅游服务（LBS）和可以个性化定制的旅游信息服务。

②韩国国家旅游局 KNTO 和企业紧密合作，通过 Internet 向旅游者提供无线旅游服务。旅行者可以在 Incheon 国际机场、各主要的宾馆酒店或者 KNTO 在汉城的旅游信息中心租用手持 PDA 设备。他们提供大量的实时信息，旅行者要去的景点被列举出来，并且可以查询交通、住宿等信息。这些设备还提供地图、汇率、翻译词典等功能，可以迅速访问国际网络、收发 E-mail、看新闻、天气预报。每个设备同时也是一个移动电话，每天的费用大概是 15 000 到 30 000 韩元。可以按

固定费率或者按时间收取费用。

③日本是亚洲移动互联网服务的领头羊，其最大的移动服务提供商 NTTDoCoMo 的 i-mode 获得空前成功，到 2004 年 11 月底，i-mode 用户已突破 4500 万大关，这意味着在日本每 3 人中就有 1 人在使用 i-mode 服务。用户通过 i-mode 可访问超过 3 000 个官方站点和 84 000 个其他站点。官方 i-mode 站点服务内容一般分为新闻信息、移动银行、金融股票保险、旅行、生活、美食、词典工具等九类。日本移动服务最大的特点是进入了百姓的日常生活。"当日本的移动用户在日常生活中觉得无聊或者遇到麻烦时，想到要做的第一件事就是拿出手机来查询，试图从中获取帮助。"正是基于此，使日本获得了最坚实的客户资源基础。

④由 Tripdavisor 收购的手机行程计划公司 Everytrail，提供以手机为基础的行程计划服务，使得用户可以使用移动设备来记录在一个特殊城市或地区的旅程，然后通过网络平台分享。

2. 国内移动旅游服务的发展状况

①市场现状。国内移动旅游服务尚处于起步阶段，但发展势头迅猛。我国移动服务的目标人群主要是 30 岁以下的群体，他们对新技术、新事物有着强烈的好奇心和积极的消费心理，且对旅游的需求相对较大。中国互联网信息中心（CNNIC）发布的第 29 次中国互联网络发展状况统计报告显示，截至 2011 年 12 月底，使用手机上网的网民数已达到 3.56 亿人，其中，20～29 岁年龄段网民最多，占到 72.9%。30 岁以下年龄段群体则占到了 76.4%。有相当大的一个群体是学生网民，占总体手机网民的 30.2%。

②市场特点。一是潜力巨大。我国拥有全球最大的手机用户市场。工业和信息化部的数据显示，截至 2011 年 12 月 22 日，中国移动电话用户已达到 9.7 亿，稳居世界第一。这为我国移动旅游服务市场的发展奠定了坚实的基础，提供了充足、丰富的客户资源。艾瑞市场咨询公司调查统计显示，2011 年中国在线旅行预订市场交易规模达 1672.9 亿元，较 2010 年的 1037.4 亿元增长 61.3%。旅游在老百姓生活中的地位日益突出，旅游消费支出在国民可支配收入中所占比例越来越高。二是市场处于预热期。国外许多商务旅客已习惯利用移动设备接收实时更新的信息，如航空延误、登记信息、会议行程变更等。相比之下，移动旅游服务市场处于预热阶段。要改变国内旅游者传统的购买习惯，不单要强调所提供服务的优势，更要努力将信任理念灌输到服务当中，让旅游者加深对移动旅游服务的认识，增强消费信心，促进移动旅游服务的发展。

3. 国内移动旅游服务发展的主要制约因素

①旅游企业缺乏开展移动旅游服务的意识。目前，除部分地方政府投入并建设交通移动业务外，旅游的其他环节还没有植入"移动"基因。多数旅游企业还

局限于传统服务模式,个别企业虽设有短信服务,但缺少与旅游者的互动,很难了解旅游者的真正需要。移动旅游服务商业气候的形成还需要一段时间。

②相关法规与信用体系的建设缺失。由于市场环境发育时间较短,还不健全、规范,假冒伪劣旅游商品屡禁不止,坑蒙拐骗行为时有发生,市场行为缺乏必要的自律和严厉的社会监督。另外,相关法律法规没有出台,难以保障移动旅游服务参与各方的合法权益。

③安全性还不够高。首先,交易的安全性。保密、认证、授权和完整性等安全性目标在移动商务中与电子商务中同等重要,但更难以保证,尤其是移动商务,其交易几乎总要通过几个无线和有线网络,每个网络都须保持很高的安全性,目前尚难以保证。其次,移动设备的物理安全性。移动设备较易丢失或被盗、摔落、被压坏或被水以及高温损坏等。而遗失或被盗的设备有可能为不法分子提供有价值的数据和数字证件,会对移动商务网络造成危害。

第二节 基于移动技术的游客在途服务内容

从游客对旅游信息需求角度出发,将基于移动技术的游客在途服务内容分为五个方面:互动信息查询服务、信息定制服务、移动定位服务、数字地图服务、移动支付服务等。

一、互动信息查询服务

用户通过信息查询服务,一方面可以方便地通过移动手机、PDA 等移动手持设备,查询到有关交通、购物、娱乐、宾馆、商务、景点等信息。另一方面,旅游企业也可以及时地向顾客提供外部信息。比如某班飞机晚点,某个活动取消,某条街道堵车等意外事件,旅游企业可以通过移动通信网络,及时的传递到游客那里,从而为游客提供其他方式无法比拟的特别提醒服务。

二、预订与定制服务

预订与定制服务主要是票务预订、住宿预订、餐饮预订,还可以是根据顾客需要的个性化的定制服务。特别是个性化定制服务,旅游企业需要针对顾客的特征、位置、时间和历史信息等,向客户能动地提供个性化的信息服务,而不是一般的信息。

在许多应用中,终端用户希望系统根据他们的不同特征提醒跟他们有关的事情或者想去的地方。他们不想重复地得到相同的信息，除非他们明确提出需要这些东西。这些用户获得了某特殊领域的知识，愿意得到更多在某个时刻、关于某些主题、某一位置的信息，并且把现在和过去的信息相互关联。

三、数字地图服务

数字地图服务是基于地理信息系统技术的数字多媒体地图，相对于传统的平面纸质地图，数字地图将对旅游地理服务带来革命性的影响，这种影响主要基于产品模式、制作方式、分发途径三个方面的技术进步。

产品模式是数字地图凭借计算机高效、准确的处理功能来表示传统的在纸质地图上用图形、符号、颜色、注记等表示的空间信息，进而产生各种满足不同需求的新的产品模式，表现为存贮介质、内容和显示设备三个方面的差别。

制作方式主要体现在地图制作过程的全数字化、地图设计制作软件的发展、地图自动综合处理技术进展、多技术支持对地图学的推动等方面。

地图的分发是实现制图者与读图者之间信息传输的关键步骤。移动互联网技术应用在我国旅游业，使数字地图主要分发方式包括：通过计算机与通信网络，基于网络技术、移动通信与便携设备的结合则可使地图的使用彻底摆脱时空限制；通过电视、报纸等大众传播媒体，如天气预报中的地图；通过计算机存贮介质交换，如软盘、CD-ROM、DVD 光碟等。

移动互联网的出现使数字地图第一次具备了廉价的、大众化的服务能力，这是数字地图在旅游服务中能得到广泛应用的前提。

四、移动定位服务

移动定位服务可以实现游客自身的定位查询功能，它主要利用无线定位技术，移动定位服务也可以查寻目标手机的地理位置信息。

根据终端用户的地理位置、特征、时间和他们的历史信息向用户提供各类信息。整个应用范围涉及到行程辅助，即用最佳的方法把时间和位置配合好。

五、移动支付服务

现在，在旅游预订服务中可以利用移动梦网短信平台的"移动支付"方式为预订客户提供方便的小额预付款服务，这样可以在一定程度上抵减信用风险，形成供需双方都乐意接受的信用约束机制。

现行移动支付流程可以简单描述为：首先，接受预订的网站在网页上提供支付界面，供用户输入用于支付的"手机号码"以及准备支付的"余额"；然后，点击提交，其手机会立即收到通过 ISMG（互联网短信息网关）以短信方式发送的随机确认密码，用户将此确认密码输入网页表单，再次提交确认。支付交易完成。用户支付的费用将在每月固定结算日期按实际扣除。最后接受预订的公司在用户成功提交支付信息后可以通过移动授权使用的查询平台实时查询客户的提交记录，确认用户的预订行为有效，做出相应处理。

这种支付模式的缺陷在于目前手机遗失率较高，任何人只要手持一部手机即可使用该部手机进行支付。如果将来使用手机支付的限额提高，将会给手机失主无形中增加信用及资金盗用的风险。建议移动为用户提供个人信用密码与现行短信随机确认密码相配合的方式，个人信用密码的设置可以采取客服电话或短信方式由用户提交购卡时使用的身份证号码进行申请注册。改进后的支付流程将在第一步中增加"个人信用密码"数据的提交。

第三节 基于移动技术的游客在途服务模式

作为新的旅游服务模式，基于移动技术的游客在途服务——移动旅游服务存在巨大的市场需求。在以快速变化为特征的信息时代，传统的游戏规则、商业模式及其价值链正在发生变革。在考虑接入移动互联网领域的过程中，大多数参与者对于如何定位感到十分迷茫。尽管移动互联网的商业模式与传统互联网的商业模式类似，但它们之间仍有区别：

◆ 与传统互联网用户网站相比，在创造新的增值方面，移动互联网门户网站所起的作用显得更为重要；
◆ 移动互联网成功与否很大程度上取决于运营商提供业务种类的多少，而不是移动技术本身；
◆ 移动互联网代表了电子商务的主要机会。在移动互联网市场，除设备提供商和骨干网运营商之外，还存在细分市场，打算进入移动互联网市场的各投资主体均可根据此表确定自己的定位。

传统的价值链分析可以用来解释这种移动商务模式。其中欧盟委员会提出的一套针对移动商务的分析框架可以用来分析移动商务价值链中的参与者、技术、活动之间的关系。

基本的模型包括两大方面：内容、基础设施和服务，具体又分为六个核心的部分。如图 13.1 所示。

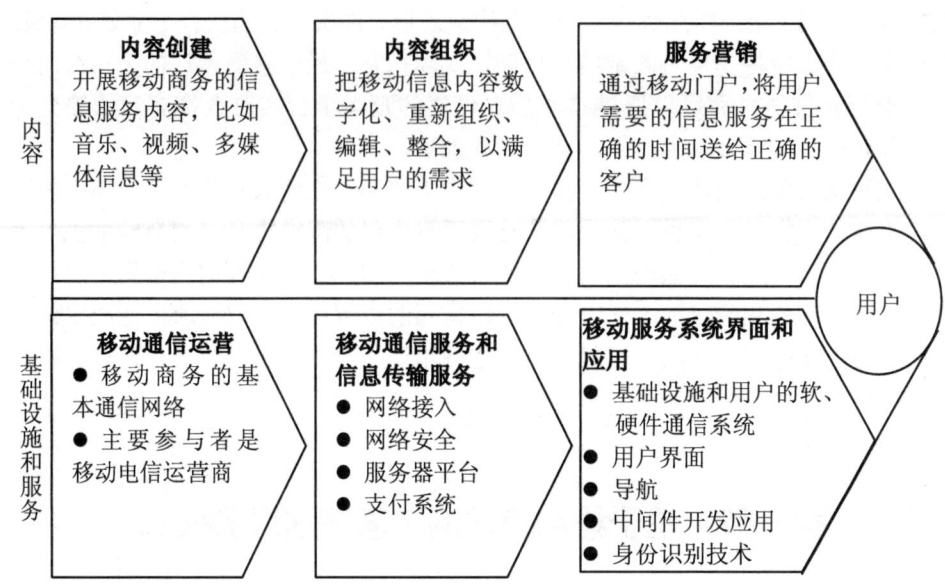

图 13.1　移动商务价值链

1. 基础设施和服务

①移动通信运营：移动商务的基本通信网络，包括语音和数据的传输、发射和交换。主要参与者是移动电信运营商，如中国移动、中国联通等。

②移动通信服务和信息传输服务：包括网络接入、网络安全、服务器平台和支付系统等。

③移动服务系统界面和应用：这个部分把基础设施和用户的软、硬件通信系统集成起来，包括用户界面、导航、中间件开发应用、身份识别技术等。

2. 内容

①内容创建：主要指用于开展移动商务的信息服务内容，比如音乐、视频、多媒体信息等。

②内容组织：把移动信息内容数字化、重新组织、编辑、整合，以满足用户的需求。

③服务营销：通过移动门户，将用户需要的信息服务在正确的时间送给正确的客户。

移动旅游服务作为移动商务活动的一个领域，基本也是按照这样一个商务模式运作的。

第四节 基于移动技术的游客在途服务系统构架

传统的互联网概念是实体的、有型的,因为它必须连接到固网上,而旅游者是流动的。把旅游信息系统与移动通信(手机)结合起来,把基于 Internet/Intranet 的旅游信息系统放入旅游者的口袋里去。移动互联网跟旅游信息服务的完美结合,给传统旅游业的信息服务带来革命性的变化。

一、基于移动技术的游客在途服务系统目标

基于移动技术的游客在途服务系统(M-TIS)作为面向移动互联网的旅游信息系统,它的目标是为了建立一个基于传统旅游信息系统之上的、高效、快捷、个性化、全面完善的乡村移动旅游信息服务体系。为了实现这个目标必须结合先进的管理理念,利用先进的移动通信技术、以 GIS 技术、计算技术,数据库技术、Internet 技术、数据挖掘技术等作为手段。基于移动技术的游客在途服务信息系统结构如图 13.2。

系统必须完成的功能有以下几个部分:

- 有快捷、方便、实时、互动的信息查询服务和个性化的预订、信息定制服务功能。游客可以方便地通过各种终端设备(包括移动手持设备 PDA、手机、固定接入互联网、电话等)获得及时的旅游信息及进行预订服务。
- 有操作简单、内容丰富的数字地图服务、位置信息服务功能:游客可以利用手持移动设备获得电子地图查询、导游服务、定位服务等丰富的地理多媒体信息服务。
- 通过手机等设备,直接进行与旅游相关的网上支付及安全认证等服务。
- 有强大的信息获取、存储、编辑、转换能力。利用 GIS 软件可以获取与旅游有关的矢量或栅格信息、属性与文本信息,建立基于 GIS 的游客在途服务基础信息库;建立基于 GIS 的游客在途服务基础信息平台后,可以非常方便地编辑各类数据,不同类型数据需要进行各种变换,生成新的数据,存贮结果。
- 有完善的旅游信息处理、分析功能。基于 GIS 的游客在途服务信息系统,除了具备传统的旅游系统功能(文本与图像的显示,主要实现查询、统计、预订等功能)以外,最显著的是增加了空间分析功能,从而使得智能导游、旅游营销、旅游规划与开发利用一体化得以实现。面向移动互

联网技术，还要求移动旅游信息系统必须能够处理各类移动互联网数据信息和海量数据挖掘能力，为各种信息服务提供计算基础。

◆ 有可靠的系统集成及灵活的系统扩展功能。旅游信息系统还必须具有和外部信息系统、网络信息系统、地理信息系统的集成能力。随着行业的发展，系统应具有可扩展能力。

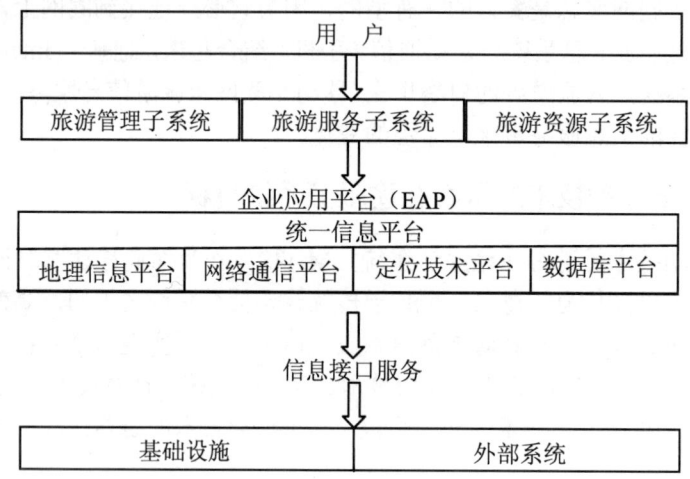

图 13.2 系统框架结构

系统的目标示意图如图 13.3。

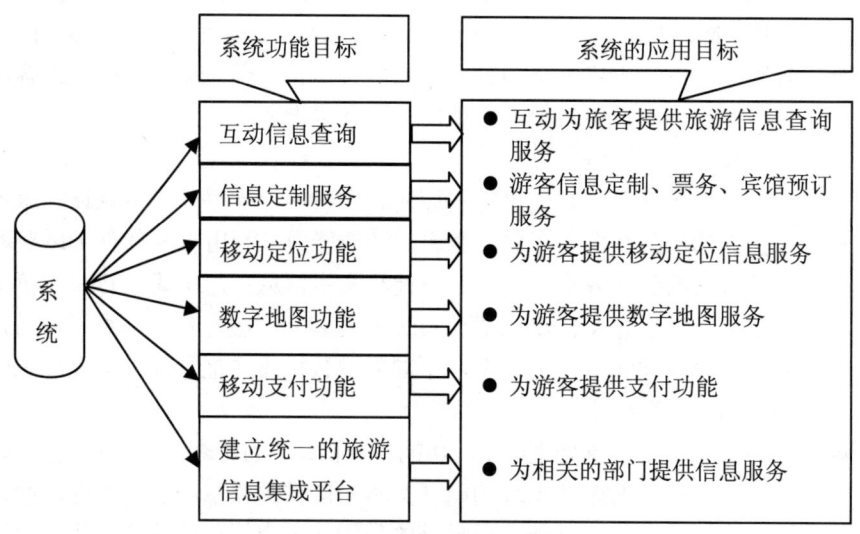

图 13.3 系统的目标示意图

二、基于移动技术的游客在途服务系统应用结构

M-TIS 系统应考虑从几个方面的需求来设计。

首先是数据库，必须有一个完善的集中的数据库，用来记录业务数据，还要有一个完善的客户数据库才可能对客户实行比较完善的管理；基于位置信息服务，则需要空间数据库、属性数据库、多媒体数据库的支持。数据库的建设需要很多基础的准备。仅现有的业务信息是远远不够的，需要做大量的工作实现数据库数据的提取和保证分析数据的完整性。

必须具有高性能服务器的支持。服务器端则需要 GIS 服务器、WEB 服务器、和商业应用服务器支持。

客户端是各种信息访问设备，包括移动手持设备、固网接入设备、电话等。

M-TIS 系统设计应该遵从几个基本特点：

- ◆ 系统构架的可伸缩性；
- ◆ 系统及网络之间的无缝集成；
- ◆ 业务组件的"移植性"和再使用性；
- ◆ 多种数据库的集成统一；
- ◆ 新技术的应用。

分析信息技术的发展轨迹，目前理想的 TIS 信息系统应直接采用 B/S 架构，客户端机器无需安装 TIS 系统的任何模块，系统的升级仅需要通过对系统的 WEB 服务器和应用服务器进行在线升级即可完成，大大降低了系统维护的工作量。

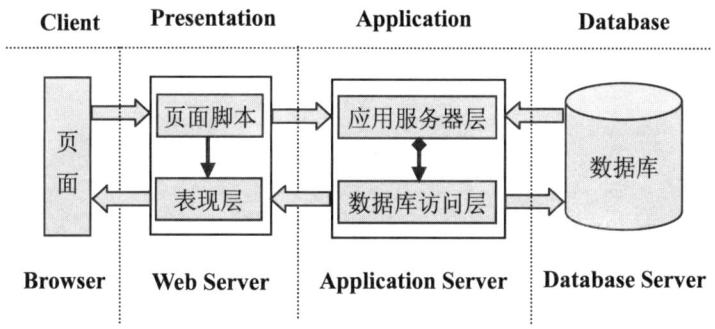

13.4　B/S 架构的四层结构图

客户端（Client）是系统与使用者直接交互的层次，使用了 Web Browser（如 IE 等）作为客户端程序；表示层（Presentation）实现了业务逻辑与 Web 页面表现的分离；应用层（Application）实现全部的业务逻辑；数据层（Database）的功能是存储海量数据。

B/S 结构之所以流行主要原因在于以下几个方面：
- ◆ 面向电子商务时代的技术；
- ◆ 软件操作、维护和升级方式的革命；
- ◆ 系统整合。

系统的应用设计结构如图 13.5：

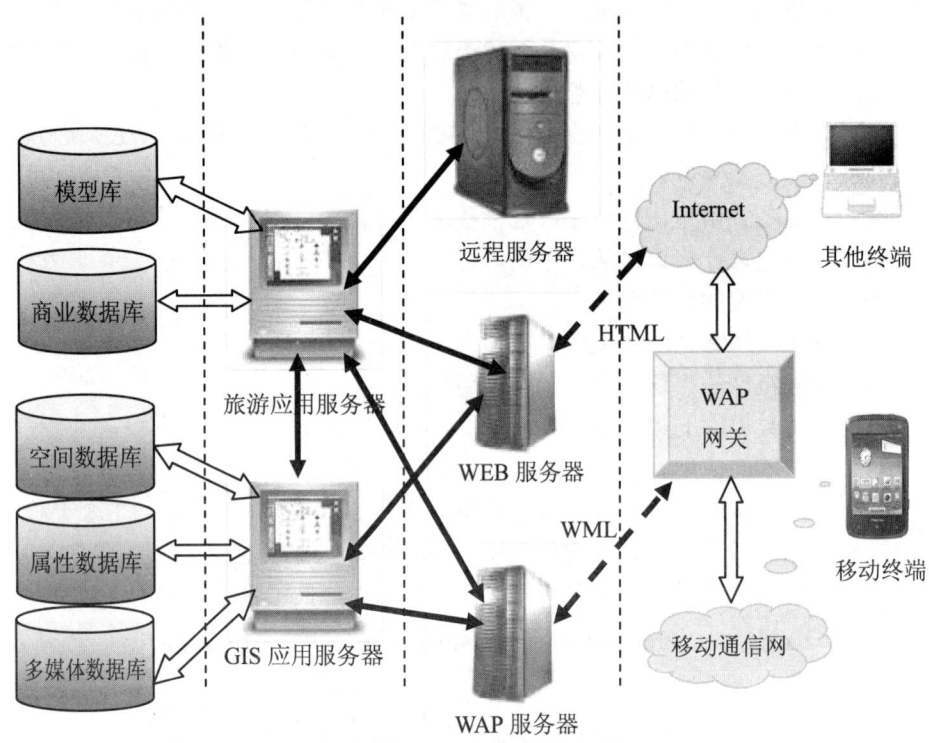

图 13.5　系统的应用设计结构

三、基于移动技术的游客在途服务信息系统组成

基于移动技术的游客在途服务信息系统在传统旅游信息系统的基础上，充分发挥移动互联网带来的优势，具有不同于以往旅游信息服务系统的新特点。

基于移动技术的游客在途服务信息系统的系统组成框架图如图 13.6。

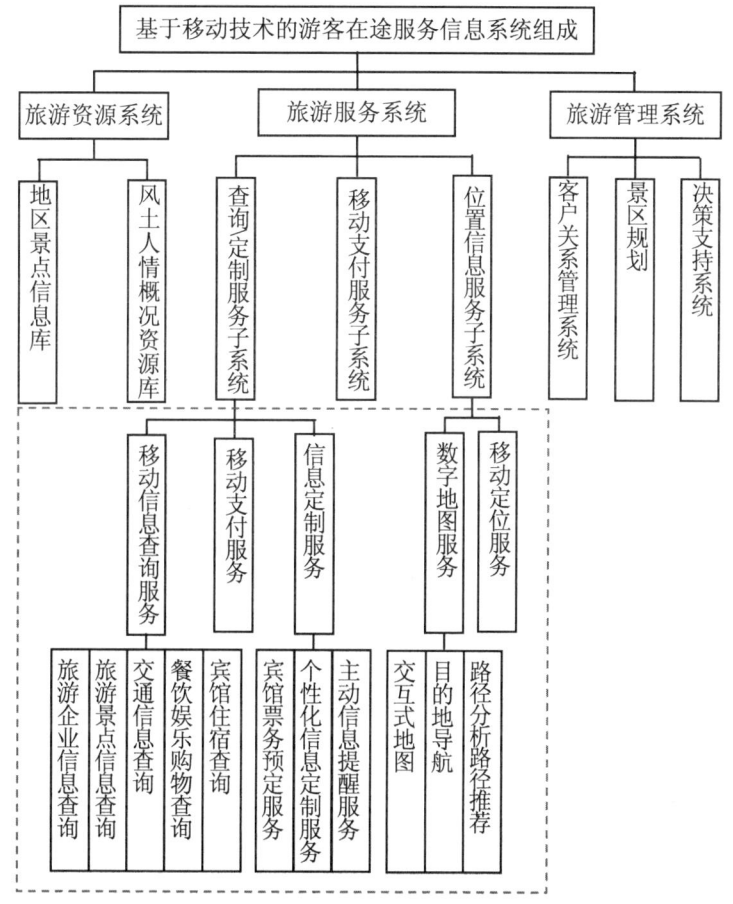

图 13.6 系统组成

由图 13.6 可以看出，移动旅游信息系统跟传统的 TIS 在框架结构上，最大的差别在于旅游服务。因为移动互联网技术的引进，产生了一系列新的应用，反应在系统上，就是新的信息服务系统的诞生。包括基于移动互联网技术的互动信息查询、信息定制服务、数字地图服务、移动定位服务和移动网上支付服务等。

（1）信息查询/定制服务子系统

这个子系统主要包括三个功能模块：互动信息查询模块和信息定制模块及移动网上支付模块。

互动信息查询模块主要完成基本的信息查询服务，包括餐饮娱乐购物信息查询、宾馆住宿信息查询、交通车次信息查询、旅游景点信息查询、旅游企业信息查询等。

移动信息定制模块包括宾馆住宿预定、票务定制、餐饮商务活动定制、个性化信息定制服务等。同时也包括意外事件、重大事件的主动提醒服务。

（2）位置信息服务子系统

位置信息服务子系统包括数字地图服务功能模块和移动定位服务功能模块。

数字地图服务功能模块为游客提供高精度的多媒体信息显示的数字地图服务，游客可以在手持终端上进行景点查找、地图操作、空间分析、路径分析等。移动定位服务功能模块包括主动进行位置查询和基于位置的信息提醒服务。

（3）移动支付子系统

移动支付服务模块包括通过手机终端进行与旅游产品相关的购买支付及身份认证。

四、基于移动技术的游客在途服务系统平台设计

在系统平台设计这部分，我们首先讨论支撑企业应用发展的基础架构——企业应用平台（Enterprise Application Platform，EAP）。它既是企业应用系统后继开发的一个平台，也是我们进行业务信息系统开发的指导思想。

针对旅游信息系统错综复杂，缺乏统一的系统整合，信息服务质量要求高的特点，设计了统一的信息平台。建立统一信息平台是对旅游企业管理信息系统整合的技术保障。

1. 企业应用平台设计

企业应用平台 EAP 是支撑企业应用发展的基础架构（Infrastructure），是构建企业应用系统，整合各类应用，拓展应用范围的企业应用平台。从 IT 层次架构来说——也被称为应用基础架构（Application Infrastructure），或者称为业务基础件。EAP 是构建、整合、扩展企业各方面应用的基石。

从应用软件发展的历史看，早期的"终端—主机"方式的应用软件是一层结构，客户/服务器（C/S）方式是二层结构，浏览器/服务器（B/S）方式是三层结构。B/S 方式的广泛应用，促进了新型中间件的产生，使操作系统和应用软件之间出现了一个相对独立的中间件层级，而中间件与其他软件的融合导致了基础件层级的产生。由此可见，应用软件的开发正在向多层次方向发展。

根据 IT 层次架构理论，应用系统的层次结构可划分为模型层、平台层、业务层，这三层统称为业务基础件，如图 13.7 所示。

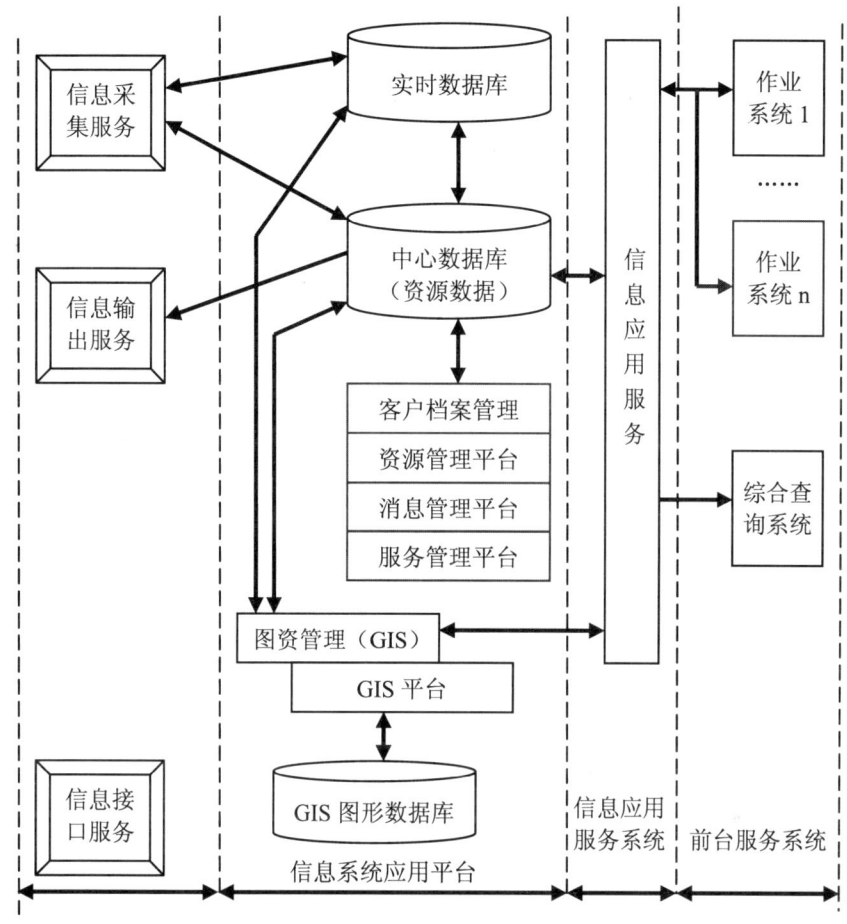

图 13.7 企业应用平台 EAP 的架构

（1）模型层：通过用户参与的建模实现管理个性化、内部的融合性

应用系统应当尽量超脱特定的管理思想和方法的逻辑，将系统定位成一个管理思想和方法的模型，不仅可以支持已知的管理思想和方法，还可以容纳或辅助在设计时未知的管理思想和方法。并且要通过技术平台无关性，做到用户的参与，充分提醒用户管理个性化。

（2）平台层：建立通用的用户应用平台

由开发"通用软件"向开发"通用模式"转变，由"打包"软件向通用平台与可动态集成的资源、工具过渡。

（3）业务层：业务层是用户具体应用的多种专门系统的累积

根据用户的实际应用需要在通用平台上进行再定义和升级扩展。这与"买一装—用"的传统管理软件产品模式相比，体现了"规划—实施—运行—重构"的应用模式，是一种积木组合模式，各环节还具有并行的特征。

目前的应用系统，由于没有一种通用的架构，企业项目的完成非常缓慢、昂贵，而且难以再扩展。企业内部系统都是信息孤岛，无法用非常快速的、低廉的成本集成在一起，与合作伙伴也无法整合，这不符合现在新一代企业IT架构要求。现有的技术手段已经能够将企业构建的业务系统、IT系统中许多共性的部分合并同类项并系统化，让用户、开发商更加关心特性的部分，用非常少的人力、精力，去完成那些非常特性的项目。

业务基础件基于基础件技术平台（操作系统、数据库管理系统等）之上的业务系统基础架构平台，能融合各种业务应用，具有协同性、集成性并面向用户需求。业务基础件应具有融合性、集成性、面向业务、可扩张性、客户需求个性化、跨平台性和技术平台无关性等特点。

业务基础件的出现是软件开发层次演变的必然结果。它通过模型驱动，把企业系统中的业务运行平台和开发环境提炼出来，覆盖企业业务流程的所有方面，成为"业务系统的基础架构平台"。

从上述分析可以看出，应用平台（支撑系统）必须完成以下功能：

- ◆ 维护模型；
- ◆ 统一维护图形信息，且要求是基于地理信息系统（GIS）的；
- ◆ 能提供实时环境；
- ◆ 能为其他应用提供各类信息服务。

2. 统一信息平台

（1）目标

建立统一信息平台是对旅游企业管理信息系统整合的技术保障。统一的信息平台是对整个旅游企业信息系统的公用数据组织结构传输形式的一种规范化定义，以及对公用数据警醒组织、存储、查询、通讯等管理服务的数据仓库系统。利用信息平台的支持，保障旅游企业的信息交流快速、安全、有效。为增值服务提供条件。

（2）基本功能

统一信息平台是通过对公用数据的采集，满足各类信息使用者的不同需求。同时通过共享信息支持企业之间的合作。旅游企业统一信息平台的主要功能有：

- ◆ 从各个子系统中获取共享数据，并对多种数据来源渠道、相互不一致的数据进行数据融合处理。
- ◆ 完成实时数据和历史数据的组织，以保证数据之间关系的正确性、可理解性和避免数据冗余，通过合理组织管理，将数据转化为有用的信息。
- ◆ 根据服务请求和查询权限，对用户提供信息服务。用户自身存放的数据可以直接组织输出，其他系统存放的细节数据由公用信息平台提供查询通道。

统一信息平台具有分布式数据仓库的特点。各子系统经常使用的数据存储在统一信息平台自身的数据库中；一些偶然使用的细节数据，则仅在统一信息平台中记录存放的位置、更新时间、数据结构等信息，遇到查询请求时，统一信息平台首先从相应子系统提取数据转发给用户。

（3）统一信息平台规范

统一信息平台的规范化分为三个层次：统一信息平台对外信息接口层；统一信息平台内部结构层；统一信息平台获取数据接口层。其中统一信息平台获取数据接口层的规范化水平最低，主要负责从各个系统提取数据，系统接口传递的数据内容是统一的，但传递数据具体格式根据各个子系统的具体情况而定。统一信息平台对外服务接口是一种标准化的接口规范，需要充分考虑未来旅游企业信息系统发展的扩充要求。统一信息平台内部数据组织的规范化，是对外提供规范化信息服务的保障，在采取一定的框架将相关数据组织在一起的同时，应具有根据信息复杂程度进行层次化组织数据的特点。

（4）统一信息平台的基本结构

脱离开具体子系统形式来看，统一信息平台结构由三大部分所组成：信息采集、信息管理、信息发布。

对于信息采集来说，重点需要解决的问题是资源共享问题。也就是说，各子系统必须要建设各自完整的采集设施，部分子系统所采集的信息将提供整个系统共享。

对于信息管理来说，其一是需要有效地完成将数据经过加工和组织形成信息，将信息经过提炼形成知识的过程；其二是需要合理处理存储关系，将使用频率高的共享信息集中存储，将使用频率低的共享信息和少部分子系统使用的信息，以及子系统自己使用的信息分布存储；其三是信息规范化问题如何在已有子系统，以及分别开发的子系统的基础上，逐步完成系统整体的信息规范化。

信息发布需要重点考虑的问题是根据不同用户的需求，建立方便的查询制，使得能够真正实现"在需求的时间，按照易于理解的形式，将所需要的信息送到用户手中。"

整体来看信息平台结构呈现的特点是：

分布与集中相结合的结构特点，相对平等的子系统分布结构，以及承担整合的统一信息平台。

层次化的结构特点，子系统形成"数据采集层次、局部运行管理层次、共享信息整合层次，以及增值服务层次"的层次化组织关系。

多元化的管理结构特点，各子系统分属不同的管理部门。

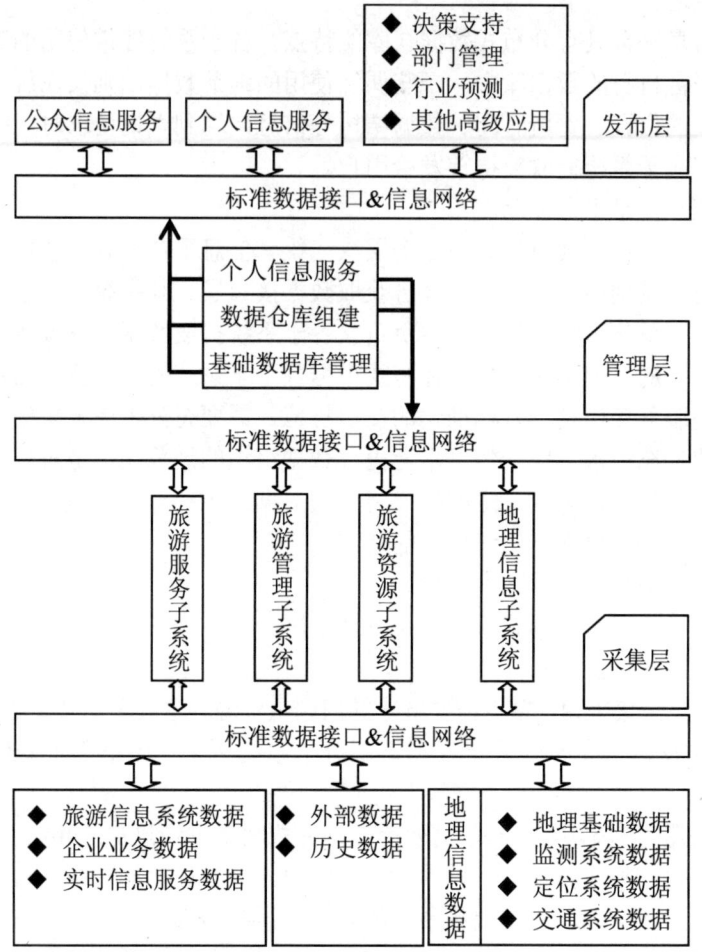

图 13.8 统一信息平台架构图

（5）统一信息平台的设计

按照信息使用的需求对象来看，统一信息平台的两大重点是服务信息平台和地理信息平台。

①服务信息平台设计

服务信息平台应该具备的主要功能有：

◆ 数据抽取功能。主要有两大方面，一个是对内部系统的数据进行抽取，抽取方法可以根据应用方式的不同而不同。另一个是外部数据抽取。内部数据抽取如果采用的或者开发的各个子系统相对独立，内部数据抽取重点就是建设统一的数据接口，将不同标准的数据统一成标准数据，录入数据库。如果开发统一的系统，则可以自行规定数据标准格式，达到信息高效流通的目标，并且数据接口简单安全。外部数据抽取：外部相关数据和历史数据的重整。历史数据是新系统建设不可缺少的，重建数据环境的基础就是历史数据的改造，历史数据的重新录入须遵循安全、有效、完整、标准的原则，才能更好地实现新系统目标。

◆ 数据的处理支持功能。将基础数据构建成关系数据库的关联结构，针对不同用户的需求提取有效信息。

◆ 公共数据库管理功能。对于公共数据库的管理重点是信息安全和信息保护。特定的信息只有特定的对象才能使用，设定使用权限。还有使用信息备份，存贮过程回滚等方式，使得避免突发的信息丢失，服务器无操作等问题。

◆ 共享数据的统计功能。对共享数据进行统计分析，并且评价共享数据数据质量，分析各个子系统的数据需求。

◆ 信息发布功能。对于一些共享信息，有必要对公众发布一些服务企业决策支持。主要对于企业管理部门提供决策分析支持。

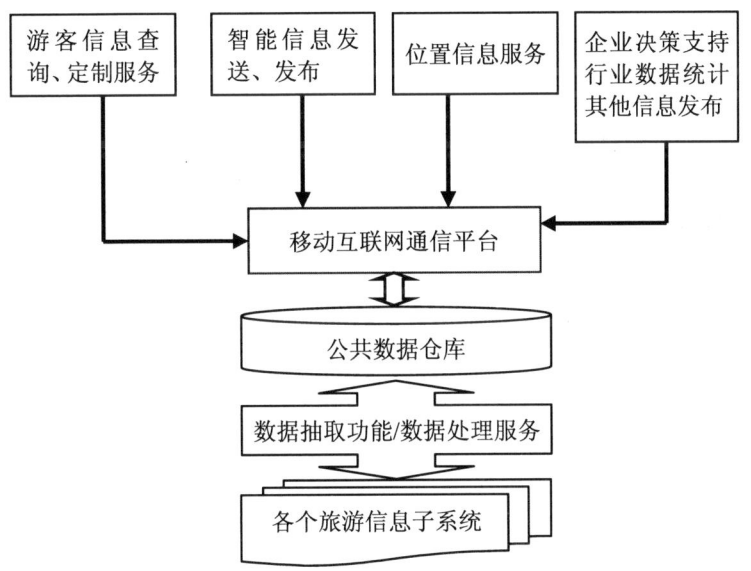

图 13.9 服务信息平台的结构图

②地理信息平台设计

地理信息系统（GIS）是一种由硬件（计算机及其相关的外部设备）、软件、数据和用户组成的，对整个或部分地球表层（包括大气层）空间中有关地理分布的数据进行采集、储存、管理、运算、分析、显示和描述的系统。通俗的说 GIS 就是管理各种专题地图和与空间地理位置相关的数据，并在此基础上进行专题规划、分析、地图制作、查询检索、数据采集、编辑处理等系统功能的信息系统。利用 GIS 可以将地图、图像、数据表格、声音、照片、视频、文字材料等信息联系在一起，并进行综合查询和检索，为使用者提供全方位的综合信息。

GIS 所能提供的应用具有"多来源、多层次、快速度、深加工、多时态、多形式、多精度"的特点。

多来源：GIS 所接受的数据在形式上是多样的，可以是图形、图像、数字、文字；来源可以是地图、测量、遥感、GPS（全球定位系统）、文字报告。内容可以是地形地貌、社会经济、人文、交通水系等。这些多来源的地学信息，可在 GIS 这个统一平台上进行综合分析。

多层次：GIS 可以提供在空间上或内容上多层次的信息。例如：旅游企业地理信息系统在空间上可以提供不同层次的信息。

多时态：GIS 的信息是动态的、不断更新的。它不仅提供区域管理对象的空间分布状况和数量构成，而且能提供不同时期演变的历史过程，从而可进行动态分析和观测研究。

深加工：GIS 最重要的能力是空间分析。它可以对空间信息进行各种复杂的空间运算，实现多源专题信息的迭加分析，以及图形与属性数据的双向查询，帮助人们了解空间实体的空间分析特征与空间关系。

快速度：GIS 的快速响应表现在两个方面。一方面 GIS 与遥感（RS）、全球定位系统（GPS）、通讯网络的结合，可以实时监控交通情况发展；另一方面由于它具有很强的信息检索与综合能力，可大大缩短规划、管理、决策、分析的周期。

多形式：由于 GIS 同时管理图形与专业属性两种信息，因而可随时根据用户的需求，灵活生成各种产品。它不仅可以提供文字分析报告、成果图、制版胶片，还可以提供电子地图、数字地图、多媒体等各种数字化产品。

多精度：GIS 可以不拘泥于传统的测绘精度标准，可灵活地采取适合的精度标准，以满足不同档次的用户需要。对于不同管理层次如全国、省、地区、局要求的精度不同，都可以在同一 GIS 平台上管理。

达到以上的各个目标，需要一个完善的地理信息系统。地理信息系统建设是一个一劳永逸的工程，其后继效益较高。它的成功建设对于旅游企业信息化有重要的意义。地理信息系统的设计要求很高，需要专门的人才和技术，建议和专业队伍合作开发。

一个项目经过技术可行性、初步方案选择、经济可行性论证，已经具有了总体框架,这时再经过业外试验性调查和业内初步分析来验证工作量、经费以及初步方案是否合理,并根据实际情况重新进行调整,尤其对技术方案要反复斟酌,这样技术方案就最终确定了。实际工作中,上述几个过程经过几次反复才能确定。

因为 GIS 平台设计和建设的难度大,数据多,来源复杂,分布广泛,因此需要由专业人员指导完成项目设计中的数据收集工作和数据管理设计工作。

第五节　基于移动技术的游客在途服务系统功能

本章节将详细介绍基于移动技术的游客在途服务系统其中的信息查询/定制服务系统、位置信息服务系统、移动支付系统这三个子系统的功能。

一、信息查询/定制服务子系统功能

(1) 系统功能特征

旅游信息查询和定制服务是旅游者最需要、使用最多也是最基本的服务。基于移动互联网的旅游定制及信息查询服务系统的用户不仅包括旅游者,还涵盖了饭店、旅行社、航空公司、铁路公路及航运企业、景区景点等旅游服务提供商。

该系统的功能特征是:

①能够提供实时信息。

②能够在旅游者移动的过程中提供信息。

③能够提供来源于多渠道的信息。

④能够自动处理收集的信息,并响应用户要求。

⑤可以使用智能的促销/营销技术。

⑥能够为旅游者提供客户化的信息,并为用户提供个性化服务的建议。

⑦系统各项功能无缝集成,即用户在切换服务时,不需要更改系统设备和切换网络。

(2) 系统的功能

该系统提供的关键功能简要描述如下:

①为游客提供交通信息服务和票务预订。

②为游客提供住宿信息服务和客房预订。

③为游客提供旅游目的地的信息服务(包括文化信息等)和票务预订。

④支持游客在旅途中的旅游计划更改决策。

⑤支持旅游服务提供商提供实时信息。包括近期天气状况预报、刚出台的旅

游法规和优惠政策、最新的旅游活动和旅游线路等。

⑥支持旅游服务提供商以及游客动态交互的方式处理业务。

⑦主动为游客提供意外事件、重大事件的提醒服务。

该系统还应具有的一般系统功能主要有：

①用户系统注册。

②用户概要文件的建立和存储（即保存用户概要信息的文件，由用户建立，并保留用户的关键查询和交易记录，用于了解和明确用户的个性化需求）。

该系统还应该提供具有基于用户历史信息、当前信息和用户特征的智能信息及个性化定制服务功能：

①比较用户的背景，传递相关的信息。这种信息可以具有多种粒度。根据用户的属性以及他的历史相关信息，比较用户的情景而传递信息。

②根据用户的需求，提供个性化体验式的信息定制服务。

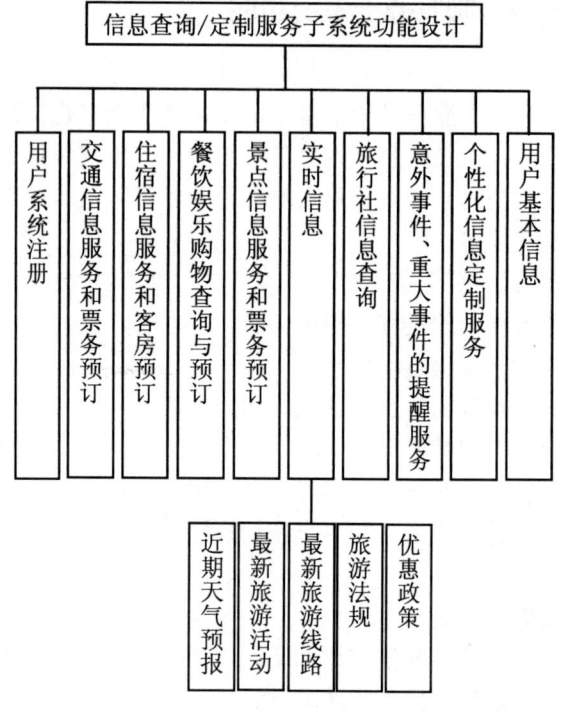

图 13-10　信息查询/定制服务子系统的功能模块

二、位置信息服务子系统功能

现代旅游者越来越不满足于缺乏自主性的导游带团的游览模式，而更多地选择随意性较强的自助式游览。旅游者对空间信息有了更多的依赖,尤其是在户外和移动过程中,对地理信息的需求非常普遍。人们更加关心"现在我在哪里?"、"目的地还有多远"、"如何到达"等问题。

基于移动互联网的位置信息服务系统将是一个综合了地理信息系统(GIS)、全球定位系统(GPS)、移动计算(Mobile Computation)、移动互联网(MI)等项技术的复杂系统。

LBS(Location Based Service)基于位置的服务技术的核心目标就是使用户可以在任何时间任何地点获得基于定位信息的位置信息服务,LBS是空间信息技术与无线通讯技术的结合。

这里主要讨论位置信息服务子系统的两个功能模块:数字地图服务模块和移动定位服务功能模块。

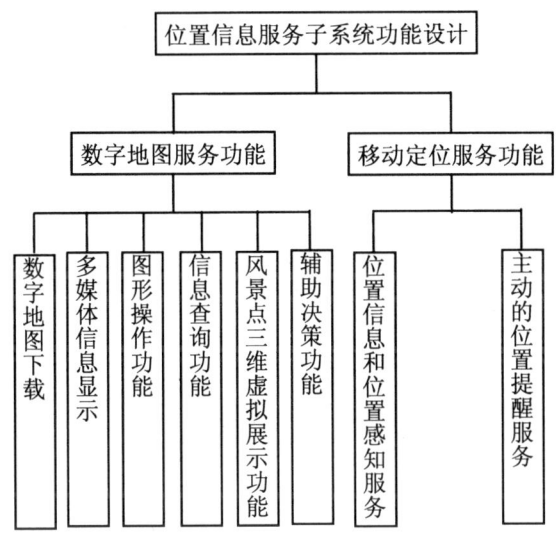

图 13.11　位置信息服务子系统功能模块

(1)数字地图服务功能

旅游位置信息服务系统将主要通过数字地图这一服务形式提供给旅游者,我们都清楚当旅游者身处一个陌生环境时地图的重要性。

数字地图可以为游客提供如下功能:

①最新数字地图的快速下载。游客可以随时方便的下载旅游目的地的数字地图。

②多媒体信息显示功能。以图像、视频、音频、照片、地图、文字等多媒体信息全面介绍最新的旅游风貌。包括主要的风景名胜点、宾馆、酒店、娱乐场所

的图片介绍；地方特色的风俗、饮食视频演示等。

③图形操作功能。系统提供了全景、放大、缩小、漫游等基本的地图操作。同时还提供了鹰眼功能，使用户能随时了解当前图形缩放的区域在整个地图中的位置。

④信息查询功能。根据游客的需求，提供风景点信息，宾馆酒店分布查询、旅游交通路线的选择，并且围绕食、住、行、游、娱、购等内容向游客提供各种信息查询服务如：涉外机关、旅游社团、车站码头、邮电、医疗、娱乐场所、大型商场等。

⑤风景点三维虚拟展示功能。利用航测遥感资料、近景摄影资料、TIN 等构建获得各风景点三维模型，真实展现各风景点的特色，主要有：风景名胜区三维景观的可视化、景观的任意飞行模拟、景点三维模拟等。

⑥辅助决策功能。利用数据库技术，对近期的旅游信息进行采集，通过一系列专业决策模型，为旅游者提供近期旅游信息预报、旅游路线评估、最优旅游日程安排等决策信息。为旅游管理部门提供旅游销售预测、旅游旺期旅游景点导游调度、旅游景区规划等决策信息。

（2）移动定位服务功能

移动定位服务应该具有如下功能：

①位置信息和位置感知服务：每当用户提出申请要求有关某个移动设备的位置信息时，定位服务提供商将首先联络位置控制中心，查询移动设备的位置坐标。然后位置控制中心收集信号的强度、信号相位以及到达时间等所需的信息，一旦收集到这些信息，位置控制中心就能够以某一精确度确定移动设备的位置，并且把此信息反馈给定位服务提供商。服务提供商可以利用此信息为用户可视化显示移动设备的位置。

②另外，还可以根据游客的位置，做主动的位置提醒服务。

随着 GIS 和地图产业对这种可能性的认可，LBS 应用事例日渐增多。据使用者的综合反映，LBS 技术在未来通讯环境转好时，将会有所作为，不同于一些无实用性的技术，LBS 技术可以为使用者提供非常具体并实用性强的信息查询帮助，操作也非常便利。

三、移动支付子系统功能

移动支付应该能实现在线支付和用户身份识别两大功能。游客可以通过手机等手持设备，方便地支付旅游服务的费用，也可以进行移动网上购物，票务预订和宾馆住宿预订的费用等，当然，还可以进行用户身份的安全认证，比如享受某种注册服务需要进行身份认证等。

【思考与实践】

思考题：

1. 阐述移动旅游服务的内涵及特征。
2. 移动旅游服务发展的驱动因素？
3. 基于移动技术的游客在途服务包括哪些服务内容？
4. 分析并掌握基于移动技术的游客在途服务系统（移动旅游信息系统 M-TIS）的构架和功能模块。

实践题：

1. 通过网上市场调研，结合移动技术发展的趋势，设计一个基于移动技术的旅游在途服务方案（包括：实现目标、服务内容、商业模式和系统构架等）。在网上申请一个个人证书。

第十四章 新技术在旅游服务中的应用

【学习导引】

　　伴随着信息技术的发展，信息化已成为当今世界发展不可逆转的趋势，信息技术已经广泛渗透到各种领域，正深刻改变着人们的学习、工作和生活。建立信息社会的需求促进了现代信息技术的发展和应用，以现代移动通信技术、物联网技术、GIS 技术、移动定位技术、虚拟现实技术、云计算技术和现代智能技术等为代表的现代信息技术如雨后春笋般蓬勃发展，为旅游业的发展创造了新的历史契机。在旅游业中有机融合、集成应用这些新技术，旅游电子商务将呈现即时化、智能化、精细化和个性化等新特征，从而改善游客旅游体验、提高旅游服务品质，为现代旅游业的快速健康发展提供优越的信息环境并打下坚实的技术基础。本章将从现代信息技术的相关概念入手，介绍当今信息技术前沿和热点领域中的各种新技术及在旅游服务中的初步应用，并尽可能地勾勒出基于这些现代信息技术的智慧旅游蓝图。

【教学目标】

　　1. 理解现代信息技术的概念、发展及主要内容。
　　2. 理解并掌握现代移动通信技术、物联网技术、GIS 技术、移动定位技术、虚拟现实技术、云计算技术和现代智能技术的基本概念。
　　3. 了解以上现代信息技术在旅游服务中的应用。
　　4. 理解智慧旅游的概念，了解智慧旅游的功能。

【学习重点】

　　现代信息技术的概念和主要内容
　　现代移动通信技术的基本概念及在旅游服务中的应用
　　物联网技术、GIS 技术和移动定位技术的基本概念及应用
　　虚拟现实技术的概念和虚拟旅游服务

云计算技术和现代智能技术的基本概念及在旅游服务中的应用

智慧旅游的概念和功能

第一节　现代信息技术概述

一、现代信息技术

1. 现代信息技术的概念

信息技术（Information Technology，IT），是主要用于管理和处理信息所采用的各种技术的总称，是一种有关数据与信息的应用技术。其内容包括：数据与信息的采集、表示、处理、安全、传输、交换、显现、管理、组织、存储、检索等。

传统的观点认为信息技术主要是应用计算机科学和通信技术来设计、开发、安装和实施信息系统及应用软件。但随着信息技术的不断发展，这种侧重于计算机和通信技术的理解已无法描述现代信息技术发展和特征，现代信息技术的概念开始出现。

现代信息技术以微电子技术为基础，以计算机技术、传感技术、通信技术、控制技术以及其他相关技术的综合运用为核心的技术群体，它包括了各种用于创建、存储、交换和使用信息的技术。其中最重要的包括感测技术、通信技术、计算机技术、控制技术和微电子技术等。

2. 现代信息技术的分类

（1）按表现形态分类

根据表现形态不同可分为硬技术与软技术。前者指各种信息设备及其功能，如电话、传真、通信卫星、电脑、网络设备等；后者指有关信息获取与处理的各种知识、方法与技能，如数据统计分析技术、知识发现技术、软件技术等。

（2）按工作流程中的基本环节分类

根据工作流程中所属的基本环节可分为信息获取技术、信息传递技术、信息存储技术、信息加工技术、信息呈现技术及信息标准化技术。信息获取技术包括信息的搜索、感知、接收、过滤等；信息传递技术指跨越空间共享信息的技术；信息存储技术指跨越时间保存信息的技术；信息加工技术是对信息进行描述、分类、排序、转换、浓缩、扩充、创新等的技术；信息呈现技术是将原始或加工后的信息进行展现、输出等的技术；信息标准化技术是指使信息的获取、传递、存储，加工各环节有机衔接，提高信息交换共享能力的技术。

（3）按功能层次不同分类

根据现代信息技术功能层次的不同，又可从低到高分为：基础层次的信息技术，支撑层次的信息技术，主体层次的信息技术和应用层次的信息技术。

此外还有多种不同的分类方法，如按信息设备分类、按信息传播模式分类、按应用领域分类等。

3. 现代信息技术的发展趋势

现代信息技术所取得的进展使得其推广应用成效显著，这推动了社会信息化进程；同时，信息化的巨大需求又反过来驱使现代信息技术高速发展。现代信息技术发展的趋势是以互联网技术的发展和应用为中心，从传统的技术驱动发展模式向技术驱动与应用驱动相结合的模式转变。

进入 21 世纪以来，现代信息技术出现了一些新的发展趋势，包括：

（1）微电子和软件成为技术核心

随着微电子技术的发展，集成电路集成度和运算能力的快速增长，现代信息技术达到前所未有的水平。出现了"片上系统"（System on Chip，SOC），模糊了整机与元器件的界限，在极大提高信息设备功能的同时，使整机向轻、小、薄和低功耗方向发展。同时，软件技术也已经从以计算机为中心向以网络为中心转变，走出了传统的计算机领域，并与集成电路设计相互渗透，以嵌入式系统为代表的可编程器件和系统不断发展并广泛应用，芯片成为"固化的软件"，呈现出"硬件软化"的趋势，并最终促成了产业和产品的智能化。

（2）网络技术向三网融合和宽带化发展

经过 20 世纪的建设，电话网、有线电视网和计算机网已逐渐普及，目前，庞大的跨网络应用需求促使它们在数字化和在网络技术上走向一致，在业务内容上相互覆盖，最终发展成以交互式的多媒体数据业务为主的智能网络，即三网融合。同时，随着互联网上数据流量的迅猛增长，特别是多媒体信息的增加，对网络带宽的要求日益提高，增大带宽将是相当长时期内网络技术发展的主题。在广域网和城域网上，以密集波分复用技术为代表的全光网络技术引人注目，带动了光信息技术的发展。此外，多种宽带接入网技术共存，无线宽带接入技术和建立在现代移动通信技术之上的移动互联网技术，也已悄然兴起并正深入人们的日常生活中。

（3）互联网技术和应用成为持续热点

当前，手机等个人信息设备和新兴的智能家用电器都向网络终端设备方向发展，促使网络终端设备向多样性和个性化方向发展，打破了计算机上网一统天下的局面；物联网及下一代互联网技术的发展，正在促成互联网开发和应用方面的重大变革。另一方面，电子商务、电子政务、远程教育、电子媒体、网上娱乐等技术日趋成熟，不断降低对使用者的专业知识要求和经济投入要求，互联网技术和应用成为当前领域热点问题。互联网服务技术的出现和服务体系的形成，促成了日益完善的网络化社会服务体系，从而促进了网络经济的形成。

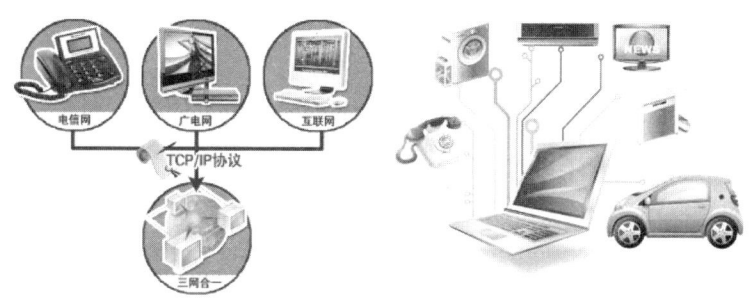

图14.1　三网融合与物联网

二、现代信息技术对旅游业的影响

现代信息技术的飞速发展和推广影响着社会各行业，产生了巨大的推动作用。对旅游业而言，这种影响已经深入到构成旅游产业的"食、住、行、游、购、娱"所有要素之中，为旅游业带来重大变革，推动传统旅游业向着信息化、智能化的现代旅游业转型发展。下面以旅行社、酒店、景区为例具体说明。

1. 促使旅行社职能转变

以电子商务和供应链协同技术等为代表的现代信息技术应用促进旅行企业间的相互协调，同时打破了旅游者和旅游企业间的信息不对称问题，由此引发旅游产业供应链的变化，而经济利益势必将重新分配。作为中间商的旅游社将面临由此带来的一系列挑战。但与此同时，现代信息技术的应用却方便了多种多样的旅游信息服务的开展，成为一种有效的宣传促销媒介，并促进信息化的现代旅游营销系统的建立；此外，个性化、即时化的自由行正蓬勃发展，这为旅行社从传统的代办业务向旅游服务提供商转变提供了良好的契机。同时，现代信息技术的发展应用为旅行社也带来了挑战与机遇，能否转变职能以适应现代旅游业的发展，成为摆在每个旅行社面前的重要课题。

2. 促进酒店信息化

现代信息技术对酒店的影响体现在酒店信息化，即利用互联网、局域网络平台，围绕酒店的智能化、网络营销、面向客人服务系统、信息服务、内部业务管理等，形成一体化数据中心，通过数据挖掘，为酒店经营分析决策提供全面的信息；利用酒店硬件电子化开发新的经营项目。例如，酒店运营管理系统（PMS）、客户关系管理系统（CRM）、供应链管理系统（SCM）、在线采购库存管理系统（OPS）、知识管理系统（KMS）等多种信息系统目前已涵盖酒店管理的各个方面，可以提升经营管理水平，建立新的有效的管理系统和模式，提高酒店业务水平，获得更高的效益。同时，现代信息技术和新的信息设备促进酒店服务不断改进，向多元化、个性化和智能化发展，从而提升服务质量，更好满足顾客需求，提升酒店潜在发展能力。

3. 实现即时景区保护与科学规划设计

现代信息技术为景区规划设计提供先进工具，能够精确快速获得数据知识。通过物联网等相关技术手段可以进行景区的实时动态监测，为制定环境和资源的保护策略和采取相应措施提供强有力的支持。随着现代信息技术的深入发展和集成应用，由遥感技术（Remote Sense，RS）、地理信息系统（Geographic Information System，GIS）、全球定位系统（Global Positioning System，GPS）构成的3S技术融合了数字摄影测量系统（Digital Photogrammetry System，DPS）和专家系统（Expert System，ES）构成全新的5S技术，对景区进行整体信息的获得，为规划设计积累前期图像资料，通过对图像和数据资料的深入分析，最终实现景区的科学规划设计。

现代信息技术对旅游企业、旅游资源和旅游者出游方式都产生了不同程度的影响，移动电子商务、在线智能游程规划、基于位置的旅游信息服务、虚拟旅游感知和体验等应用已经初见端倪并迅速普及，可以说，现代信息技术已经开启了全新的智慧旅游时代。

图14.2　应用多种现代信息技术的2010上海网上世博会

第二节 现代移动通信技术

一、现代移动通信技术概述

移动通信（Mobile Communication）泛指移动体（人或移动中的物体）之间的通信，或移动体与固定体之间的通信，广义上包括一切无线电通信、个人通信及卫星移动通信。移动通信技术自 20 世纪 80 年代诞生以来，先后经历了四个发展阶段。

第一代移动通信技术（1st-Generation，1G）基于模拟传输，具有业务量小、质量差、安全性差、没有加密和速度低等特点，主要基于蜂窝结构组网，直接使用模拟语音调制技术，传输速率约 2.4kbit/s，其典型代表如蜂窝便携无线电话（Cell Phone）。

第二代移动通信技术（2nd-Generation，2G）起源于 90 年代初期，采用全数字化技术，经过不断研究发展，诞生了世界第一个商用的 2G 网络——全球移动通信系统（Global System for Mobile Communication，GSM）。随着 GSM 系统业务量的激增，后期出现了通用分组无线服务技术（General Packet Radio Service，GPRS）和增强型数据速率 GSM 演进技术（Enhanced Data Rate for GSM Evolution，EDGE）等移动数据业务，使移动通信技术与计算机通信和互联网有机结合，并且初步具备了支持多媒体业务的能力。后期的无线应用协议（Wireless Application Protocol，WAP）的发展和普及促成了无线互联网时代的来临，使 2G 移动通信风靡全球十余年。尽管 2G 技术在发展中不断得到完善，但是由于用户和网络规模的日益扩大，其频率资源日显紧张，其语音质量和数据通信速率已不能满足用户日益增长的需求。

第三代移动通信技术（3rd-Generation，3G），是指支持高速数据传输的蜂窝移动通讯技术，码分多址（Code Division Multiple Access，CDMA）技术是 3G 的技术基础。3G 作为现代移动通信技术，与 2G 的主要区别是在传输声音和数据的速度上的提升，能够在全球范围内更好地实现无线漫游，处理图像、音乐、视频流等多种媒体形式，提供包括网页浏览、电话会议、电子商务等多种信息服务，同时与已有 2G 系统有着良好的兼容性，其服务能同时传送声音及数据信息，速率一般在几百 kbps 以上。目前，国际上存在四种 3G 标准：CDMA2000，WCDMA，TD-SCDMA 和 WiMAX。其中，WCDMA 在全球范围都有广泛运营，CDMA2000

主要运营于日本、韩国和美国等国家和地区。2009 年，重组后的中国移动、中国联通和中国电信分别取得了运营 TD-SCDMA、WCDMA 和 CDMA2000 的电信牌照，标志着我国正式步入 3G 时代。其典型应用包括视频通话、无线接入、移动办公、移动电子商务、移动多媒体服务等。

就在人们刚开始享用 3G 所带来的优质服务不久，第四代移动通信技术（4th-Generation，4G）的研发目前已在实验室悄然进行。尽管当前尚未达成关于 4G 概念和标准的统一，但能够肯定的是 4G 最明显的优势在于通话质量及数据通信速度。因此，4G 将会是比 3G 更完美的新无线世界，创造出许多消费者难以想象的应用。

二、现代移动通信技术在旅游服务中的应用

1. 移动支付

2006 年，德国的法兰克福美因茨地区，诺基亚、皇家飞利浦电子公司、Vodafone 公司及公交网络运营商美因茨交通公司在成功地进行了为期 10 个月的现场试验后，基于近距离无线通信（Near Field Communication，NFC）技术的移动手机支付投入商用。诺基亚的 Nokia 3220 手机已集成了 NFC 技术，可以用作电子车票，此外，还可以在当地的零售店和旅游景点作为折扣忠诚卡使用。哈瑙市大约 95 000 位居民现在只需轻松地刷一下兼容手机，就能享受 NFC 公交移动售票带来的轻松便利。

近年来，国内的手机移动支付也蓬勃发展起来，上海、北京、杭州等城市也先后开通了移动手机支付乘坐公交的服务，越来越多的国内移动终端用户正在享受现代移动通信提供的便利。

2. 手机上的数字导游系统

2010 年 3 月 11 日，由北京某空间技术有限公司与三亚某信息科技有限公司合作开发的基于"天涯通"步行导航的数字导游系统正式安装到位于海南省三亚市的国家 5A 级旅游风景区——三亚大小洞天旅游风景区。而大小洞天也由此成为了全国第一家实施数字导航的 5A 级景区。

图 14.3　游客在体验大小洞天的手机数字导游系统

该系统安装在智能手机上,可以随时确定使用者的精确位置,并可通过 GPS 全球定位系统或无线信标来自动触发,通过手机终端向游客提供自助导游,以语音、图片、文字、视频等多种信息向游客讲解眼前的景观、景物及相关的景区文化、历史典故等;该系统还提供实时引导等功能,在景区内使用该系统,通过起点和终点的输入,计算出最优的游览路径,让游客完全可以自己设计游览路线,自己决定何时出发、何时休息、走哪条线路、在哪里停留,实现自助观光,从而可以欣赏真正喜欢的风景;同时,该系统还提供距离最近的功能性服务设施(如休息室、餐厅、便利店、游览车上下点、洗手间等)的快速查询服务和指引导航服务,极大地方便了游客的旅游体验。

第三节 物联网技术

一、物联网技术概述

物联网(The Internet of Things,IOT)是现代信息技术的重要组成部分。它是通过射频识别(RFID)、红外感应器、全球定位系统、激光扫描等信息传感设备,按约定的协议,把任何物品与互联网相连接,进行信息交换和通信,以实现对物品的智能化识别、定位、跟踪、监控和管理的一种网络。

物联网被视为互联网的应用扩展,其发展核心是应用创新,以用户体验为核心的创新是物联网发展的灵魂。同传统互联网相比,物联网具有以下特征:首先,它是各种感知技术的广泛应用。海量的多种类型传感器部署于物联网上,每个传感器都是一个信息源,获得实时数据,并通过周期性采集信息,以指定的格式不断地更新数据。其次,它是一种建立在互联网上的泛在网络。通过各种有线和无线网络与互联网融合,将物体的信息实时准确地传递出去。由于物联网传感器采集的信息数量庞大,格式各异,因此为了保障数据的正确性和及时性,必须适应各种异构网络和协议。最后,物联网具有智能处理的能力,从传感器获得的海量信息中分析、加工和处理出有意义的数据,以适应不同用户的不同需求,甚至能够对物体实施智能控制。

从技术架构上来看,物联网可分为三层:感知层、网络层和应用层。感知层相当于人的眼耳鼻喉和皮肤等神经末梢,是物联网识别物体、采集信息的来源,主要功能是识别物体,由采集信息的各种传感器以及传感器网关构成,包括气体浓度传感器、温度传感器、湿度传感器、红外传感器、RFID 标签和读写器、二维码标签、摄像头、GPS 等感知终端。网络层相当于人的神经中枢和大脑，负责传递和处理感知层获取的信息，由各种私有网络、互联网、有线和无线通信网、网络管理系统和云计算平台等组成。应用层是物联网和用户（包括人、组织和其他系统）的接口，它与行业需求结合，实现物联网的智能应用。

物联网把新一代信息技术充分运用在各行各业之中，具体地说，就是把感应器嵌入和装备到各种物体中，然后将"物联网"与现有的互联网整合起来，实现人类社会与物理系统的整合。在这个整合的网络当中，存在能力超级强大的中心计算机群，能够对整合网络内的人员、机器、设备和基础设施实施实时的管理和控制，在此基础上，人类可以以更加精细和动态的方式管理生产和生活，达到"智慧"状态，提高资源利用率和生产力水平，改善人与自然间的关系。

物联网用途广泛，遍及智能交通、环境保护、智能消防、工业监测、食品溯源和情报搜集等各种领域。其基本应用模式有开环和闭环两种，开环模式包括：对象的智能标签识别、环境监控和对象跟踪，而对象的智能控制是物联网的闭环应用。

二、物联网技术在旅游服务中的应用

"闽山苍苍，闽水泱泱！从武夷山到南靖土楼，从大金湖到三坊七巷，在八闽风景纵贯线上，物联网与旅游业结合，运用信息化技术构筑智能旅游，开创了海西旅游业的数字模式，为福建旅游强省建设提供了强力'引擎'。"——这是福建旅游业同物联网结合应用的宣传词，也是福建交出的一张金灿灿的现代旅游服务的名片。

福建有着"八山一水一分田"之称，其旅游资源相当丰富，旅游业成为人们在闲适时玩乐的首选，同时也成为海峡西岸跨越发展时期新的增长点。随着物联网技术的发展和在旅游服务中的示范应用，福建已经率先藉由物联网技术进行现代旅游服务业的探索和示范，走在了国内智慧旅游发展建设的前沿。

在福州的三坊七巷，利用射频识别（Radio Frequency Identification，RFID）技术，"电子导游"业务已经展开，游客通过租用具有 RFID 技术的自动导览设备，在靠近景点时，便会自动识别，从而享受景点的自动讲解服务，可以走到哪听到哪。在武夷山风景区，藉由二维码技术、掌上景区、手机地图导航、景区车辆定位、手机票务、手机支付等产品和服务，游客可一机在手景区随心畅游。

图 14.4　游客在福州体验基于物联网技术的电子导游服务

图 14.5　游客在体验基于二维码的旅游信息服务

第四节　GIS 技术

一、GIS 技术概述

地理信息系统（Geographic Information System，GIS）是指在计算机软硬件支持下，把各种地理信息按照空间分布及属性，以一定的格式输入、存储、检索、更新、显示、制图、综合分析和应用的技术系统；是随着地理科学、计算机技术、遥感技术和信息科学的发展而发展起来的一个综合性的交叉学科。它以地理空间为基础，采用地理模型分析方法，实施提供多种空间和动态的地理信息，是一种为地理研究和地理决策服务的计算机技术系统。

GIS 处理、管理的对象是多种地理空间实体数据及其关系，包括空间定位数据、图形数据、遥感图像数据、属性数据等，用于分析处理在一定地理区域内分布的各种现象和过程，解决复杂的规划、决策和管理问题。

我们可以从以下角度来理解 GIS：

首先，GIS 的核心是计算机化的技术系统，由数据采集子系统、数据管理子系统、数据处理和分析子系统、图像处理子系统、数据产品输出子系统等若干个相互关联的子系统构成，这些子系统共同影响着 GIS 的功能和效率，决定着 GIS 数据处理的方式和产品输出的类型。

其次，GIS 的操作对象是空间数据和属性数据，即点、线、面、体这类有三维要素的地理实体。其最根本特点是每一个数据都按统一的地理坐标进行编码，从而实现对其定位、定性和定量的描述，这是 GIS 区别于其他信息系统的根本标志，也是 GIS 技术的关键所在。

再次，GIS 的技术优势在于其数据综合、模拟与分析评价能力。在获得空间和属性数据后，通过数据处理和分析，可获得其他方法或系统难以得到的重要信息，从而实现地理空间过程演化的模拟和预测。

最后，地理科学和测绘科学为 GIS 提供了有力的理论依托。测量技术、航空航天技术和遥感技术为 GIS 中的空间实体提供各种不同比例尺和精度的定位数；现代测绘技术的使用，可直接、快速和自动地获取空间目标的数字信息产品，为 GIS 提供丰富和更为实时的信息源，并促使 GIS 向更高层次发展。

GIS 的主要功能包括：数据的采集、检验与编辑，数据的转换与处理，空间分析和数据展现等。

GIS 的应用非常广泛，如军事上可用于战场态势分析和军事决策，民用领域典型应用包括：全球环境变化动态监测、自然资源调查与管理、环境监测和灾害预测、城市区域规划和地籍管理等，此外 GIS 在金融、旅游、保险、公共事业、社会治安、运输导航、考古、医疗救护等领域也得到了越来越广泛的应用。

二、GIS 技术在旅游服务中的应用

经过多年的融合发展，GIS 技术在旅游景区规划、管理和监控等方面都有着广泛的应用。例如在海南省博鳌大灵湖旅游科教园区的规划中，就采用了先进的 GIS 技术进行生态要素的评估，并结合项目理念，辅助进行园区的规划，如图 14.6 所示。

该项目位于海南省琼海市博鳌论坛特别规划区，东临南海、西临 G98 环岛高速、南濒万泉河、北靠田塘岭，占地约 21.3 平方公里，距博鳌论坛主会场仅 2 公里，是博鳌论坛特别规划区的九大功能片区之一，也是开发启动区之一。

为了在区域规划和开发的过程中，对当地的生态环境要素进行保护和合理利用，海南省与复旦大学城市生态规划与设计研究中心合作利用 GIS 技术完成了该区域的生态要素的评估，创造性地引入生态控制引导的指标体系。通过科学规划

和科学利用，将区域生态环境要素同城市建设的理念和方法相结合，构建出一个有海滨城镇特色、可持续发展的综合性社区。

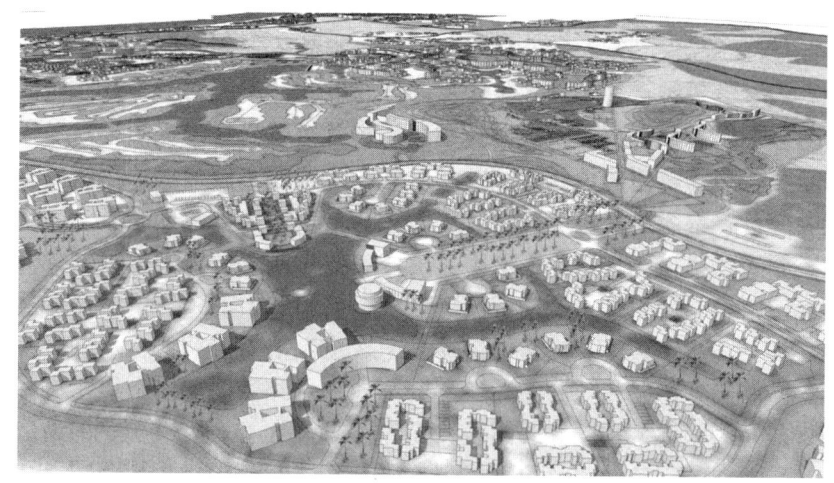

图 14.6　海南大灵湖旅游科教园区规划图

第五节　移动定位技术

一、移动定位技术概述

近年来，随着移动终端的普及，基于移动终端的各种服务应运而生，而其中的热点之一就是基于位置服务（Location Based Service，LBS）。LBS 又叫移动定位服务、行动定位服务或空间定位信息服务，是指将移动 GIS 技术、空间定位技术和网络通信技术结合，由移动通信运营商为移动对象提供基于空间地理位置的信息服务，是移动 GIS 的具体实现。LBS 的过程包括定位和提供服务两个环节，其关键在于如何准确、快速的定位，这就离不开 LBS 的核心关键技术——移动定位技术。

移动定位技术是利用无线移动通信网络，通过对接收到的无线电波的一些参数进行测量，根据特定的算法对某一移动终端或个人在某一时间所处的地理位置进行精确测定，以便为移动终端用户提供相关的位置信息服务，或进行实时的监测和跟踪。根据移动定位的基本原理，移动定位大致可分为：基于移动网络的定位技术、基于移动终端的定位技术和两者混合的无线辅助全球定位技术。

基于移动网络的定位由多个基站同时检测移动终端发射的信号，通过处理各接收信号中携带的与移动终端位置有关的特征信号，计算出移动终端的位置。

基于移动终端的定位现在普遍应用全球定位系统（Global Positioning System，GPS）。移动终端接收多个（通常 3 个以上）GPS 卫星发射的信号，根据这些信号中携带的与移动终端位置有关的特征信号确定其与各卫星之间的位置关系，再通过某种算法对自身位置进行定位估计。

在郊区和农村，由于基站密度低，移动终端通常只与一个基站保持联系，从而导致基于移动网络的定位无法实现；然而此时 GPS 接收机可以接收 4 个甚至 4 个以上的卫星信号。相反，在建筑物密集的城区和室内，GPS 接收机一般接收不到卫星信号，但正好有多个基站可以检测到移动终端信号。前面两种定位技术的优点相结合便产生了无线辅助全球定位系统，以适应各种环境并满足定位的实时性要求。

移动定位技术融入移动互联网领域，可以实现更加方便和智能化的通信服务，使 LBS 成为当前研究的热点并得到迅速普及应用。其基本原理是当移动用户需要信息服务时，首先移动终端通过内嵌的定位设备获得终端本身当前的空间位置数据，实时地通过无线通信把数据上传送到服务中心，然后服务中心 GIS 服务器根据终端的地理位置、服务要求进行空间分析和决策，并将最终结果再下传至移动终端。其具有以下特性：以确定用户当前位置为基础、服务内容与位置密切相关、用户利用移动终端获取服务、服务内容为地理信息分析结果、服务内容通过通信网络传送到用户端。近年来，LBS 发展和普及都很迅速，其应用包括即时交通信息查询、周边服务资源信息查询、紧急救援、亲友定位、工作流管理、区域广告和 LBS 游戏娱乐等。

二、移动定位技术在旅游服务中的应用

目前，由于基于 GPS 的移动定位技术已相当成熟，且成本越来越低，其在旅游业中已经有了很多较成熟的应用。2010 年 11 月，作为全球最大的中文在线旅行网站之一的去哪儿网（www.qunar.com），它的无线 WAP 网站（m.qunar.com）增加了目的地搜索功能，非智能手机可以通过输入目的地城市查询国内外 2.4 万个景点，而拥有移动定位系统的智能手机可以随时随地搜索身边的景点。此外，这次更新还打通了机票、酒店、目的地搜索与行程管理的结合，旅游者在搜索机票、酒店、目的地后可以直接添加到"我的行程"中，成为国内首家提供 LBS 景点搜索功能以及行程管理功能的手机网站。

同年，去哪儿网开始正式布局无线旅游，并在 2011 年取得了重大突破，支持 LBS 搜索的去哪儿网无线全面覆盖了手机 IOS、Android、Symbian、WP7 系统以

及 PAD 平台，在 Google Market、App Store 等应用商城的排名持续领先；推出全面的在线旅游移动支付解决方案，在国内率先实现了 IOS 和 Android 两大主流手机平台的手机支付购票功能，可支持 59 家银行信用卡。

手机版去哪儿网的目的地搜索功能可提供多达 2.4 万个国内外目的地景点搜索，覆盖了最全面的景点信息，并可按照出行方式、休闲方式、景点类型、适宜人群、季节月份等条件进行筛选，使移动旅游搜索更加人性化和个性化。而基于位置的目的地搜索，则使用户能够更加方便地实时查询景区，用户通过手机可享受 Web 版同样品质的服务，体会不一样的移动感受。

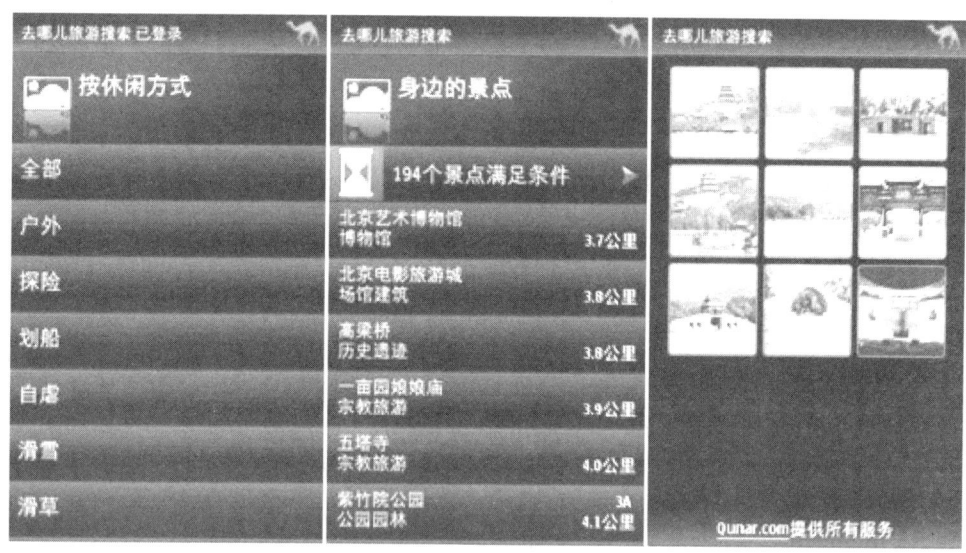

图 14.8　采用移动定位技术的去哪儿网手机版界面

第六节　虚拟现实技术

一、虚拟现实技术概述

虚拟现实（Virtual Reality，VR），是指利用计算机发展中的高科技手段构造的，使参与者获得与现实一样感觉的虚拟境界。虚拟现实技术又称灵境技术，是以沉浸性、交互性和构想性为基本特征的计算机高级人机界面。它综合利用计算机图形学、仿真技术、多媒体技术、人工智能技术、计算机网络技术、并行处理技术和多传感器技术,模拟产生一个三维空间的虚拟世界,提供用户关于视觉、听觉、触觉等感官的模拟,让用户如同身临其境一般,可以及时、无限制地观察三度空间内的事物。

虚拟现实的基本特征包括:

多感知性(Multi-Sensory),即除一般计算机技术所具有的视觉感知外,还有听觉感知、力觉感知、触觉感知、运动感知,甚至包括味觉感知、嗅觉感知等。目前由于技术限制,虚拟现实技术的感知功能仅限于视觉、听觉、力觉、触觉、运动等几种。

浸没感(Immersion),又称临场感,指用户感到作为主角存在于模拟环境中的真实程度。理想的模拟环境应该达到以假乱真的效果,使用户难以分辨真假,全身心地投入到计算机创建的三维虚拟环境中,如同在现实世界中的感觉一样。

交互性(Interactivity),指用户对模拟环境内物体的可操作程度和从环境得到反馈的自然程度(包括实时性)。例如,用户可以用手去直接抓取模拟环境中虚拟的物体,这时手有握着东西的感觉,甚至可以感觉物体的重量;同时,视野中被抓的物体也能立刻随着手的移动而移动。

构想性(Imagination),即强调虚拟现实技术应具有广阔的可想像空间,可拓宽人类认知范围,不仅可再现真实存在的环境,也可以随意构想客观不存在的甚至是不可能发生的环境。

虚拟现实是多种技术的有机融合,其关键技术和研究内容包括:环境建模技术、立体声合成和立体显示技术、触觉反馈技术、交互技术和系统集成技术等。其中系统集成技术又是重中之重,覆盖了信息同步技术、模型标定技术、数据转换技术、识别和合成技术等现代信息技术。根据所采用的技术和程度的不同,现有的虚拟现实技术可分为桌面级的虚拟现实、投入式的虚拟现实、增强现实性的虚拟现实和分布式虚拟现实几类。

虚拟现实技术目前在各领域都有广泛的应用,例如军事和航天工业中的模拟与训练、工业中的生产仿真、安全演练、设备管理,医学中的模型研究、解剖练习、虚拟手术,文物古迹研究中的文物展示、现场保护、遗址复原,城市规划和建筑行业的虚拟规划、可视设计,教育行业的虚拟培训、仿真校园,文化娱乐行业的虚拟现实游戏、虚拟演播、虚拟演员,以及应用于旅游业中的虚拟旅游等等。

二、虚拟现实技术在旅游服务中的应用

虚拟现实技术同旅游服务相结合,诞生了全新的旅游服务——虚拟旅游。

所谓虚拟旅游,是指建立在现实旅游景观基础上,通过模拟或超现实景,构建一个虚拟旅游环境,使操作者能够身临其境般地观看体验,是虚拟现实技术的

分支——虚拟仿真（Visual Simulation，VS）技术的应用范围之一。应用计算机技术实现场景的三维模拟，借助一定的技术手段使操作者感受目的地场景。

北京故宫博物院于 2008 年推出一款名为"超越时空的紫禁城"的虚拟旅游服务，用户可以下载计算机端软件，以注册用户或游客身份进行体验。该软件利用 3D 技术，为那些不能实地到紫禁城的游客在网上打造了一个虚拟的环境。在这个虚拟环境里，游客不仅能任意挑选某种身份游览，如公主、禁军或皇室侍从等，还会有"网络导游"为网友带路游览。另外，如果网友对其中某个景点感兴趣，还可以通过点击鼠标方式让网络中的"我"在景点前拍照留念。截至 2009 年 5 月 13 日，已有近 27 万名访问者在该网站注册。

图 14.9　超越时空的紫禁城——虚拟旅游

第七节　云计算技术

一、云计算技术概述

2006 年 8 月 9 日，Google 首席执行官埃里克·施密特（Eric Schmidt）在搜索引擎大会上首次提出了"云计算"（Cloud Computing）的概念，此后，"云"的相关概念不断涌现，如"云计算"、"云存储"、"云智能"、"云安全"等等，那么什么是"云计算"技术呢？

云计算是网格计算（Grid Computing）、分布式计算（Distributed Computing）、并行计算（Parallel Computing）、效用计算（Utility Computing）、网络存储（Network Storage）、虚拟化（Virtualization）、负载均衡（Load Balance）等传统计算机和网络技术发展融合的产物。云计算是基于互联网的相关服务的增加、使用和交付模式，涉及通过互联网来提供动态易扩展且经常是虚拟化的资源。云计算既可以通过网络以按需、易扩展的方式获得所需的 IT 基础设施资源,又可以通过网络以按需、易扩展的方式获得所需服务,使计算能力和相关服务都成为商品可以在互联网上进行流通。

根据提供相关服务模式不同,通常认为云计算包括以下三个层次的服务:

1. 软件即服务

软件即服务(Software as a Service,SaaS),是一种通过 Internet 提供软件的模式,用户无需购买软件,而是向提供商租用基于 Web 的软件,用户可以在各种设备上通过搜客户端界面访问,不需要管理或控制包括网络、服务器、操作系统、存储等在内的任何云计算基础设施。

2. 平台即服务

平台即服务(Platform as a Service,PaaS),是指将软件研发的平台作为一种服务,以 SaaS 的模式提交给用户。Paas 把客户采用的(提供的)开发语言和工具或收购的应用程序部署到供应商的云计算基础设施上去。客户不需要管理或控制底层的云基础设施,但能控制部署的应用程序,也可能控制运行应用程序的托管环境配置。

3. 基础设施即服务

基础设施即服务(Infrastructure as a Service,IaaS),指消费者通过 Internet 可以从完善的计算机基础设施获得服务,包括处理、存储、网络和其他基本的计算资源,用户能够部署和运行操作系统和应用程序等任意软件。

云计算并不是一种产品,而是提供 IT 服务的一种方式,是一个逐步走向用户自我服务的消费模型。它足够智能,能够根据用户的位置、时间、偏好等信息,实时地对用户需求做出预期。在这一全新的模式下,信息的搜索将会是为用户而做,而不再是由用户来做。无论采用何种设备、需要哪种服务,用户都将得到一个一致且连贯的终极体验。云已经走进人们的生活,世界在因云而改变。

二、云计算技术在旅游服务中的应用

云计算技术被视为继个人计算机、互联网之后 IT 产业的第三次浪潮。

我国已于 2011 年 9 月确立建设镇江云计算中心,并组建国家级云计算研究院,发展包括云计算服务提供商、软硬件、网络基础设施服务商及云计算咨询规划等在内的云计算产业。

作为现代服务业之一的旅游业也在此次规划中,同年,国家旅游局确定将在镇江建立我国的"智慧旅游云",将作为中国智慧旅游网站、呼叫中心、旅游 GIS 系统、二维码、身份识别系统的核心服务平台。

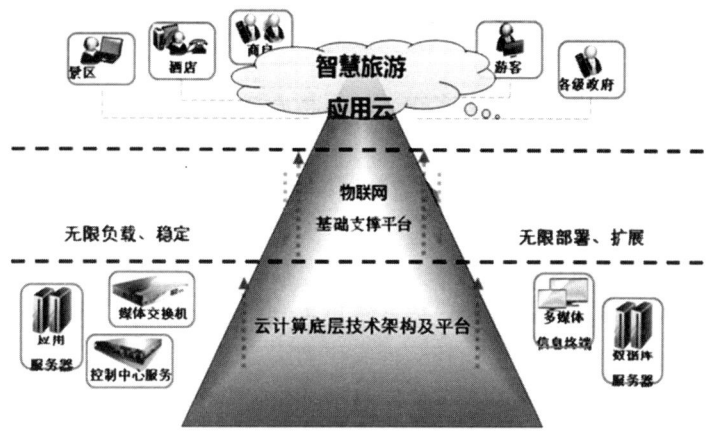

图 14.10　智慧旅游云计算平台的技术架构

图 14.10 显示了智慧旅游云计算平台的技术架构，其中各种服务器、交换机和终端共同构成了云计算的底层平台，物联网则作为基础支撑平台，在最上层的平台上可以提供景区、酒店、商户、游客和各级政府的信息支持和决策辅助等应用服务，从而形成庞大的智慧旅游应用云。

此外，海南省立足建设"国际旅游岛"国家战略，也将"旅游云计算"项目纳入海南省的"十二五"规划纲要，将有计划、有步骤地开展实施旅游产业方面的云计算研发和应用推广。其中，作为"旅游云计算"应用的重要基础环节，海南省将建立具有云计算、云存储能力的集中化的数据中心，为各应用系统数据集中服务提供可靠支撑，有助于提升旅游信息资源的开发利用水平。"旅游云数据中心"的建立，将为海南提供旅游信息服务、商务协同和旅游信息产业创新的平台，为消除"信息孤岛"提供重要基础支撑。

第八节　现代智能技术

一、现代智能技术概述

当今社会是知识经济社会，知识创新已成为推动经济和社会发展主要动力之一。随着信息技术的不断发展，数据挖掘（Data Mining，DM）、知识发现（Knowledge Discovery，KD）和人工智能（Artificial Intelligence，AI）等现代智能技术快速发展，使人们可以方便有效地从海量的信息中获取知识、辅助决策，从工业到农业、从天文到地理、从预测预报到决策支持，在人们日常生活工作的各个领域，现代智能技术都发挥着重要作用。

提到现代智能技术，首先需要知道什么是人工智能。美国斯坦福大学人工智能研究中心尼尔逊教授认为：“人工智能是关于知识的学科——怎样表示知识以及怎样获得知识并使用知识的科学。”而美国麻省理工学院的温斯顿教授认为：“人工智能就是研究如何使计算机去做过去只有人才能做的智能工作。”两种说法都反映出人工智能的基本思想和内容：人工智能是研究人类智能活动的规律，构造具有一定智能的人工系统，研究如何让计算机去完成以往需要人的智力才能胜任的工作，即研究如何应用计算机的软硬件来模拟人类某些智能行为的基本理论、方法和技术。随着研究的深入，众多人工智能系统及应用不断出现，如人机对弈、模式识别（如语音识别、手势识别等）、自动过程和自动工程、知识工程等。其中，知识工程以知识本身为处理对象，研究如何运用人工智能和软件技术，设计、构造和维护知识系统，目前得到广泛应用的包括专家系统、智能搜索引擎、计算机视觉和图像处理、机器翻译和自然语言理解、数据挖掘和知识发现等。

知识发现是从数据集中识别出有效的、新颖的、潜在有用的，以及最终可理解的模式的非平凡过程。而数据挖掘也称为数据库中的知识发现，是通过分析每个数据，从大量数据中寻找其规律的技术。数据挖掘主要分为数据准备、规律寻找和规律表示三个步骤。数据准备是从相关的数据源中选取所需的数据并整合成用于数据挖掘的数据集；规律寻找是用某种方法将数据集所含的规律找出来；规律表示是尽可能以用户可理解的方式（如可视化）将找出的规律表示出来。

以数据挖掘为代表的现代智能技术在各领域有着广泛的应用。例如，在销售行业中，可以从销售数据中发掘出顾客的消费习性，并可藉由交易记录找出顾客偏好的产品组合、找出流失顾客的特征或是推出新产品的时机点，也可以利用数据挖掘分析顾客群消费行为与交易纪录，根据对品牌价值等级的高低来区分顾客，实现差异化营销；在制造业中，可以通过数据挖掘找出制造过程中影响产品品质的最重要因素，进行品质控管，以提高作业流程的效率。此外，在农业、军事、教育、医疗、旅游服务等行业也能找到数据挖掘等现代智能技术的应用。

二、现代智能技术在旅游服务中的应用

随着现代智能技术越来越成熟，在旅游六要素中都已出现典型的应用，例如酒店、景区、餐厅、商场、娱乐场所、交通等领域的各种智能系统等。

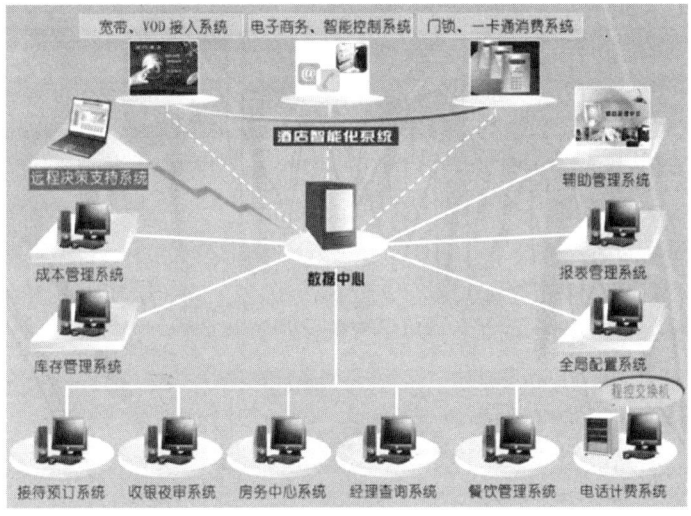

图 14.11　基于现代智能技术的酒店智能系统

第九节　智慧旅游

如前面章节内容所述，随着时代的发展和社会的进步，各种现代信息技术现已不同程度地应用于旅游产业。旅游产业和信息技术结合程度不断提高，融合了多种信息技术的"智慧旅游"概念开始频频出现在人们的视野。那么什么是智慧旅游呢？本节将为您讲解。

1. 智慧旅游的概念

智慧旅游也称为智能旅游，是一个全新的概念，是一种以物联网、云计算、现代通信网络、高性能信息处理、智能数据挖掘等技术在旅游体验、产业发展、行政管理等方面的应用，使旅游物理资源和信息资源得到高度系统化整合和深度开发激活，并服务于公众、企业、政府等的面向未来的全新的旅游形态。简单地说，就是利用云计算、物联网等新技术，通过互联网或移动互联网，借助便携的终端上网设备，主动感知旅游资源、旅游经济、旅游活动、旅游者等方面的信息，及时发布，让人们能够及时了解这些信息，及时安排和调整工作与旅游计划，从而达到对各类旅游信息的智能感知、方便利用的效果。智慧旅游以融合的现代信息技术为基础，以游客互动体验为中心，以一体化的行业信息管理为保障，以激励产业创新、促进产业结构升级为特色。

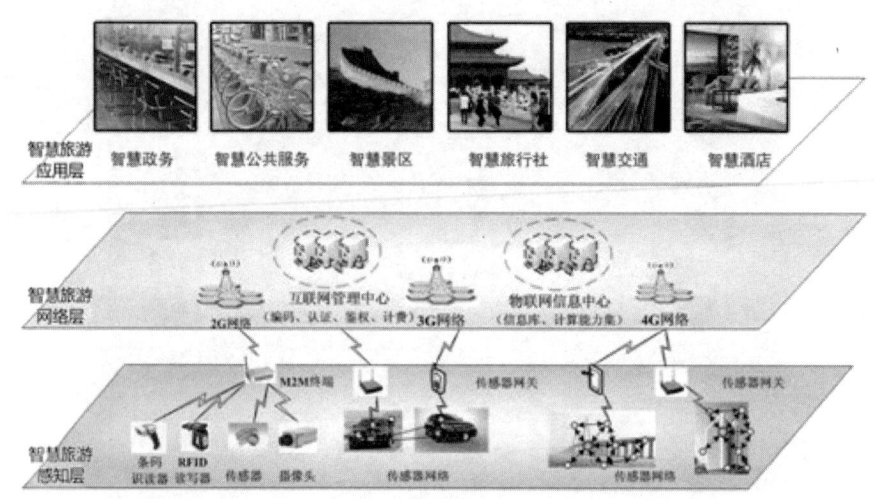

图 14.12 融合多种现代信息技术的智慧旅游总体框架

2. 智慧旅游的内涵

智慧旅游包含以下三方面内容：

(1) 旅游服务的智慧

智慧旅游从旅游者出发，通过信息技术改善旅游体验、提升旅游品质。旅游者在旅游信息获取、旅游计划决策、旅游产品预订支付、享受旅游和回顾评价旅游的整个过程中都能感受到智慧旅游带来的全新服务体验。智慧旅游通过融合现代信息技术，实现信息的传递和实时交换，并以科学的信息组织和呈现形式让旅游者更加方便快捷地获取旅游信息，帮助旅游者更好地安排旅游计划并形成旅游决策，让旅游者的旅游过程更顺畅，为旅游者带来更好的旅游安全保障和旅游品质保障，从而提升旅游的舒适度和满意度。智慧旅游还将推动传统的旅游消费方式向现代的旅游消费方式转变，引导旅游者产生新的旅游习惯，创造新的旅游文化。

(2) 旅游管理的智慧

智慧旅游将实现传统旅游管理方式向现代管理方式的转变。通过现代信息技术，可以及时准确地掌握旅游者的旅游活动信息和旅游企业的经营信息，实现旅游行业监管从传统的被动处理、事后管理向过程管理和实时管理转变。同时，智慧旅游将通过与公安、交通、工商、卫生、文化、质检等部门形成信息共享和协作联动，结合旅游信息数据形成旅游预测预警机制，提高应急管理能力，保障旅游安全，实现对旅游投诉以及旅游质量问题的有效处理，维护旅游市场秩序。智慧旅游依托信息技术，主动获取旅游者信息，通过数据挖掘、知识发现等现代智能技术，全面了解旅游者的需求变化、意见建议以及旅游企业的相关信息，实现科学决策和科学管理。智慧旅游应用在旅游企业管理中，有助于改善经营流程，提高管理水平，提升产品和服务竞争力。智慧旅游从旅游管理的角度可以增强旅游者、旅游资源、旅游企业和旅游主管部门间的互动，高效整合旅游资源，从而推动旅游产业整体发展。

（3）旅游营销的智慧

智慧旅游通过旅游舆情监控和数据分析，挖掘旅游热点和旅游者兴趣点，引导旅游企业策划对应的旅游产品，制定对应的营销主题，从而推动旅游行业的产品创新和营销创新。智慧旅游通过量化分析和判断营销渠道，可以筛选那些效果明显、可长期合作的营销渠道。智慧旅游还充分利用新媒体传播特性，吸引旅游者主动参与旅游的传播和营销，并通过积累旅游者数据和旅游产品消费数据，逐步形成自媒体营销平台。

3. 智慧旅游的主要功能

从使用者角度出发，智慧旅游主要包括四个基本功能：导航、导游、导览和导购，并由此产生了多种不同的应用。

（1）导航——开始位置服务

将 LBS 融入旅游信息中，旅游者就可以随时知道自己所处的位置。通过移动定位技术和现代移动通信技术，互联网和 GPS 导航完美结合，实现移动互联网导航。传统导航设备尽管可以定位导航，但其数据无法及时更新，且无法即时查找大量最新信息。而单纯的互联网虽然信息量大，但不具有定位导航功能。现在很多智能移动终端可以兼有导航和上网的功能，但没有结合形成有机的整体，旅游者需要频繁地在导航和互联网之间不断地切换，很不方便。而将导航和互联网整合为一个应用、实现在一个界面上的智慧旅游，地图不再存储于移动终端上，数据来源于即时的互联网，只有在使用中才根据旅游者位置进行少量的信息更新，免去了传统导航下载更新庞大地图数据包的繁琐。当确定位置后，最新信息将通过互联网主动地弹出，并可以查找其他相关信息。智慧旅游中的导航，位置信息、地图信息和网络信息都很好地显示在同一界面，随着位置的变化，各种信息也将及时更新，并主动呈现在网页或地图上，具有直接、主动、及时和方便的特征。

（2）导游——初步了解周边信息

一旦确定了位置，网页和地图上将会主动显示周边的旅游信息，包括景点、酒店、餐馆、娱乐、交通、商场、朋友或旅游团友等的位置和大概信息，例如：景区的级别、主要描述和门票价格，酒店的星级、房型、价格等，餐馆的口味、人均消费水平、促销和优惠信息，娱乐活动（如演唱会、运动、电影）的时间、地点、价格，周边交通的站点设置、拥堵情况，商场的打折活动和促销信息，朋友或是旅游团的其他旅游者所在位置和动向等多种信息。智慧旅游也将支持在非导航状态下查找任意位置的周边信息,通过拖动地图即可在地图上看到这些信息。周边的范围大小可以自行设定或是随地图窗口的缩放自动调节,甚至可以根据自己的兴趣点智能地规划行走路线。

(3) 导览——深入了解周边信息

在智慧旅游终端上,通过点击(触摸)感兴趣的对象(景点、酒店、餐馆、娱乐、车站、活动等等),可以获得关于兴趣点的位置、文字、图片、视频、使用者的评价等信息,深入了解兴趣点的详细情况,供旅游者决定是否需要它。因此在某种程度上,导览可以看成是智能导游员。目前,我国有许多旅游景点已经采用数字导览设备,但游客必须租用这种设备才能享受数字导览服务。而智慧旅游可看成是自助导游员,同传统的导游和数字导览设备相比,具有更多的信息来源,其媒体和展现形式也更加多样,如文字、图片、声音、视频甚至是 3D 虚拟现实,通过移动终端替代数字导览设备,可使旅游者能够享受无拘束、无限制的自助导览。同时,藉由数据挖掘等现代智能技术,导览还将包括一个虚拟旅行模块,只要提交起点和终点的位置,即可获得最佳路线的规划建议,推荐景点和酒店,提供沿途主要对象等的资料,大大方便出行。

(4) 导购——等着享受

通过前述全面而深入的在线了解和分析,旅游者已经决定需要何种产品和服务,就可以通过移动终端进行旅游产品和服务的在线预订。智慧旅游中,旅游者只需通过在各种移动互联网设备和终端的界面中自己感兴趣的对象旁点击"预订"按钮,即可进入预订模块,随时预订该对象,并通过安全的网上支付平台完成支付。同时,智慧旅游还将支持游客根据不同条件和因素随时随地改变或制订下一步的旅游行程,而不必浪费大量时间和精力,也不会错过精彩的景点与活动,甚至能够提示出将会在某地邂逅特别的人,如久未谋面的老朋友。

目前,国内的杭州、广州、无锡等城市已经开展了智慧城市建设,取得了很好的效果。为将地方智慧城市建设同发展旅游业为现代服务业的目标相结合,国家旅游局在部署"智慧旅游城市"试点工作后,正式确定了江苏镇江"国家智慧旅游服务中心",未来,我国还将积极推进更多有条件的城市开展试点工作。同时,国内如虚拟紫禁城、智慧黄山等数字景区的建设试点也已取得了成功,将逐步提高精品旅游景区的数字化水平,建设更多的数字景区、智慧景区;此外,鼓励旅游酒店、旅游车船公司、旅游购物公司等旅游企业在信息化建设方面大胆探索,不断提高智能服务水平。通过多方共同努力,"智慧旅游"的宏伟蓝图定将在博大壮美的中华大地上成为现实。

【思考与实践】

思考题：

1. 什么是现代信息技术？其主要内容包括哪些？

2. 什么是移动通信技术？其发展经历了哪几个阶段？国内 3G 运营情况如何？

3. 简述物联网、GIS 技术和移动定位技术的概念，试说明在旅游服务中的应用。

4. 什么是虚拟现实技术？它是怎样实现虚拟旅游的？

5. 什么是云计算？现代智能技术包括哪些？它们在旅游服务中如何应用的？

6. 什么是智慧旅游？智慧旅游中应用的现代信息技术有哪些？

实践题：

1. 登录虚拟世博会网站和虚拟故宫网站，体验虚拟旅游，感受虚拟现实技术在旅游服务中的应用。

第十五章 旅游电子商务网站规划与建设

【学习导引】

旅游电子商务网站是旅游企业实现电子商务的重要手段。目前，大多数旅游企业都已经建立了自己的旅游服务网站，但受企业本身实力等条件所限，许多网站存在着信息更新不及时、功能不齐全、用户体验差等诸多问题，很少网站能整合旅游的六大要素——吃、行、住、游、购、娱，且不能及时提供实时性和个性化的旅游信息和产品，没有实现真正意义的旅游电子商务。本章从旅游电子商务网站的概述入手，着重分析了旅游电子商务网站建设的规划、设计和开发，最后介绍旅游电子商务网站的测试和维护。

【教学目标】

1. 认识和了解旅游电子商务网站类型和模式。
2. 掌握旅游电子商务网站规划和设计。
3. 理解旅游电子商务网站实现的工具和技术。
4. 分析和理解旅游电子商务网站的测试。
5. 掌握旅游电子商务网站的维护。

【学习重点】

旅游电子商务网站类型和模式

旅游电子商务网站规划和设计

旅游电子商务网站实现的工具和技术

旅游电子商务网站的测试

旅游电子商务网站的维护

第一节 旅游电子商务网站概述

随着计算机的普及和互联网的飞速发展，一些旅游企业依托自身的传统企业资源，把握时代发展脉搏，及时推出各自的旅游电子商务网站，取得了较好的经营效果。

很多旅游企业意识到实施旅游电子商务网站的重要性，并开始不断尝试。但实践证明，旅游电子商务网站的实施过程是利润和风险并存的。从1997年华夏旅游网创办以来，我国的旅游电子商务走过了一段大起大落的坎坷历程。从起初的风起云涌、欣欣向荣，到2000年下半年的急转直下，许多曾经风光一时的旅游商务网站都没能够避免昙花一现的命运。因此，我们必须把握旅游电子商务网站的每个实施步骤。

一、旅游电子商务网站概念

旅游电子商务网站是旅游电子商务中最重要的部分，是旅游企业和用户及旅游企业间进行沟通的窗口。旅游电子商务网站是一系列网页、数据库、编程技术的组合体，它是旅游企业体现企业形象、实施经营战略的平台，同时还使旅游企业实现产品上网，提供销售机会，并面向用户推出包括自助旅游在内的许多实用性服务，沟通供需，渐渐形成量的优势。

二、旅游电子商务网站种类及特点

随着网络技术的发展和电子商务的重新升温，大大小小的旅游电子商务网站如雨后春笋般建立和发展起来。目前，互联网上的旅游电子商务网站按业务可以划分为以下三类：

1. 信息业务型

这类旅游电子商务网站是一种最基本的旅游电子商务网站。它主要给用户提供旅游企业的有关信息，主要满足用户对其企业文化、企业的旅游产品、旅游服务和旅游资讯等信息的了解，但不能实现用户的在线预订和在线交易。信息业务型旅游电子商务网站一般涉及数据库和编程技术较少，实现简单方便，实施所需资金最少，一般适用于中小型旅行社、酒店或景点。

2. 交易业务型

交易业务型旅游电子商务网站可以在网上接受预订，进行网络支付。其中，酒店预订、机票预订、度假预订和旅程预订及其在线支付是这类网站的主要功能。通过旅游电子商务网站平台，使交易操作程序简便，交易环节合并压缩，交易成本大幅节省，渐渐形成量的优势。

3. 综合型

综合型旅游电子商务网站是一个高级形式，除了将旅游企业的企业文化、企业动态、旅游产品、旅游服务和旅游资讯等信息发布到网络外，还能在线接受预订，实现网络支付，具备完善的网络订单跟踪处理能力，而且这类网站集成了企业流程的信息处理系统。这类网站要求的技术含量很高，需要大量的人力、物力和财力方可实现，一般是有实力的大型旅游企业所采纳的形式。

第二节　旅游电子商务网站建设规划

一个旅游电子商务网站的成功与否与建站前的网站规划有着极为重要的关系。网站规划是指在网站建设前进行必要的市场分析、确定网站的目的和功能，并根据需要对网站建设中的技术、内容、费用、测试、维护等做出规划。网站规划对网站建设起到计划和指导的作用，对网站的内容和维护起到定位作用。只有详细的规划，才能在网站建设中避免重复建设、节约运营成本；才能避免投资浪费、提高成功几率；才能避免日后返工、提高运营效率；才能避免教训之谈、促使运营成功。使网站建设能顺利进行。

一、建设旅游电子商务网站前的市场分析

1. 市场的主要竞争者分析

详细分析已经建设网站的旅游企业。分析他们的具体内部情况，包括财力、物力、业务规模等，分析他们网站功能作用和具体的运作情况等。总结他们网站定位和功能模块、运营等优势以便借鉴，分析他们网站存在的不足以便改进。

2. 旅游企业目前的自身条件分析

包括企业概况、业务范畴、业务规模，通过旅游电子商务网站可提高企业的哪些效率和竞争力。

3. 经济上的可行性分析

经济上的可行性分析包括对建设电子商务网站的投资做出估算，并分析预测网站会给企业带来市场份额的提升和经济回报。确保企业如果投入建设旅游电子商务网站，从经济角度上看，经济效益应超过开发和维护成本。

4. 技术上的可行性分析

指提出的网站开发方案在现有技术条件下是否有可能实现。如网站要求的响应速度，安全级别等。技术上的可行性分析包括设备条件、技术条件和通讯条件等多方面。

5. 管理上的可行性分析

主要分析企业是否在管理方面具有旅游电子商务网站开发和运行的基础条件和运行环境。如企业决策层是否支持、现有员工能否适应、业务流程能否依据网站变更等。

二、网站的功能定位和内容规划

旅游电子商务网站的功能有新闻发布管理、网站内容管理、酒店预订管理、景点预订管理、线路预订管理、会议预订管理、机票预订管理、留言薄管理、广告发布管理、自助友情链接、天气预报、注册（代理）会员、旅游论坛、订单管理等，除此之外，完善的电子商务网站还包括公司内部的管理，如人事管理，办公自动化管理，财务管理等。显然，不是每个旅游电子商务网站都需要提供上述的所有功能。要根据企业自身的业务特点和网站今后发展的趋势、用户需求、网站预算来决定旅游电子商务网站的功能。根据网站功能，确定网站应达到的目的作用。图 15.1 所示的是某旅游电子商务网站功能规划图。

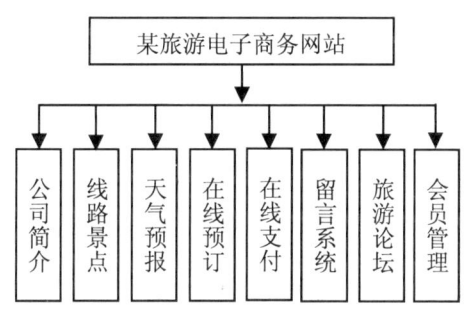

图 15.1 某旅游电子商务网站功能规划图

根据网站的目的和功能规划网站内容，一般企业网站应包括：公司简介、产品介绍、服务内容、价格信息、联系方式、网上订单等基本内容。

包含交易的旅游电子商务类网站要提供会员注册、详细的商品服务信息、信息搜索查询、订单确认、付款、个人信息保密措施、相关帮助等。

如果网站栏目比较多，则考虑采用网站编程专人负责相关内容。网站内容是网站吸引用户最重要的因素，无内容或不实用的信息不会吸引匆匆浏览的访客。可事先对人们希望阅读的信息进行调查，并在网站发布后调查人们对网站内容的满意度并及时调整网站内容。

网站规划的具体内容还包括网站的目录、链接结构的设置和网站风格设计等。

三、网站技术解决方案

1. 服务器类型

有两种途径，一是自行购买搭建服务器，一是租用虚拟主机。一般大型旅游电子商务网站资金较雄厚，对速度要求较高，可以考虑自行购买硬件，并架设专线网络。小型旅游企业一般采用外包的方式以节约成本。

2. 选择操作系统

可选的系统有 Unix、Linux 和 Windows 系列产品。Linux 和 Unix 属开放源代码操作系统，安全和稳定方面比 Windows 好，且 Linux 是免费的。但租用的虚拟主机采用 Linux 和 Unix 系统的较少，且 Linux 和 Unix 从操作上比 Windows 要复杂。采用哪种操作系统应结合投入成本、功能、开发、稳定性和安全性等进行分析。

3. 网站的实现途径

一种是购买现有并且成熟的系统性的网站解决方案。随着软件开发的专业化，不少专门从事旅游电子商务网站开发的软件公司已经开发出一些比较完善的网站。这些网站包含了旅游企业所需的主要功能，且代码质量高、符合用户使用习惯。企业直接购买的方式可以节省时间和费用，但可能不完全适用，任何产品都不可能解决企业所有运营、管理的问题。因此直接购买后企业一般需要根据自身业务特点进行二次开发，逐步完善网站功能。

一种是企业自身委托或组织开发。委托开发适用于资金充裕但技术力量较弱的企业，通过与专业软件开发公司的良好合作，能很快开发出满意的旅游电子商务网站，该方式成功的关键在于企业本身的重视、参与和软件公司的专业性，尤其是企业需调派精通业务的管理人员自始至终进行调研、协调、配合和监督；如果企业具有较强的技术力量，可自己组织开发，这样企业可获得非常适合本身业务特点的网站，同时维护和更新也较为方便。但由于开发经验等原因，容易出现开发水平较低、耗时较长、系统生命力不强等问题。

4. 网站安全性措施

包括以下几个方面：一是设备、环境的安全和人员管理；二是网络安全访问控制和网络拓扑结构的合理构建；三是及时更新防病毒软件，对移动设备和网络下载做出详细规定；四是做好数据备份工作，在适当频率下，采用"冷"、"热"结合的备份方式；五是定制好应急预案，并成立专门小组。

此外，还应对安全策略的定期复查、对安全控制及过程的重新评估、对系统日志记录的审计、对安全技术发展的跟踪等。

5. 相关程序开发

包括网页采用什么标准，使用诸如 ASP、JSP、.NET 语言，进行网站应用程序开发。

四、网站推广

1. 在搜索引擎中竞价排名

利用搜索引擎、分类目录等具有在线检索信息功能的网络工具进行网站推广。

2. 网络推广

通过电子邮件、注册网络实名、论坛、链接、博客、加入旅游网黄页等。

3. 离线推广

通过媒体、传单、名片、赞助活动等。

五、整体预算

项目管理中资金和时间预算很重要。在旅游电子商务网站中，资金预算主要有软件开发、硬件配置、维护费用、实施费用等。

第三节 旅游电子商务网站设计和开发

旅游电子商务网站实现一般要经过需求分析、设计和开发等过程。需求分析主要是确认网站的功能。开发团队和企业间的配合非常重要。企业首先必须对系统功能和性能提出初步要求，并澄清一些模糊概念。然后软件分析人员认真了解企业的需求，细致地进行调查分析，把企业"做什么"的要求最终转换成一个完整的软件逻辑模型并写出系统的需求规格说明，准确地表达企业的要求。旅游电子商务网站系统设计的主要任务是从旅游电子商务系统的总体目标出发，根据规划阶段产生的文档，并考虑经济、技术和系统所实现的内外环境和主客观条件，确定旅游电子商务网站的总体结构和各组成部分的技术方案，确保目标的实现。

一、需求分析

需求分析的基本任务是明确网站的主要功能和网站所要达到的目标。需求分析所要做的工作是深入描述网站的功能和性能，确定网站设计的限制和网站与其他系统元素的接口细节，定义网站的其他有效性需求。

需求分析一般包括以下四个步骤：

1. 网站整体需求分析。通过对企业情况的详细调研，确定网站的综合要求，并提出这些需求的实现条件以及需求应达到的标准，也就是确定网站要做什么、做到什么程度。这些需求包括以下四点内容。

（1）功能需求。确定新网站应做什么，这是最主要的需求。

（2）性能需求。给出所开发的网站的技术性能指标，包括存储容量限制、运行时间限制、安全保密性等。

（3）环境需求。这是对网站运行以及所处环境的要求。例如在硬件方面采用什么机型、有什么硬件设备等；在软件方面，采用什么支持网站运行的系统软件（指操作系统、数据库管理系统等）。

（4）未来需求。这类要求是指目前不属于网站开发的范畴，但将来随着外界环境的变化以及网站的发展可能会提出的要求。了解这类要求的目的是在开发过程中，可对系统将来可能的扩展与修改做准备。一旦需要时，就比较容易地进行补充和修改。

2. 网站数据分析

从工作流程（或业务流程）到数据流程图。

3. 确定网站的逻辑模型

从数据流与数据结构出发，剔除其不合理的部分，增加其需要的部分，最后综合成网站的解决方案，给出网站的详细逻辑模型。用户可以对网站的逻辑模型提出意见，因此分析与综合工作需要反复地进行，直到双方达成共识。

4. 书写网站需求分析报告

需求分析完成后，为了清晰准确地描述出来，要书写需求分析报告，这是需求分析阶段的成果。

二、体系结构设计

旅游电子商务网站体系结构设计一般采用浏览器/服务器（Browser/Server，B/S）三层结构（如图15.2）。在B/S三层体系结构系统中，用户使用浏览器通过网络向分布在网络上的许多服务器发送请求，服务器对浏览器的请求进行处理，将用户所需信息以HTML形式返回到浏览器。所谓三层体系结构，是在客户端与数据库之间加入了一个"中间层"（即Web服务器），也叫组件层，所有的应用系统、应用逻辑和控制都在第一层，对数据库的访问和应用程序的执行都在这里完成。B/S三层体系结构简化了客户机的工作，客户机上只需配置少量的客户端软件。这意味着如果需要修改应用程序代码，只需要对中间层应用服务器进行修改，而不用修改成千上万的客户端应用程序。从而使开发人员可以专注于应用系统核心业务逻辑的分析、设计和开发，简化了应用系统的开发、更新和升级工作。

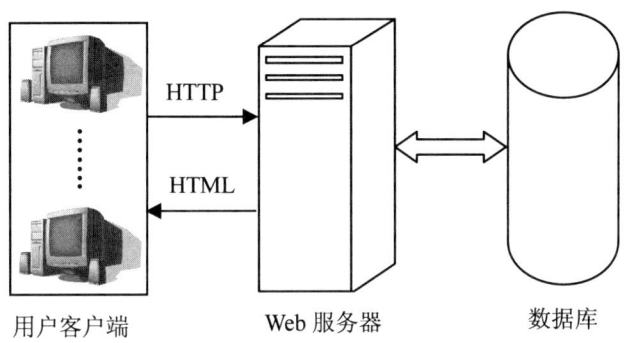

图 15.2　B/S 三层体系结构图

三、功能设计

根据结构化设计的思想，先把旅游电子商务网站按功能划分成多个模块。如图 15.3 所示的是某一旅游电子商务网站主要功能模块图。

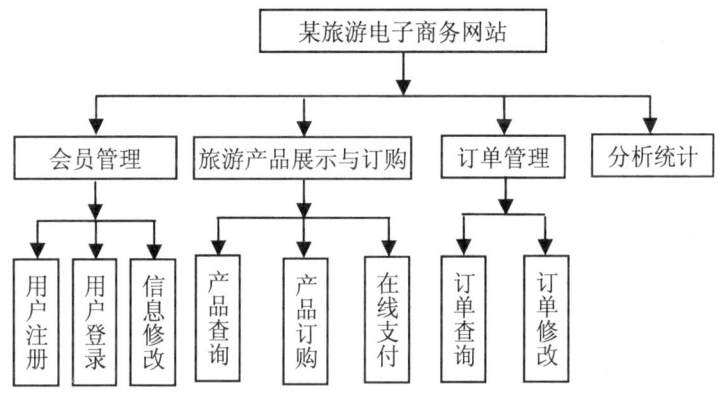

图 15.3　某旅游电子商务网站主要功能模块图

旅游电子商务网站的模块划分后，要给每个模块进行详细的功能定义和设计，有助于模块代码的编写和复用。如：

1. 用户注册

①防恶意注册；

②验证用户注册信息；

③用户注册信息处理。

2. 用户登录

①防恶意登录；

②系统用户进入时的身份验证；
③系统用户在不用页面浏览时的身份验证。
3. 信息修改
①用户验证；
②用户修改后的信息验证；
③用户修改后的信息处理。

四、数据库设计

数据库是长期储存在计算机内的、有组织的、可共享的数据集合。电子商务网站需要处理大量的信息，如商品资料、客户资料、交易合同资料等。随着网站的运营销售记录等数据与日俱增。这些数据都需要在数据库中保存，因此数据库对电子商务网站是至关重要的。

这里的数据库设计是针对电子商务网站的运营环境，从用户对数据的需求开发，研究并构造数据库结构，使之能有效地存储数据，满足各种用户的应用需求。数据库设计的两个重要目标是满足应用功能的需求和具有良好的数据库性能。

数据库设计通常分为四个步骤：需求分析、概念设计、逻辑设计和物理设计。需求分析是了解与分析用户的信息及应用处理的要求，并将结果按一定格式整理而形成。概念设计是在系统分析的基础上，按照特定的办法设计满足应用需要的信息结构，完成 E-R 图即概念模型。逻辑设计是将概念结构向一般的关系、网状或层次模型转换，然后向特定的 DBMS 支持下的数据模型装换，最后进行模型的优化。物理设计是对于一个给定的数据库逻辑结构，权衡各种利弊因素，研究并确定一种高效的物理存储结构，以达到既能节约存储空间，又能提高存储速度的目的。随着 DBMS 的不断完善，开发人员应着重于前几个阶段的设计。

下面列举了旅游电子商务网站部分数据库设计：

旅游电子商务系统中的实体有：会员、产品、订单。同类实体构成的实体集设计为相应的表。因此，数据库中至少需建立以下三种类型表：

会员信息表：主要存放会员的个人信息，会员编号、姓名、出生年月、联系电话、E-mail、级别等。

旅游产品信息表：主要存放旅游线路、酒店和航班的具体信息，可以将这三类信息分别存放在三个表中，即表 travelinfo、hotelinfo、airlineinfo。旅游线路信息表 travelinfo 包括线路编号、线路名称、出发地、目的地、游览天数、价格、组团人数、行程安排、供给标准、开班日期等。酒店信息表 hotelinfo 包括酒店的编号、名称、所在城市、地址、星级、房型、价格、酒店简介等。航班信息表 airlineinfo 包括航班的编号、航班号、出发城市、到达城市、所属航班公司、机型、开班日期、起飞时间、到达时间、起飞机场、降落机场等。

订单信息表：主要存放客户的订单信息，包括订单编号、会员编号、付款方式、付款状态、订单处理状态、收到订单日期、旅游产品编号、数量、单价等字段。通过会员编号可以与会员信息表联系起来，通过旅游产品编号可以与旅游产品信息表联系起来。

五、用户界面设计

用户界面设计关系到数据的输入、输出，也关系到用户对于网站的印象，尤其是首页和商品的页面是网站中最重要的页面。

首页犹如商店的橱窗，应该有很强的吸引力，让顾客停留较长时间。在首页中，顾客应该能很清楚地看到商品销售的种类，尤其是特别推荐商品。页面的内容应该尽可能地实事求是，不要说大话，以免造成对整个网站的不信任感。

用户界面设计工具一般使用 Dreamweaver 或微软的 FrontPage。开发人员可以精确地放置每一个元素在网页的任何位置，为网站设定专业、谐调的外观，输入和编辑 html 原代码，使用最新的网页技术，而这一切不需要编写任何程序。

为使界面更加美观，可以使用 photoshop 对图片进行加工处理。Photoshop 是美国 Adobe 公司开发的图像设计及处理软件，以其强大的功能倍受用户的青睐，是一个集图像扫描、编辑修改、图像制作、广告创意、图像合成、图像输入输出、网页制作于一体的专业图形处理软件。为美术设计人员提供了无限的创意空间，可以从一个空白的画面或从一幅现成的图像开始，通过各种绘图工具的配合使用及图像调整方式的组合，在图像中任意调整颜色、明度、彩度、对比度甚至轮廓及图像；通过几十种特殊滤镜的处理，为图片增添变幻无穷的魅力。

如果想给界面添加活泼动感的动画，Flash 是首选。Flash 是一种交互式矢量多媒体技术，他的前身是 Futureplash，它是早期网上流行的矢量动画插件。后来由于 Macromedia 公司收购了 Future Splash 以后便将其改名为 Flash2，到现在最新的 flash8。Flash 作为一种可以用在互联网上动态的、可互动的 SHOCKWAVE，它的优点是体积小，可边下载边播放，这样就避免了用户长时间的等待。用 Flash 制作的动画，还可以加入很有感染力的音乐。这样就能生成多媒体的图形和界面，而且使文件的体积很小。可以说 Flash 已经渐渐成为交互式矢量的标准，未来网页的一大主流。

六、程序开发技术

目前，网站程序一般使用 ASP、PHP、JSP、.NET 等来实现。

1. ASP

ASP 是 Active Server Page 的缩写,意为"动态服务器页面"。ASP 是微软公司开发的代替 CGI 脚本程序的一种应用,它可以与数据库和其他程序进行交互,是一种简单、方便的编程工具。ASP 的网页文件的格式是.asp,现在常用于各种动态网站中。ASP 是一种服务器端脚本编写环境,可以用来创建和运行动态网页或 Web 应用程序。ASP 网页可以包含 HTML 标记、普通文本、脚本命令以及 COM 组件等。利用 ASP 可以向网页中添加交互式内容(如在线表单),也可以创建使用 HTML 网页作为用户界面的 web 应用程序。与 HTML 相比,ASP 网页具有以下特点:

(1) 利用 ASP 可以实现突破静态网页的一些功能限制,实现动态网页技术;

(2) ASP 文件是包含在 HTML 代码所组成的文件中的,易于修改和测试;

(3) 服务器上的 ASP 解释程序会在服务器端执行 ASP 程序,并将结果以 HTML 格式传送到客户端浏览器上,因此使用各种浏览器都可以正常浏览 ASP 所产生的网页;

(4) ASP 提供了一些内置对象,使用这些对象可以使服务器端脚本功能更强。例如可以从 web 浏览器中获取用户通过 HTML 表单提交的信息,并在脚本中对这些信息进行处理,然后向 web 浏览器发送信息;

(5) ASP 可以使用服务器端 ActiveX 组件来执行各种各样的任务,例如存取数据库等。

由于服务器是将 ASP 程序执行的结果以 HTML 格式传回客户端浏览器,因此使用者不会看到 ASP 所编写的原始程序代码,可防止 ASP 程序代码被窃取。

2. PHP

PHP,它是一个嵌套的缩写名称,是英文超级文本预处理语言(PHP: Hypertext Preprocessor)的缩写。PHP 是一种 HTML 内嵌式的语言,PHP 与微软的 ASP 颇有几分相似,都是一种在服务器端执行的嵌入 HTML 文档的脚本语言,语言的风格类似于 C 语言,现在被很多的网站编程人员广泛的运用。PHP 独特的语法混合了 C、Java、Perl 以及 PHP 自创的新语法。它可以比 CGI 或者 Perl 更快速地执行动态网页。用 PHP 做出的动态页面与其他的编程语言相比,PHP 是将程序嵌入到 HTML 文档中去执行,执行效率比完全生成 HTML 标记的 CGI 要高许多;与同样是嵌入 HTML 文档的脚本语言 JavaScript 相比,PHP 在服务器端执行,充分利用了服务器的性能;PHP 执行引擎还会将用户经常访问的 PHP 程序驻留在内存中,其他用户再一次访问这个程序时就不需要重新编译程序了,只要直接执行内存中的代码就可以了,这也是 PHP 高效率的体现之一。PHP 具有非常强大的功能,所有的 CGI 或者 JavaScript 的功能 PHP 都能实现,而且支持几乎所有流行的数据库以及操作系统。

PHP 的特性：
- 开放的源代码：所有的 PHP 源代码事实上都可以得到。PHP 是免费的。
- 便捷性：PHP 十分便捷，学习简单。
- 基于服务器端（跨平台）：由于 PHP 是运行在服务器端的脚本，可以运行在 UNIX、LINUX、WINDOWS 下。
- 嵌入 HTML：在 HTML 页面中嵌入的 PHP 代码，其他部分仍保持不变，这使得开发人员仍然可以使用 Frontpage 或 Dreamweaver 等常用网页编辑工具对 HTML 部分进行修改、完善。
- 简单的语言：PHP 以脚本语言为主，与 Java 和 C++ 不同。
- 效率高：PHP 消耗相当少的系统资源。
- 图像处理：用 PHP 动态创建图像。
- 面向对象：在 php4、php5 中，面向对象方面都有了很大的改进，现在 php 完全可以用来开发大型商业程序。

3. JSP

JSP（Java Server Pages）是由 Sun Microsystems 公司倡导、许多公司参与一起建立的一种动态网页技术标准。用 JSP 开发的 Web 应用是跨平台的，既能在 Linux 下运行，也能在其他操作系统上运行。

JSP 技术使用 Java 编程语言编写类 XML 的 tags 和 scriptlets，来封装产生动态网页的处理逻辑。网页还能通过 tags 和 scriptlets 访问存在于服务端的资源的应用逻辑。JSP 将网页逻辑与网页设计和显示分离，支持可重用的基于组件的设计，使基于 Web 的应用程序的开发变得迅速和容易。

JSP 页面由 HTML 代码和嵌入其中的 Java 代码所组成。服务器在页面被客户端请求以后对这些 Java 代码进行处理，然后将生成的 HTML 页面返回给客户端的浏览器。Java Servlet 是 JSP 的技术基础，同时大型的 Web 应用程序的开发需要 Java Servlet 和 JSP 配合才能完成。JSP 具备了 Java 技术简单易用的特点，完全的面向对象，具有平台无关性、安全可靠、主要面向因特网的所有特点。

自 JSP 推出后，众多大公司都支持 JSP 技术的服务器，如 IBM、Oracle、Bea 公司等，所以 JSP 迅速成为商业应用的服务器端语言。

4. .NET 技术

Microsoft .NET 是一个平台，是 Microsoft 的 XML Web 服务平台。XML Web services 允许应用程序通过 Internet 进行通讯和共享数据，而不管所采用的是哪种操作系统、设备或编程语言。Microsoft .NET 平台提供创建 XML Web services 并将这些服务集成在一起。这个平台包含广泛的产品系列，它们都是基于 XML 和

Internet 行业标准构建，提供从开发、管理、使用到体验 XML Web 服务的每一方面的产品。现在，Microsoft 正在五个方面创建.NET 平台，即工具、服务器、XML Web 服务、客户端和.NET 体验。

第四节　旅游电子商务网站测试和维护

旅游电子商务网站的建设完成不表示网站建设的结束，还需要对网站进行严格的测试，以保证网站能正常工作。网站测试不但需要检查和验证是否按照设计的要求运行，而且还要测试网页在不同系统的浏览器端显示是否合适。尤为重要的是从用户的角度进行可用性测试以及网站的安全性测试。

一、旅游电子商务网站测试

1. 网页界面测试

（1）测试页面的布局是否合理，页面风格是否统一，背景颜色和字体颜色搭配是否协调，表格位置是否恰当。

（2）测试导航条是否能够轻易地指导用户找到需要的信息。

（3）测试文字内容表达是否恰当，确保文字表达无异议，以免日后产生纠纷。

2. 兼容性测试

（1）测试网站在不同的操作系统和不同的浏览器中是否能正常显示和使用。

（2）测试网站在不同分辨率设置下能否合理地显示。

3. 功能测试

（1）链接测试。测试网站的所有页面是否都通过链接来访问，确保没有孤立的页面。还要保证所有链接不存在死链接，即链接的全部页面都要能够正常打开。

（2）表单测试。测试表单内容提交后，服务器程序接收的信息是否完整并能正确解释和使用这些信息。

（3）数据校验。有些用户信息需要校验，比如身份证只能是 15 或 18 位，邮箱必须要带"@"符号等，测试这些校验功能能否正常工作。

（4）Cookies 测试。测试 Cookies 是否能正常工作，是否按预定的时间进行保存，刷新对 Cookies 有什么影响等。

4. 接口测试

（1）服务器接口。测试时可通过提交事务，然后查看服务器记录，并验证在浏览器上看到的和服务器上发生的是否一致。还可以查询数据库，检验事务数据已正确保存。

(2)外部接口。有些网站有外部接口,如银行的信用卡系统等。测试以确认网站能够处理外部服务器返回的所有可能消息。尝试中断服务器到信用卡验证服务器的连接。在这些情况下,网站系统能否正确处理这些错误,是否已对信用卡进行收费。

5. 性能测试

(1)网站访问速度测试

通过不同网络链接方式下的网站访问速度测试,确保图片和素材不要过大,用户打开网页等待的时间不长。

(2)负载/压力测试

测试网站能否处理大量用户对同一个页面的请求,在用户传送大量数据的时候能否响应,系统能否长时间运行。可访问性对用户来说是极其重要的。如果"系统忙",用户极有可能放弃,并转向竞争对手。网站检测不仅要使用户能够正常访问站点,在很多情况下,可能会有黑客试图通过发送大量数据包来攻击服务器。通过测试确保网站的限制和故障恢复能力。

(3)安全测试。测试网站放病毒、防攻击和黑客等网络破坏活动的能力。

二、旅游电子商务网站维护

旅游电子商务网站维护,其主要目的是为了让网站能够稳定运行、信息准确、塑造企业形象,抓住更多的网络商机。网站经常更新内容,搜索网站才会经常抓取,网站排名才靠前,这样才能有更多的展示机会。

1. 维护和更新网站内容

企业的情况在不断地变化,网站的内容也需要随之调整。网站的信息内容应该适时更新,首页的更新频率要更高些。

2. 及时处理用户投诉或需求信息并反馈处理结果

设专人或专门的岗位从事网站的服务和回馈处理。如果不及时处理和跟进用户的投诉或需求,不但丧失了机会,还会造成很坏的影响,以致用户不再相信企业的网站。

3. 网站推广的持续投入

按网站规划时的推广方案,对网站推广进行持续投资,提升网站的知名度。

4. 完善网站系统,以提供更好的服务

随着业务的发展,网站的功能也应该不断完善以满足顾客的需要。

【思考与实践】

思考题：

1. 旅游电子商务网站的类型有哪些？
2. 旅游电子商务网站规划包含哪些内容？
3. 简述旅游电子商务网站规划与建设步骤。
4. 旅游电子商务网站界面的开发需要哪些工具？
5. 旅游电子商务网站程序开发一般使用哪些语言？

实践题：

1. 使用本章所学知识，结合旅游电子商务的发展方向，写出一个具有实践价值的旅游电子商务网站规划方案。